# 科學教師之路——
# 由實習輔導到專業成長

郭重吉　主編

第 1 部分
臺灣小學科學教育實習制度現況篇

科學教師之路──由實習輔導到專業成長

ii

第 2 部分
他山之石──美、英、澳、日的科學師資培育模式

第 3 部分
展望與規劃

# 主編簡介

郭重吉　　　國立臺東大學自然科學教育學系教授

美國布朗大學物理研究所博士

# 作者、譯者簡介
### （按筆劃順序排列）

Colette Murphy　英國國立女皇大學教育研究所資深講師

Kenneth Tobin　美國紐約市立大學研究中心首席教授

Stephen Ritchie　澳洲昆士蘭科技大學副教授

五島政一　　　日本國立教育政策研究院課程研究中心資深研究員

王美芬　　　　臺北市立教育大學自然科學教育學系教授

美國喬治亞大學科學教育博士

古智雄　　　　國立花蓮教育大學科學教育研究所副教授

國立臺灣師範大學科學教育研究所理學博士

吳麗君　　　　國立臺北教育大學國民教育學系教授

英國布里斯托大學哲學博士

林淑梤　　　　國立臺灣師範大學科學教育中心博士後研究員

國立彰化師範大學科學教育所博士

張文華　　　　國立臺灣師範大學生命科學系副教授

美國愛荷華大學哲學博士

張若涵　　　　國立臺灣師範大學生命科學系研究生

張德銳　　　　臺北市立教育大學教育行政與評鑑研究所教授

美國奧瑞岡大學教育政策與管理研究所哲學博士

陳虹樺　　　　國立花蓮教育大學科學教育研究所研究生

v

熊召弟　　　國立臺北教育大學自然科學教育學系教授
　　　　　　美國喬治亞大學科學教育哲學博士
熊同鑫　　　國立臺東大學教育學系教授
　　　　　　美國喬治亞大學教育心理學系哲學博士

# 審稿者簡介

王美芬　　　臺北市立教育大學自然科學教育學系教授
　　　　　　（第五章、第七章）
古智雄　　　國立花蓮教育大學科學教育研究所副教授
　　　　　　（第二章）
吳麗君　　　國立臺北教育大學國民教育學系教授
　　　　　　（第四章）
李　暉　　　國立花蓮教育大學科學教育研究所助理教授
　　　　　　（第八章）
張文華　　　國立臺灣師範大學生命科學系副教授
　　　　　　（第一章、第九章、第十一章、第十五章）
郭重吉　　　國立臺東大學自然科學教育學系教授
　　　　　　（第七章、第八章、第十章、第十一章、第十二章、第十三章）
熊召弟　　　國立臺北教育大學自然科學教育學系教授
　　　　　　（第六章）
熊同鑫　　　國立臺東大學教育學系教授
　　　　　　（第三章、第十三章）
劉聖忠　　　國立花蓮教育大學科學教育研究所助理教授
　　　　　　（第十三章）
譚寧君　　　國立臺北教育大學數學暨資訊教育學系副教授
　　　　　　（第十章、第十二章）

vi

　　在科技進展日新月異的知識經濟時代，為求個人的健全發展和整個國家能取得國際競爭優勢，普及化的國民科學素養和充分的基礎科學研究人力是相當必要的。優良的科學師資，是達成前述目標的重要一環。過去科學師資素養的研究，偏重於探討教師是否具有合適的專業知識和教學表現，近年來由於教學理論轉向偏重於以學生為中心，教師的教學是否基於學生的需求、教師的教學是否能有效的提升學生的學習成效，乃成為探究教師是否具有適切專業知能的另一指標。

　　為確保中、小學數學與科學師資培育的質與量，行政院國家科學委員會科學教育發展處長期以來積極鼓勵這方面的研究計畫。在 2004 年由國立臺東大學、國立臺灣師範大學、臺北市立教育大學、國立臺北教育大學和國立花蓮教育大學的科學教育工作者，所共同組成的研究團隊，針對「自然領域輔導教師專業發展與培育」進行三年期的研究。為能吸取其他國家在科學教師培訓的取向與方式，研究團隊在 2005 年以「科學師資專業知能發展」為主題，辦理了國際學術研討會，邀請來自美國、愛爾蘭、澳大利亞、日本等國的四位學者及國內十二位學者，進行專題演講與論文發表。會後，有感於國內在科學教育師資培育專書上的需求，因此擬訂了將論文集結成書的想法，在研究團隊成員的努力下，歷經近一年的時間，完成了翻譯、修訂原稿、校稿與編輯的工作，並預定在 2007 年 5 月底辦理「中小學卓越科學師資培育國際學術研討會」的活動期間，正式對外發行。

　　本書共收錄了十五篇論文，並依據論文屬性分成三個類別，分別是：(1)臺灣小學科學教育實習制度現況篇；(2)他山之石——美、英、澳、日的科學師資培育模式；和(3)展望與規劃。本書的特色是以教育實習階段或新手教師導入階

段的「輔導」（mentoring）和「輔導教師」（mentor teacher）為主體，作者以師資培育工作者的角色，將教學實務與研究面向的所見所聞，透過敘說與解析，彙整出在科學師資培育上可行的教育實習輔導方式、教育實習輔導教師專業發展模式，和科學教師專業發展方案。

本書的完成，首先要感謝國科會科教處的專題研究計畫補助（計畫編號 NSC 93-2522-S-143-001-、NSC 94-2522-S-143-001-、NSC 94-2517-S-143-001-、NSC 95-2522-S-143-001-）。其次要感謝的是首席教授 Dr. Kenneth Tobin、資深講師 Dr. Colette Murphy、副教授 Dr. Stephen Ritchie、資深研究員五島政一博士等四位外國學者和國內學者張德銳教授的參與，以及同意中文（繁體）論文的刊載版權。國內學者王美芬教授、古智雄副教授、吳麗君教授、李暉助理教授、林淑楣博士、張文華副教授、張若涵同學、陳虹樺同學、熊召弟教授、熊同鑫教授、劉聖忠助理教授、譚寧君副教授的參與審稿、編輯，讓本書能順利完成付梓，在此感謝他們的無償付出與對於國內科學教育師資培育的投入。全書的出版進度掌控是由專案助理黃瑞貞小姐負責，她的認真與積極態度，讓本書能順利於時間內完成，在此深深致謝。此外，國立臺北教育大學熊召弟教授代表研究團隊向心理出版社協商版權及相關出版事宜，讓本書能順利出版，是幕後的重要功臣，特此感謝。最後要感謝心理出版社願意協助本書的發行，心理出版社對於國內科學教育發展的長期關心與投入，乃科學教育社群有目共睹，因為有著他們對於本土教育發展與學術研究出版的支持，科學教育的知識才能廣為傳遞，科學教育社群才能不斷成長。

國立臺東大學校長　郭重吉

2007 年 3 月 20 日

　　二十世紀末，九〇年代，許多國家在全球化與在地化兩端尋求平衡。全球化的目的是能與世界主要潮流文化接軌，以提升國家的競爭力。在地化的目標則是重現本土文化的社會價值與民族特色，並能將之轉化為知識或商品輸出，成為全球化中的一項潮流。面對社會趨向與接受多元文化、多元族群、多元智能、多元思考等價值體系，學校教育亦面臨了多重挑戰。在社會趨向多元的樣態下，Cheng、Chow 和 Mok（2004）指出教育開始重視個別學習差異的現象，學習派典也從過去複製學習（reproduced learning）轉變成個別化學習（individual learning）；以學生為中心的個別化學習和自主學習方案，成為教育的趨勢。許多國家開始推動教育改革，同時牽動了師資培育的改革（Cheng, 2003）。但是改革未必帶來立即的成效，許多國家對於教師的素質與教師教育的品質仍感到憂心，為了能符合社會期望、為了能提升教師專業知能、提升教學效能，越來越多的師資教育改革計畫與方案被提出（Cheng, Chow, & Mok, 2004）。同一時期，臺灣在民間教育改革強力的要求下，教育鬆綁的口號開始響起，師範教育／師資培育的制度，在此時被提出檢討與訴求改革；臺灣在十九世紀末就存在的「師範教育」一詞，在 1994 年「師資培育法」公布之後，開始漸漸走進「歷史」。

　　在 1994 年之前，臺灣的師資培育是屬於單一系統的師範教育，無論是職前師資培育或是教師在職進修，除了國立政治大學獲准設立教育學系，曾經短暫的開放給少數大學辦理教育學分外，多數的時候是掌控在師範院校的手中。在全額公費及畢業分發的優渥制度下，師範院校招收到相當優秀的學生，施予四至五年以「成為教師」為主的課程訓練。以培育小學師資為主的師院（專）為例，在辦學目標單純及博雅教育規劃下，透過嚴格的教育訓練及通過各類基本

能力檢測的要求，確實培育出許多「十八般武藝」精通的優秀教師。但水可以載舟，亦可以覆舟。單一、寡占、制式化的師範教育，在公費與畢業分發的誘因下，雖招收到許多優秀的學生，但過度的保障制度和學生低淘汰率的現象，部分公費生表現出的社會負面形象，加上師範院校因長期受限於師資培育而形成的學術弱勢，在社會輿論及一般大學訴求公平競爭的壓力下，在多元化培育管道、提升教師素質、師資人力儲備與自由競爭的理想下，自 1979 年 11 月 21 日公布施行的「師範教育法」，於 1994 年 2 月 7 日更名為「師資培育法」，行之已久的「師範教育法」「宣告消失」，臺灣的師資培育轉為多元化培育的時代。

　　「師資培育法」與「師範教育法」的不同之處，主要在於師資培育的方式，由原先的計畫式培育改為儲備式培育，且由一元化轉為多元化。此外對於「教育實習」訂有細則規範之，有別於以往「師範教育法」下的實習教師等同正式教師的現象，顯示出「師資培育法」對於實習教師（實習學生）進入教學現場的導入階段（induction phase）的重視。「師資培育法施行細則」第三條第四款明訂「教育實習課程：為培育教師之教學實習、導師（級務）實習、行政實習、研習活動之半年全時教育實習課程」及第十一條師資培育之大學為實施教育實習課程，應訂定實施規定，包括：第一款「師資培育之大學實習指導教師、教育實習機構及其實習輔導教師之遴選原則」和第二款「實習輔導方式、實習指導教師指導實習學生人數、實習輔導教師輔導實習學生人數、實習計畫內容、教育實習事項、實習評量項目與方式及實習時間」等（教育部，2003）[1]，說明了教育實習在整個師資培育過程中的功能與實施規範。由於「教育實習」的概念與實施方式，在當時是「全新的概念」，以「教育實習」為議題，進行探討和論述蔚為一股風氣，即使至今「新制」已實施十餘年，「教育實習」的輔導方式，依舊是師資培育研究上的焦點之一。

　　以「中華民國期刊論文索引及館際合作系統」為資料庫[2]，以「教育實習」

1　資料來源：http://www.education.ntu.edu.tw/EDU11/EDU11NO17.HTM（2007/3/10）。
2　資料來源：http://210.240.175.62/NTIIS/（2007/3/10）。

為關鍵字查詢時，自 1998 年迄今，共計一百零二篇。由論文主題分析，可以發現在研究「教育實習」的議題上，以 1998 年 1 月至 1999 年 12 月為例，三十四篇論文中，探討理論面、制度面、或實施方式的計有二十七篇，實務面的研究為七篇。在 2001 年 1 月至 2002 年 12 月，三十篇與教育實習有關的論文，從制度面或理論面進行探討的有十一篇，以教育實習現場為素材的研究有十九篇。在 2004 年 1 月 1 日至 2006 年 12 月 31 日之間，十九篇文章中，探討理論的論文為三篇，實務層面的有十四篇，對於當前制度進行批判與改革呼籲的有兩篇。從初步的分析中，約略可以看見對於「教育實習」的研究，國內已從理論層面邁入實務層面的探討，並且有針對制度問題，進行批判的研究論文出現，這也顯示國內學者對於教育現場發生的教育實習種種現象的關切，勝於之前停留在制度面的論述。

　　教育實習的重要在於它提供實習教師（實習學生）接觸教學實務的機會，在實習輔導教師的輔助下，發展教師應備的教學能力與教師素養；教育實習是師資生的教師專業發展與終身學習之實踐起點，是成為正式教師的最後準備階段。實習教師（實習學生）的教育實習階段所獲得的訓練品質，除受其本身的學習態度與人格特質影響外，實習指導教師的督導與實習輔導教師的指導亦是關鍵因素，而實習輔導教師是實習教師（實習學生）教育實習過程中的主要學習對象，因此在實習教師專業發展上，扮演著重要的角色。然而，臺灣在教育實習階段中，師資培育機構與實習學校之間的關係如同君子之交，既欠缺緊密的合作關係、也欠缺針對實習輔導教師為主的教育實習輔導專業培訓，形成教育實習的品質良莠不齊，實習教師（實習學生）對於教育實習制度的意義評價兩極化。要能落實教育實習當初設計的美意，擔任教育實習的指導教師與輔導教師，都必須具備協助師資生／實習教師轉化為合格教師應備能力的專業知能。

　　然而，我國師資培育自 1994 年採取多元開放與人力儲備原則後，逐年擴張的師資培育人數與逐年減少的中、小學教師職缺現象，在還未能針對教育實習的實習輔導教師和實習指導教師進行能力指標檢核或專業培訓規劃時，2003 年出現的合格教師就業率新低現象，「供過於求」的師資培育問題成為一個嚴重

的社會議題，讓教育部在「師資培育改革」上，只能先針對師資培育人數提出
控管方案，希望從減少師資培育數量，以減緩合格教師過多的人力資源浪費現
象。而同年，行政院國家科學委員會科學教育發展處，已關切到多元師資培育
制度下的數理教育師資素養，對於未來中、小學數理教育品質可產生的影響，
在重點研究中推動「中小學科學教師與師資教育研究」，期望能「針對中小學
科學教師培育的學程課程、教師、教學、評量，以及實習教師的輔導系統進行
評鑑模式及工具的研究」，提出具有理論與實務結合、提升中、小學數理教師
專業知能的方案；九十三年度國科會科教處之重點研究開始進行。也是在 2004
年 2 月開始，一群來自臺北、花蓮和臺東的師資培育工作者，由於長期參與師
資培育與教育實習指導工作，有感於當前教育實習品質與教育實習輔導教師專
業仍有改進空間，因此共同組成了一個跨校合作的科學教育師資培育的研究團
隊「自然領域輔導教師專業發展與培育計畫」，在獲得國科會科教處的資助下，
於 8 月開始進行為期三年的專案研究；主要探討的是在國小教育實習階段的科
學教育實習輔導教師的能力指標與專業培訓模式。

　　「自然領域輔導教師專業發展與培育計畫」研究團隊，為了能增進團隊在
科學師資研究面向的視野，並提供國內科學教育有關國外最新的科學教育師資
培育趨勢，於 2006 年針對科學教師與其專業知能發展，辦理了一場「科學師資
專業知能發展國際學術研討會」，並邀請多位國內、國外學者與會，發表專題
演講與學術論文。會議結束後，研究團隊基於知識需要被傳遞與分享，才能產
生它存在的價值與力量，因此形成集結會議論文出版的構想，並邀請了郭重吉
校長擔任本書的籌畫與主編工作。

　　本書集結來自美國、愛爾蘭、澳大利亞、日本和臺灣等五個國家、十六位
學者，共計十五篇關於科學教師實習輔導與專業成長的論文。作者們從師資培
育者的角度出發，透過現場實務的參與和研究，針對師資培育的培訓方式和制
度，提出研究的發現、反思與建議。本書所探討的師資培育，依不同的對象將
研究觸角延伸至以下面向：(1)師資生培育，含傳統的大學部師資培育和學士後
師資的培育；(2)實習教師（實習學生）導入階段的培育；(3)教育實習輔導教師

的培訓；(4)新進教師的專業成長；和(5)師資培育者的專業成長。本書從師資培育模式取向、研究趨勢、研究設計、資料分析等面向，呈現出多元觀點的師資培育論述，提供讀者聆聽多種聲音、接收多管道資訊、進行多元思考，和個人需求取向的知識分享。依據論文探討的方向與所呈現的議題，全書分成三部分，分別是：(1)臺灣小學科學教育實習制度現況篇；(2)他山之石──美、英、澳、日的科學師資培育模式；和(3)展望與規劃。

　　本書的第一章是由王美芬所著的〈國小科學教師的實習歷程與輔導策略〉，作者以自己擔任實習指導教師的實務經驗，論述實習輔導教師之類型與科學教師的 PCK 專業成長策略，並建議師資培育機構應針對師培成效進行自我評鑑及研究。

　　第二章〈「曼托」與師資培育〉，是由熊同鑫所著，透過第一人稱的敘述，作者從自身參與教育實習的經驗，對於實習輔導教師在師資養成教育的重要性，提出敘說式的分析與探討。

　　吳麗君和熊召弟共同合著的第三章〈實習輔導研究中的灰姑娘──實習指導教師的觀點〉，是從實習指導教師的觀點重新出發，作為故事與歷史改寫之起點，透過敘說故事的方式，建構師資培育者之認同，且建議用專業發展學校重新結構當前的實習制度。

　　第四章〈一位師資培育者在研究學校本位實習輔導教師培育方案的學與思歷程──自然與生活科技領域〉，由熊召弟著。作者以自己參與學校本位的實習輔導教師培育方案為基底，透過敘說的方式呈現一所小學內的實習輔導教師培訓歷程，並以研究者的角度解說與反思此方案在師資培育上的意涵。

　　張文華主筆的第五章〈三個世界觀的互動與交融〉，同時邀請了熊同鑫和張若涵參與之。這是一篇以實習教師（實習學生）為主體的研究。作者邀請了多位實習教師書寫他們的實習故事，基於問卷調查與訪談結果，詮釋在教育實習過程中，實習教師、實習輔導教師、和實習指導教師之間的衝擊與互動關係，提供讀者看見實習中的微觀世界現象。

　　第六章是由古智雄、陳虹樺撰寫的〈自然領域實習輔導教師培訓方案之多

元專家觀點〉。透過訪談、問卷調查、培訓課程等方式，蒐集不同群體對於自然領域實習輔導教師培訓方式的觀點，呈現出不同位階者的觀點，提供讀者思考在實習輔導教師培訓上所存在的多種可能。

本書的第七章是由美國學者 Kenneth Tobin 所著〈新手教師和在職教師攜手合作共同教學以及運作科學課程的研究〉，作者強調共同產出的對話活動之目的，是建立運作課程的集體責任感，且推薦所有的師資培育者以及教育研究者，在師資培育方案中使用共同教學。

第八章是由來自愛爾蘭的學者 Colette Murphy 所著。〈國小科學課的共同教學〉是作者以自己指導的教育實習為例，論述在科學教學上，具有學科知識的實習教師與具有教學知識的實習輔導教師，可透過何種共同合作方式，提升彼此的專業成長。

Stephen Ritchie 是一位澳洲學者，在第九章〈職前科學教師的轉化交會〉一文中，作者提到在科學師資缺乏的澳洲，邀請科學家轉業為科學教師，成為改善科學教育品質的一種可能，但其轉化過程卻困難重重，需要透過智慧解決之。

日本研究員五島政一，在第十章〈一位科學教師的研究與師資培育之旅〉，闡述自己擔任科學教師及研究者的實務經驗，強調以田野工作為中心的統整學習。

第十一章〈運用共同產生對話為教與學創造社會與文化適應的課室以及分配的責任〉，是由 Kenneth Tobin 著。作者在這篇論文中由「共同產生的對話」的理論，論述共同產生對話有助於在教室中發展出共同分擔責任，改善學校學習品質。

第十二章〈視訊會議在共同教學上的應用〉，作者 Colette Murphy 探討以電腦視訊會議提升共同教學效能。研究發現，實習教師的虛擬學習環境（VLE）使用經驗比任課教師獲得更佳的學習效果。提供讀者參考應用科技於教育實習指導的可能方式。

在第十三章〈日本的科技教育與教師培訓使用之電視節目的發展〉，五島

xiv

政一以日本當前的一種現象：學生不愛學習科學為例，論述日本的科技教育課程改革，及教育政策研究院透過公共電視系統發展的科學教育影帶與師資培訓的狀況，提供讀者有關日本在科技教育發展的現況之參考。

張德銳所著的第十四章〈臺北市教學輔導教師制度的回顧、現況與前瞻〉，由教學輔導教師制度之內涵談起，說明臺北市教學輔導教師制度之規劃與試辦修正過程，提出宜加強夥伴教師的職前訓練以及在職成長課程、規劃鼓勵教學輔導教師任滿五年可申請晉級為「領導教師」等建議，作為參酌。

第十五章作者 Stephen Ritchie 以〈銜接師資培育之職前階段與導入階段之可能方案〉一文，呈現他與三位教過的學生，在導入教學階段透過建置分享類比教學的教學支持網絡研究。討論採用電子郵件與面對面對話兩種形式故事分享的各自優點，並提出其他可用於導入階段之方式。

本書是以「科學師資專業知能發展國際學術研討會」發表之論文為基礎，再集結「自然領域輔導教師專業發展與培育」研究團隊成員之研究成果，共同針對教育實習輔導提出論述。從作者群的結構中可發現，作者均是任職於高等教育機構，雖然關切的議題是聚焦中、小學基層教師的科學師資培訓與專業發展，但，讀者或許會批判本書缺少了來自實務現場工作者的心聲與呼喚。這正是本書在彙整完稿後，研究團隊發現的遺珠之憾。這種缺憾在本研究團隊籌畫2007 年的「中小學卓越科學師資培育國際學術研討會」時，透過公開徵稿的方式，邀請臺灣當前針對科學教育師資培育與夥伴式實習輔導進行研究的夥伴，參與我們的研討會與發表論文。我們將戮力出版《科學教師之路 II──由夥伴關係到邁向卓越》（暫名）論文集，期許 2008 年初夏時，再次與讀者分享之。

# 參考文獻

Cheng, Y. C., Chow, K. W., & Mok, M. M. C. (Eds.). (2004). *Reform of teacher education in the Asia-Pacific in the newmillennium: Trends and challenge*. London: Kluwer.

Cheng, Y. C., Chow, K. W., & Mok, M. M. C. (2004). Reform of teacher education amid paradigm shift in school education. In Y. C. Cheng, K. W. Chow, M. M. C. Mok (Eds.), *Reform of teacher education in the Asia-Pacific in the newmillennium: Trends and challenge*. London: Kluwer.

Cheng, Y. C. (2003). Trends in educational reform in the Asia-Pacific region. In J. Keeves & R. Watanabe (Eds.), *The handbook on educational research in the Asia-Pacific*. London: kluwer.

第 **1** 部分

# 臺灣小學科學教育
# 實習制度現況篇

# 國小科學教師的實習歷程
# 與輔導策略

作者：王美芬
審稿：張文華

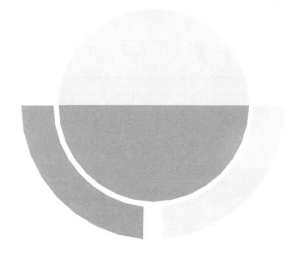

值此教育實習政策不斷修訂，學生亦不斷地調適，實習指導教師
應如何著力於實習輔導，是當今師資培育重要的課題之一。本文分由
下列重點闡述：(1)教育實習政策之演變：新「師資培育法」的特色、
學士後教學實習的演變、實習目的、實習輔導方式；(2)實習輔導教師
的類型；(3)大三、大四教育實習：以自然科學教育系為例，針對自然
領域學科特色和教學困擾，提出輔導具體策略，實習指導教師在自然
領域教材教法課中或在集中實習課程中，可行的具體教學項目；(4)學
士後的實習：此階段的實習教師、輔導教師及實習指導教師三者角色
的輔導項目；(5)初任自然領域教師的專業項目，包括教學、學科內容
知識、課程發展、教學熱誠；(6)續任自然領域教師PCK專業成長的策
略。最後，建議師資培育機構，應針對師資培育成效進行自我評鑑及
研究；對於實習生考證、教師甄試方式亦提出建議。

**關鍵字詞**　實習輔導、自然科教材教法、教育實習、輔導教師

# 壹、前言

筆者自 1992 年至今，前八年擔任師範學院大學部大三、大四之教育實習課程教師，之後又加入大五（學士後）教育實習，並同時又擔任新制實習教師之實習指導，對於實習場域略有見聞。值此教育實習政策不斷修訂，學生亦不斷地調適，實習指導教師應如何著力於實習輔導，是當今師資培育重要的課題之一。

近年又由於教育改革，對於校園中的文化、權利分配，產生重大的變化；校園中正式有了家長會和教師會進入校務運作，學生用的教科書也由統編本開放給民間研發；更由於九年一貫課程綱要的實施，教師面臨很大的衝擊，如需自行發展校本課程、使用不同版本教材的銜接問題、「領域」取代科目的教學、本土化和國際化的平衡，在在都挑戰教師的專業能力。

1994 年師資培育新法頒布，大大改變了師資培育的模式，尤其實習制度的大變動，使得國中小學中的「實習輔導教師」，加入了師資培育的一環。師範生從職前教師、實習教師，到初任教師專業成長的責任，落在師資培育機構、中小學及實習教師三者身上。一系列的師資養成目的，是要將最好的教師置於最適當的職場。所以，教學輔導也成了專業成長的鷹架。

「教育」所含蓋的範圍極廣，教育研究的重點隨著社會的變遷，而有典範轉移。在六○年代，教育聚焦於「教學研究」（中國教育學會主編，1972；引自高強華，1996）；到了七○年代，進一步轉移至「有效教學的研究」（中國教育學會主編，1986；引自高強華，1996）；到了八○年代，則轉移至「教學專業與師資培育」（中華民國師範教育學會主編，1997）。接近九○年代時，研究重心則又加入了以資訊網路融入教學、遠距輔導（王美芬，1998；熊召弟、譚寧君，1998）、教育部六大學習網的建置（含歷史文化、自然生態、生命教育、人文藝術、科學教育、健康醫學等），近十年期間，遠距教學更是普遍在各大學設立，有關網路學習的研究如雨後春筍般地蓬勃（湯宗益、廖莉芬，

2003；顏志賢，2004），反映了資訊融入教育的典範。師資培育也隨著時代變遷而需有專業成長。

## 貳、教育實習政策之演變

我國的師資培育歷史自光緒 23 年（1897 年）創建南洋公學的師範學校開始（引自游淑玲，2001）；而教育實習制度，自 1928 年以來行之有年（引自馮莉雅，1993）。1979 年所公布的「師範教育法」，規定師範教育由政府設立師範大學、師範學院及師專分別培育中小學師資。而近十餘年來，師資培育政策的改變，是源自於 1994 年所公布的「師資培育法」（此法又於 2002 年修訂公布，此後 2003、2004、2005 年均小修條文；師培法公布至今已有八次修訂）。新法實施十餘年來最大的不同有四：

1. 師資培育由原有的師範學院和師範大學的一元化，轉為只要教育部核可「教育學程」便可培育師資的多元化，師範大學院校獨占的優勢消失。「教育學程」成為各大學中的新名詞和熱門選修。

2. 公費生的人數逐年下降。至今年（2007 年）止，全國只剩個位數的公費生，民國九十四學年度，各師範學院改制為教育大學，師培人數三年內減半。廢除公費生，意味著師範畢業生沒有保障的教職，需經由國中小學的甄試，才得以取得教職。因此，培養和任用合一的教職保障隨之消失，培育師資為儲備用。

3. 教師資格採檢定制。職前教師畢業，只取得第一階段的「初檢」合格教師證，需經學士後的實習，才有複檢資格（教師檢定筆試）。於每年 3、4 月舉辦的教師資格考試，及格者可取得教師證書，而筆試科目有國語文能力、教育原理與制度、兒童發展與輔導、國民小學課程與教學四科。檢定考及格才可取得教師證書。

4. 強調實習和在職進修。「教師法」明定老師需在職進修。面對九年一貫的新課程標準，教師呼應這樣的規定，如學校本位課程發展、行動研

究、群組教學、多元智慧目標的教學，都如火如荼地在各校園中進行。

大五學士後實習也有變更。1995 年教育部頒布的「高級中等以下學校及幼稚園教師資格檢定及教育實習辦法」（教育部，1995），規定大五實習一年可代課抵實習，亦即實習教師若有代課機會，代課一年可視同實習一年。但 2003 年修訂更名為「高級中等以下學校及幼稚園教師資格檢定辦法」，又取消代課可抵實習。

2002 年再修訂的新「師資培育法」及 2003 年的「師資培育法施行細則」，更把大五一年的實習改為半年，實習老師由每月 8,000 元生活補助費改為需付學費；因此，九十二學年度入學的學生（師資班、學程、師範大學及師院學生），陸續於 2003 年度開始半年實習，自此，實習教師的角色變成為實習生。惟新舊制實施過渡期間的畢業生，可以選擇一年或半年的實習。主角們對於這樣的改變偏好為何呢？研究顯示（林小玉，2005），實習輔導教師或實習教師本身，比較傾向於一年有支薪實習，而實習指導教師比較偏向於半年實習；實習生有無待遇應是關鍵因素。

教育部 1995 年頒布的教育實習辦法（教育部，1995）中規定教育實習輔導的輔導方式有五種：

1. 平時輔導。此乃由實習機構隨時給予實習教師輔導。

2. 研習活動。由縣、市政府教育局、師培機構、實習機構、教師研習中心等辦理研習活動。

3. 實習輔導。由師資培育機構遴聘教授前往所屬學生之實習學校予以輔導。

4. 通訊輔導。由師資培育機構編印通訊，寄發實習教師參閱。

5. 諮詢服務。由師資培育機構設置電話專線、網路，提供諮詢服務。

2005 年教育部函，則規定師資培育之大學實習輔導方式有四項：(1)到校輔導；(2)研習活動；(3)通訊輔導；(4)諮詢服務。另外將實習機構的實習輔導教師的職責臚列八項（教育部，2005）。前後十年時差，對於實習內容無大變動，但後者更重視實習輔導教師。

教育部在 1999 年修訂的國小實習手冊，陳列了實習的十大目的：

1. 瞭解國民小學學生的興趣、能力和個別差異，以便於因材施教。

2. 熟悉國小課程標準，以及各學科教材的組織與編排與重點。

3. 熟練各科的教學方法及教學技巧。

4. 增進有效的教學評鑑能力。

5. 加強班級經營能力。

6. 提高學校行政之計畫領導、溝通、協調之技巧。

7. 激發吸收新知、教育研究的興趣。

8. 培養獻身教育的熱忱。

9. 培養溝通表達與人際關係能力。

10. 培養省思、探究與解決問題的能力。

上述之實習目的，比對 1998 年公布的九年一貫課程總綱中臚列的國民教育基本十大能力，有多項雷同之處，如溝通、組織、生涯規劃、探究與解決問題的能力。除上述能力之外，教學實務上的教法、評量、班級經營、行政運作等，均是實習重點。

## 參、實習輔導教師的類型

瞭解實習的目的與方式之後，實習的另一角色——實習輔導教師（mentor），在實習中是最重要的，因為實習教師（實習生）在進入職場實習，其大部分的時間都向這位身邊的指導者學習教室中所發生的一切事情。"mentor" 一字根源於希臘神話中的智慧者、保護者、指導者和諮詢者的含義，而且他必須是富有工作經驗、值得信賴的楷模（引自黃嘉雄，1997）。所以，由 "mentor" 引申的 "mentoring" 意義為何呢？

Philips-Jones（1982）認為 "mentoring" 由 "mentor" 引申出的含義是一種過程，它包含四種過程：(1)意向的過程（intentional process），亦即能自覺受託之責任；(2)栽培的過程（nurturing process），亦即有成長、成熟的效果；(3)有

智慧眼的啟發（insightful process），亦即引導、啟發的功力；(4)支持、保護的過程（supportive, protective process），亦即隨時的幫助。"mentoring" 既然是一種過程，則為動態、持續的、進步的線和面的呈現，而非只有靜態地呈現角色特質而已。是以，一位 mentor 需具備這些特質來驅動這個過程（Andersm & Shannon, 1995）。

俗謂一種米養百種人，每一位實習生所遇到的輔導老師有不同類型。以筆者多年的經驗，國小輔導教師有幾種類型：

1. 慈母型。這類型輔導教師，大多屬於年紀較長、個性較溫和，除了本身有豐富的教學經驗之外，對於後進有望女成鳳、望子成龍的熱切期望。因此，經驗傳承上無不傾囊相授。在慈母型的輔導教師所指導的一年中，實習教師心情上沒有沉重壓力，心情愉快、收穫良多，對於未來的教職生涯，有較樂觀的傾向；他們是幸運的實習生。

2. 嚴師型。有些輔導教師求好心切，自覺成敗責任重大，嚴格要求、不假顏色，實習生戰戰兢兢；尤其在最初實施大五實習的數年間，這類mentor較多。許多在上位的行政人員，對於行政實習者，更是諸多要求、交辦繁雜的事務性工作；正如洪玉燕（2002）之研究所指，實習教師成為打雜工、角色定位和權利義務不明。在此類型輔導教師下受輔導的實習生，每在返校座談時，有較多的抱怨。

3. 朋友型。較為年輕的輔導教師，大都屬於亦師亦友的相處模式，他們可以隨時討論互動，雖不嚴格、不權威要求，但也寄望實習生能有最大的學習，以應付未來的教職。實習生樂於為輔導者準備教具、器材，輔導者與實習生常利用中餐時間或課後討論教學，這樣的互動模式，應該是實習生適應最好的情況，既無太大壓力、工作負擔也不重，缺點是專業成長的質量，不若前者有效。

4. 放任型。較偏遠的學校，偶有實習老師來校進行一年的實習，因為缺乏有經驗的輔導教師，被指定或自願的 mentor，就可能是「好好先生」型。他與實習生和平共存、亦父亦友、情感交流，對於實習生常只要求

「多看」。若遇有心學習的實習教師，則有失望所學不足之遺憾，但也有準備考研究所的實習生，樂於如此混日子。

5. 剝削型。這種輔導教師是最不受歡迎的，他們認為學校裡所發生的所有事情，都是實習生該學的，除了級任班級的教學實習之外，常被派任支援辦理各種學生活動、辦理研習活動、布置全校性的學習角落、植物調查並做成網頁、協助專案研究蒐集資料、打字等事務性工作。實習教師認為這些是次要的實習項目，但學校處室的輔導教師（行政人員）常有此要求。而且是重複的實習，以至於實習生主觀地認為是被勞力剝削。有些學校每星期有兩個半天的行政實習，有些則有四個半天的行政實習。這種行政運作的方式或時數不一的情形，也是實習生的困擾（陳佳君，2003）。行政實習也是學校文化的一環，張淑玲、林福來（2001）的研究顯示，被實習的學校之文化，若能使實習教師認同、接受，則能使之改變其教育理念、教育思維。若行政實習太多、且主管態度不佳，導致個人之教育理念無法落實，則難免對教育這個職志退縮。

Anderson 和 Shannon（1995）將廣義的實習輔導者以功能性分為六種類型：(1)傳統輔導者。這一類的輔導者較年長、有權威，他要負起催促的責任，使受託者能步步高升。(2)支持的老闆。他雖指導，但比較像教練的角色。輔導者事先教導之後，就在旁觀察。(3)上位者。他只允許受託者在一個組織下的升等進步，不會每日接觸該實習生。(4)職業性輔導者。也就是各種生涯階段的諮詢者，需付費給輔導者。(5)贊助者。以金錢、物質去幫助受託者，達到生涯目標。(6)如同神職人員。暗中幫助受託者達到他們的生涯目標。在教育職場的輔導者，應屬於第二類型的輔導。

## 肆、專業成長的第一步──大三、大四教育實習

「師資培育法」定義師資培育包括教師職前教育、教師資格檢定及在職進修。職前教育課程需有教育實習課程，師資培育之大學得辦理教師在職進修（教

育部，2002，2005）。職前教師在畢業前，經由教育實習課程及集中實習，建立初步的專業能力，也就是由學生角色準備轉為實習教師（實習生）的關鍵期。

職前教育實習是指大三及大四的「教育實習」課程。師範學院或教育大學的職前實習課程，分別在三、四年級各有每週四節的教育實習（或六節課；有學校近年只開四年級的教育實習課）。為了加強「自然科學教育」背景的職前教師，使之更具有「自然與生活科技領域」的教學能力，筆者加強的策略有：

1. 自然領域微試教。微試教時，以同班同學為虛擬國小學生進行自然單元的教學。為使職前教師更熟悉自然領域教材，筆者指定國小三至六年級的生物、化學、物理、地球科學等不同單元，均實施微試教，課後有簡短檢討會。三年級下學期有二至三星期的集中實習，試教主要領域（國語、數學、自然、社會），此時實習生面對教學的真實情境，而非微試教的虛擬情境。

2. 大三時，多安排至小學參觀自然科教學，並於觀摩教學後開檢討會。返校後，仍有一小時的討論會，針對筆者設計的觀摩教學檢核表的各項教學技巧逐一檢核。討論會的重點不是批判，而是拮取可學習的優點，並提供建設性的建議。

3. 大四時，除參觀、見習之外，仍有三星期至四星期集中實習。在集中實習時，實習生需進行一個完整的單元教學，由教學設計至器材準備、檢討，均由實習生完成，輔導教師及指導教師為觀察者、指導者角色。

教育實習課程，除了領域教學之專業培養外，一般非直接的教學知能亦需加強，如板書、說故事、學生諮商輔導、特殊兒童處理、多媒體器材使用、教室布置、辦理學生活動等，均需在職前教育實習課程中加強，透過個案分析、模擬、實作等教學策略，讓學生慢慢熟習，將教育理論付之實踐。理工背景的學生，平均而言，在口語溝通技巧上不若人文背景者，因此，在實習課程中，常要求學生上臺講述、發表、分析事理，以訓練口語發表的能力，有助甄試教師時試教的表現。

四年級的教育實習仍持續三年級的課程，除了國小學校的參觀見習外，安

排更多、更長時間的國小隨班見習，以熟悉班級事務運作的流程。到了四星期包班集中實習時，便能快速進入實習的教室情境。為期約一個月的集中實習，每班由二至三位實習生負責所有科目（領域）、級務、行政等實習。實習期間的行政運作情形，由實習生分掌職務，一如國小的各處室。此集中實習期間，實習生早出晚歸，興奮、認真、疲憊，儼如一位在職教師。

自然科學教育系的職前教師，在自然領域的教學上，顯然比其他領域更能駕輕就熟，惟在教法上仍顯生澀。此時，原任課教師以輔導教師之角色，在教學設計、器材準備、資源利用上給予指導。下課後，隨即與實習生討論教學優缺點。實習指導教師除參與討論會時提供意見外，並需評估教學日誌、反思、改進方案等。大四集中實習階段，大部分學生對於未來成為一位教師，都有正面的態度；對於未來是否能成為自然領域「科任」教師，有更殷切的期盼。學生認為，科學教育背景的畢業生應學以致用，期盼第一優先成為自然領域科任教師；惟目前的國小教育結構下，這樣的期盼可遇不可求。也由於「自然科任」不是以國小特殊專長需求開缺職位，因此，以此專長甄試取得教職，目前仍不可行。

實習生在試教或實習期間，對於自然領域教學有下列困擾：

1. 不知如何避免食譜式的實驗教學。實習生初上臺教一個單元（或一個活動），通常是依照教科書上所敘述的實驗步驟，要求學生一一完成。但九年一貫課程的精神是讓學生獲得八大科學素養，而非只有科學認知。實習生無法表現出此精神，而淪為講述或食譜式教學。

2. 不知如何提問以引導探究。九年一貫教科書的編寫精神是，由學生自己發現問題、自己提出解決問題的方法、自己設計實驗，但這些技巧，老師本身要先能之，而後學生才能之，這些環節要用提問來引導。職前教師在教材教法課中，有常常演練「探究導向」教學的學生，比沒有此經驗者，更容易將此教法帶入真實的教學中（Hubbard & Abell, 2005）。

3. 實驗室常規問題。學生進行實驗操作，難免動作多、言語多，實習生對於學生「不規矩」的實驗室場景不知所措，而耽誤上課進度。其實，自

然課是「做」比「聽」多，若學生是「忙」於探究活動，可不必以「安靜」為首要考量。

4. 器材準備。實習生常在上課前一日備課，臨時無法備齊器材。自然領域教師必須在上課前檢視器材是否足夠、是否適用，教師若能於課前自行操作一次實驗，對於學生的實驗誤差更能掌握。

實習指導教師應在集中實習或自然領域教材教法課中，說明上述可能的困擾，並提出解決或預防之道，如：(1)實習生可與原自然科任教師及教材教法教授共同設計教學，批閱實習生的教案，討論課本編寫的精神，或與同儕腦力激盪，先在微試教時，以一個小活動為例，進行練習探究教學法的演練。(2)多使用開放性問題提問，如推論、創造性、批判、因果關係、比較、變因項目、預測或提出假設、設計等開放性問題。這類問題的答題者，可以是個人答案，也可由小組討論獲致結果。但一般實習生可由閉鎖問題的提問開始，操練提問技巧，如課本用什麼器材做這實驗（引起學生專注）、歸納科學概念或名詞定義，均是良好的閉鎖問題。(3)針對實驗室的常規處理策略，教師應先準備好各組夠用的器材（若需由家中帶器材，應在前次上課中交代清楚），分組備妥；小組成員每位均應分配工作，如領用器材和課後收拾、記錄、發表等不同工作，由不同組員分擔，教師則評量小組合作的成績，以激勵團隊合作。

總之，職前教師的實習，其指導或輔導的責任應由指導教師承擔，以建立學生最基本的教學知能。由上所述，自然領域教學的專業基礎，除了由「教育實習」課程習得外，最主要是由「自然與生活科技領域教材教法」課程中習得。事實上，要成為一位成功的自然領域老師，絕非一學期三十六節課的教材教法課程所能達成，三、五年的努力不可少。

# 伍、學士後的實習

畢業前的集中實習，職前教師初嘗教室脈絡中的真實情境，畢業後第一年正式全職駐校實習，該教室成為此脈絡的主要架構。依據教育部（2005）的

「師資培育之大學辦理教育實習作業原則」，明定學士後（大五）實習學生的實習事項包括：教學實習、導師（級務）實習、行政實習、研習活動四項。以教學實習及導師實習為主，行政實習及研習活動為輔，各項實習比例依序為40%、30%、20%及 10%。該作業原則亦規範實習指導教師、實習輔導教師的各項職責；各師資培育均依此辦法辦理學士後教育實習。

此階段的實習教師、輔導教師及實習指導教師三者的互動，應具有持續性、有效性。實習的成功與否，有許多因素，但輔導教師、實習機構、指導教師及實習教師本身，都是重要的影響因素（Beard & Morton, 1999），但以實習輔導老師的功效最明顯。

實習學校的輔導老師是如何遴選出來的呢？筆者訪談實習機構之校長、主任，各校做法不一。有的學校採自願登記（惟需有三年以上教學經驗），有的學校由教務主任遴選，當實習生多而輔導老師少時，校長或主任會出面商請合於條件的老師擔任；更多時候是職前教師自己預先接洽好輔導教師，這種情況一般而言，是返回自己小學母校找舊日師長，有的則為已在該校實習的系上學長推介輔導教師給學弟妹。不論輔導教師如何產生，應如謝文英、胡悅倫（1996）的研究所指，實習輔導教師應具備四個領域的能力：(1)專業背景；(2)教學能力；(3)輔導能力；(4)行政能力。專業背景指的是年資、教育熱忱、品格優良，而行政能力指的是班級經營、人際關係、行政配合度等。

輔導教師均由級任導師擔任，實習生的教學實習與級任老師所上的科目一致，一般由協助批改作業、布置教室、協助辦理班級活動等項目開始，再漸漸增加真實教學的時間，最後以觀摩教學來呈現教學成果。而行政實習則由各處室主任、組長負責指導。主要實習內容為協助辦理全校性活動、各種研習活動、研究專案的執行等。

高強華（1996）在其《師資培育問題研究》一書中，建議針對輔導教師提供平時輔導的有效策略應包括：(1)人文關懷的策略：尊重、瞭解、關懷與照顧扶持；(2)楷模示範的策略：輔導教師先示範、實習生見習，慢慢增加參與教學分量、最後實習生獨立教學；(3)協同合作策略：由教學準備到教學成效評量，

均宜協同合作、溝通對話；(4)知行合一策略：理論實踐於實務，隨時以理論檢核教學實務。筆者觀察輔導教師對於這四種策略，都能在輔導期間交叉互用。

指導教師的巡迴輔導，有研究指出實習指導教師的巡迴輔導效果有限（丁志權，2004；陳惠君，2003）；因為一學期訪視實習生一或二次，不若輔導教師全日相伴。但實習生與學校之間互有不滿或值得鼓勵嘉許時，指導教師成為居中協調者的角色。尤其實習教師被學校派遣打雜（洪玉燕，2002），實習教師心生不滿；亦有由於雙方人格特質的差異，實習生角色定位不清等因素（林桂香，2003），使雙方相處不易，又不便明示時，指導教師便應扮演調和者角色。事實上，指導教師扮演協調者的角色，還明定於「師資培育之大學辦理教育實習作業細則」中（教育部，2005）。

此外，指導教師應主動聯繫；指導教師主動用不同管道（如電話、e-mail、實習月報告、實習歷程檔案）連絡實習生、關懷其教學及行政實習的狀況。指導教師主動聯絡實習教師，此舉可以鼓舞他們，實習生也覺得有老師在關心他們，對於在同一位指導教師指導下之實習生的社群學習，會有更高的認同。指導教師亦扮演教學理論提供者和支持者。尤其在教學設計、學生輔導、教法、課程等之理論，需與實習生討論，或在教學檢討時提醒並介入，以檢核理論。自然科的教學尤其重視探究教學、解決問題、思考智能、科學態度的培養，均應在教學實務中呈現出來。此外，實習指導教師也是實習教師返校座談的主持者，在返校座談時，實習生分享各校的實習政策、個人的實習經驗；有的學校實習輕鬆、有的沉重有加，此時，指導教師只能安慰實習生「安於自己的工作、拒絕比較」、「輕鬆的學校學得少、辛苦的學校學得多」。指導教師亦應多提供甄試或檢定考試的訊息；或在返校座談時，實習生可模擬教師甄選口試、檢定模擬考，增加臨場感。

為使實習教師在平時就準備「實習歷程檔案」，每次實習教師返校座談時，便應帶回檔案夾。實習教師可分類準備檔案內容，如分為教學設計（教案）、活動辦理、行政實習、教學（試教）、實習心得、研習進修等類。鼓勵實習生以電子檔處理，並注意美編，使檔案賞心悅目。筆者特別重視學生的談

吐、儀表，畢竟，穿著儀表影響談吐及自信；經過嚴謹的實習品質，亦可令實習教師具有自信，而表現於談吐和試教；端莊大方合宜的穿著和儀表，使面試、甄試時有加分（至少不扣分）的作用。

實習指導教師的巡迴輔導，無法滿足實習生的需求，要維持與實習生的即時溝通，遠距輔導是另一選擇。八〇年代的國小自然科教師的遠距輔導初步研究（王美芬，1998；王美芬、黃萬居、李昆翰，1999；熊召弟、譚寧君，1998）已證實，利用網路輔導可增進教師專業成長；時過多年後，遠距輔導的對象和平臺更形豐富有效（徐式寬，2006；鄭寶梅，2004）。

現行的實習輔導制度（大五實習一年或半年），自 1996 年 7 月起第一批實習教師實習的最初一、二年間，不論實習教師或輔導教師，都有許多困境和問題（鍾才元，1998；饒見維，1998）。此制度已實行超過十年，就筆者的觀察瞭解，實習輔導教師與實習教師之間的適應與磨合已大為改善；但行政干擾教學及級務實習的困擾仍存在於剝削型的行政輔導教師的實習小學中。

## 陸、自然領域的實習輔導策略

如何定義自然領域實習教師（新制稱為實習生）呢？是指自然科學教育系畢業的實習教師？或是指教「自然與生活科技領域」的實習教師呢？國小教師證照不像中學是分科（領域）證照，任何學科背景的實習老師均應具備所有領域的實習歷程。因此「自然與生活科技領域」的實習輔導，應指該領域的教學實習與輔導。國小是包班制，一位教師雖不至於教授全部領域，但每位教師需儲備所有領域的教學能力。實習教師進入固定的一個班級，追隨該班的實習輔導教師（通常為級任老師）。因此級任老師所上的科目或領域，能提供實習教師較多的教學實習機會，縱使為自然科學教育系畢業的實習生，亦與其他系之實習教師經歷相同的實習歷程。在實習現場中，極少的自然與生活科技領域（本文簡稱自然領域）科任教師負起實習輔導的專責，因為級任老師（輔導教師）在該班的教室上課，而自然領域由科任教師在專科教室上課，因此級任輔導老

師沒有機會去輔導自然領域教學。

自然和藝能科等非級任教師教授的科目，只能由「科任老師」負起輔導的重任。職前主修自然科學的老師，未必能優先教自然領域；林小玉（2005）的研究亦指出，即使音樂、美勞教育系畢業生擔任導師者，幾乎不教人文與藝術領域，也沒有機會輔導該領域的實習；這顯示輔導是重級任輕科任。圖1-1說明學生職前培育的主修、與任教後的職務及未來授課領域的機會。

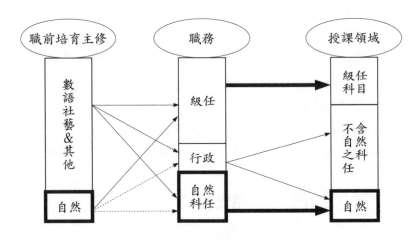

圖1-1　國小教師學科背景及可能授課領域之機會圖示

（圖示：▶必然；——▶較多機會；······▶較少機會）

筆者有自然科學教育背景，特別重視本系畢業生或非本系畢業生的自然領域實習。因此，每每在巡迴輔導時，商請輔導教師特別要求實習生進行自然領域的實習。輔導教師的做法有二：⑴在班級中以學校本位相關自然教材進行實習和輔導。⑵商請教自然領域的科任教師成為實習生的自然領域輔導教師。不論誰成為自然領域的輔導教師，指導教師則參與教學設計、討論；實習生則先有數次的見習、觀摩，約三個月才有上臺教學的機會。課後，輔導教師隨即給予意見，提供專業指導。⑶鼓勵實習教師在級任課室內或自然專科教室試教，或觀摩教學。觀摩教學是正式開放參觀、評鑑的教學，實習教師必須有完備的

準備；參觀者亦需參與課後討論會，提供教學者優缺點。

九年一貫自然與生活科技領域的課程精神，是要培養學生的科學素養。而科學素養包含了科學過程的技能、認知、科技、態度、思考智能等能力，而這些素養還能達成十大能力之培養。是以，自然領域的教學策略，需以各種不同的探究策略來引導學生進行學習。許多國小有經驗的楷模「自然與生活科技」科任教師，大都是具有專業背景之教師，這種輔導教師頗能有系統、有效地輔導自然科實習教師。

要成為一位好的自然領域教師，可由四方面來檢視：

1. 教學。教學又包含有效的教法、多元的評量、實驗室經營、善用資源等方面。近年的教學資源極為豐富，如教科書廠商配合課本送實驗器材、教學光碟，網路的教學資源亦多元豐富。上述這些學科教學知能，並非一步登天，而必須由職前、實習、任教的三部曲中，累積專業能力；師資培育機構對於在學的和畢業後的教育實習均應有計畫地循序漸進培育。

2. 學科內容知識。國小自然包括了物質科學、生命科學、地球科學和生活科技。由於學科包羅萬象，因此該領域的內容知識特別重要。雖然國小自然都非深奧難懂的知識，但科學概念沒有深淺之分，教師自身若有迷思概念，學生難免所學非也（王美芬，1997）。

3. 課程發展。此包括了教材、教法，例如自然領域的主要教學法是探究教學法，也就是避免講述、食譜式實驗，以便學生能經由探究歷程，學習科學本質、科學方法和科學態度等能力。課程設計除了能編一套完整的課程之外，還包括了校本課程、補充課程、班級本位課程、STS 課程、戶外教學、環境保護等課程設計。

4. 教學熱誠。環視國小優良自然科教師，除了上述能力之外，還有一份熱愛教學，也具有環保、生態保育、愛護生命的情操，更樂於傳遞自然奧妙和自然之美予學生！

# 柒、科學教師的「學科教學知識」專業成長策略

Wise（2005）認為「專業」是一種職業，它有兩個條件：(1)具有專業的人，除了要知道該行業大家所認同的知識外，還要能付諸行動實踐，不是只有「知」而已；(2)有認證、執照，用來保證知識和技能表現於職場中。由此定義，教師最基本的專業是教育相關理論的「知」，還要有效教學的「行」。具有專業者，不是指在象牙塔中獨善其身，而必須應用於社會中，才有其功效。黃萬居、熊瑞棻（2004）的研究顯示，國小科學教師專業素養包含有：(1)學科教學知識，熟悉九年一貫能力並轉化為教學行動、有能力評選和發展課程、教具使用；(2)教學技能，如實驗室安全、戶外教學、班級經營、親師互動；(3)以各種管道參與專業進修。

科學教師若只具備自然學科的背景知識，不足以成為有效的教學者，教師必須具備學科教學知識（pedagogical content knowledge, PCK）。「學科教學知識」首先由 Shulman（1986）所提出，並和他的同事進行促進學科知識和教學之間緊密關係的研究（Shulman & Grossman, 1988）。科學家是針對自然現象的研究，而科學教師是將科學知識教給學生，兩者角色全然不同。「學科教學知識」是一位教師必備的知能，教師除知道相關的科學學科內容知識之外，還要知道如何將它轉化成教學材料（課程），讓學生學習（Carter, 1990）。張靜儀（2004）認為「學科教學知識」代表了知識的整合形式，可以提供新進教師對這些關注問題的重要解答。所以，科學教師的專業第一步就是「學科教學知識」。

若再深入分析 pedagogical knowledge（PK），那麼它又包含了教學活動設計、教材及資源利用、學生的學習特質、評量、課程設計、實驗室經營、對教育環境的瞭解，以及對教育的價值及史哲的認識等具體事項；又如在自然科很重視的思考智能，更需要教學知能（Zahar, 2004）。自然科有一個特性是操作實驗，因此，教師還需熟悉實驗器材的裝置、操作，能解決學生所遭遇的困難，

糾正他們在裝置上的問題。在教學技巧上，教師要能靈活運用各種教學方法，面對不同學生、教不同單元時，教師知道用不同的例子、比喻，不同的表徵、符號，或用不同的活動方式來幫助學生理解、建構知識內容。亦即教師對於不同素材內容的自然單元，要有不同的教學方法、教學策略、教學模式。

教師對於自然科教材選擇、教材結構分析的能力也不容忽略。教師自選教材，應能判斷何種主題是合乎學生學習認知能力的，何種活動方式能提高學生的學習興趣。教師要有設計活動單的能力。對於自然科評量方法、發問技巧也不可少。實驗室的管理與經營也是很重要的專業範圍，自然科教學大都在實驗室進行，對於實驗室的經營、管理，如何令學生樂於上自然課、安全正確操作實驗器材、教師使用器材充足、方便，均是一位專業自然科教師所必須具備的知能（王美芬、熊召弟，1995，2005）。

根據甄曉蘭（2003）的分析，教師若能對這些專業知識有所覺知，比較能判斷課程與教學的目的與本質、學科內容重點、教材組織的優劣、學生的學習狀況，也就比較能掌握有效的教學。職前教師在「自然與生活科技領域教材教法」以及實習期間，需要在上述各項中求精進，尤以自然領域背景的實習生，更應預備自己具有良好的覺知，以備未來成為自然領域的科任教師。

對於在職教師而言，如何增進教師的專業成長呢？

1. 學科教學知識的提升：上述所提各項的學科教學知識知能，至少在教師培育階段，就應打好基礎。而進入職場後，先爭取自然科任的教職，以便有足夠的時程和機會，讓自己不離開自然科的學科教學知識。

2. 廣讀科普的出版品：由於自然科的知識背景廣而複雜，自己在學時所修讀的科學課程，常因時日久遠而生澀，有的職前教師雖是自然領域背景者，亦因在校時所唸的內容較為高深，面對小學生無法「深入淺出」的教學。若要將自然領域的知識轉化成學生易懂的概念，那麼，可以先由閱讀科普讀物著手。科普深入淺出的寫作體例，容易吸收並轉化成教材。教師從讀科普讀物中培養自信，關心科學和科技社會議題；由科學的社會議題中，思考科技的價值、解決問題的方法，讓自己的教學能力

充滿了知識基礎的信心。尤其是自然領域初任教師，可由此著手。

3. 多參與科學研習活動，參與志工活動，多參與行動研究：教師要長久在自然領域的教學有所精進，那麼就多參加自然方面的研習吧！凡是生態、戶外解說員、有趣的科學實驗、自然科教材教法，甚至教師專業研習，不論校內或校外的研習，針對自己的需要和弱點學習新知。教師除了指導學校社團之外，能加入生態保育方面的志工行列，有助於提升自己在自然領域的知能與信念；例如環保志工、荒野協會、蝶會、鳥會等，都可提供志同道合者互相切磋，加強專業背景。近年學校內興起的行動研究方案，更能使教師在行動中省思、在省思中增進專業成長、在專業成長中強化專業承諾。專業承諾與專業成長有絕對的正關係；什麼是專業承諾呢？劉春榮（2001）定義專業承諾是教師認同於教育專業的價值與教育專業的規範和信條，願意為教育專業努力、全心投入的一種態度或行動取向。由此定義可看出專業成長和專業承諾的良性互動關係。

4. 心理建設：不論是實習生、初任教師或經驗教師，應對自己的專業教師角色先有認同，並具有正面的信念，才有動力驅使自己專業成長；教師對自己的特質、價值觀、教育熱誠有所覺知及反省，才有動力去實踐自我，唯有如此，才能在教學專業活動中，不斷增益自己的能力與投入度（甄曉蘭，2004）。而輔導／指導教師更應給予實習生／教師正面的鼓勵，強化其成為自然領域教師的支持者。

## 捌、結語

面對教育政策變化和教育改革的衝擊，需由專業成長來成為一位有效能的教師。培養一位優良師資的同時，師資培育機構對於職前培育方案應有自我評鑑的機制；研究人員也應投入更多「職前培育和在職教學效能」相關的研究，才能檢核師資培育方案的優缺點和有效性。另一方面，對於在學的職前學生的

學習成效應嚴格考核，以證明畢業生是未來具有專業能力的教師。正如Cochran-Smith（2006）所呼籲的，師資培育機構應有 3E 策略，亦即，拿出證據（evidence）證明職前教師的功效性（efficacy and effectiveness）；Winebury（2006）也呼籲，培養出來的老師必須能達成有效能（accountability）的老師，這些都需在師資培育階段完成。

　　另一個需要思考的是教師檢定考試的筆試問題。由於筆試無法檢測出教師「行」的真實能力，第一關所篩選出的職前教師，必然是善於答題的「知」者。再者是考試科目限於國文及教育科目，若非「一般教育系」的職前教師，想由第一關筆試中脫穎而出的困難度更加一成了。目前各國小或縣市甄選教師時，因參加甄試者眾，因此，先舉行筆試再試教，最後決定錄取的教師；此為第二度篩選出「知」者。目前這些先筆試的選材方式應加以檢討。

　　國小自然領域教學是教師們認為比較難以勝任的科目，究其原因不外乎學科背景廣泛，教師所具備的教學能力除了學科知識之外，本身還需有相當程度的科學方法，亦即要有能力引導學生進行科學探究的思考，以及熟練的處理科學活動的適切過程。這些能力均非在師資培育階段中教材教法一科所能「深入」學得的，必須要在成為正式的自然領域教師之後，經多年的教學、體驗、反思、求精進之後，才能養成一位優良的自然領域教師，其歷程是緩慢漸進的。學校由於行政上、環境上、班級數、師資專長等現實考量，常無法安排有志趣或科學背景較強者擔任科任教師，因此教自然的教師流動頻繁。如此，產生的後果是：自然科教學的效能不足、學生學習自然的興趣不高。建議學校排課時盡可能以專長為優先考量。

　　二十一世紀是一個快速變化的社會，我國已幾近無不識字的文盲，職場上的社會分子若不終身學習、求進步、不求專業成長，那就成了另一種文盲了！國民教育九年一貫的教育目標亦將終身學習列為十大能力之一，身為教育工作者，更應朝此方向努力。

# 參考文獻

丁志權（2004）。**落實以學校為基地的實習輔導制度**。論文發表於國立教育資料館、國立新竹師範學院主辦之「現代教育論壇——建構理想教育制度」會議，新竹市。

王美芬（1997）。我國國小學生有關人體生理的認知模式研究。**臺北市立師範學院學報**，**28**，137-158。

王美芬（1998）。自然科教師專業成長與遠距輔導之可行性探討。**科學教育研究與發展**，**11**，1-18。

王美芬、黃萬居、李昆翰（1999）。國小自然科在職教師遠距輔導模式初探。**科學教育研究與發展季刊**，**6**。

王美芬、熊召弟（1995）。**國民小學自然科教材教法**。臺北：心理。

王美芬、熊召弟（2005）。**國小階段自然與生活課技領域教材教法**。臺北：心理。

中華民國師範教育學會主編（1997）。**教學專業與師資培育**。臺北：師大書苑。

吳清山（2003）。師資培育法：過去、現在與未來。**教育研究**，**105**，27-43。

林小玉（2005）。藝術與人文學習領域之教育實習實施概況探究。**臺北市立師範學院學報**，**36**（1），69-94。

林佳君（2005）。**國小實習教師遠距實習輔導網站之建置與可行性研究**。國立新竹師範學院教育研究所碩士論文，未出版，新竹市。

林桂香（2003）。**國小實習教師與實習輔導教師互動衝突之研究**。國立新竹師範學院國民教育研究所碩士論文，未出版，新竹市。

洪玉燕（2002）。**我國國小現行實習制度**。國立屏東師範學院國民教育研究所碩士論文，未出版，屏東市。

徐式寬（2006）。從實習教師的需求探索教育實習網站之建構。**教學科技與媒**

體，**56**，65-72。

高強華（1996）。**師資培育問題**。臺北：師大書苑。

教育部（1995）。**高級中學以下學校及幼稚園教師資格檢定及教育實習辦法**。臺北市：作者。

教育部（2002）。**師資培育法**。臺北市：作者。

教育部（2005）。師資培育之大學辦理教育實習作業原則。教育部中華民國 94 年 9 月 7 日臺中㈡字第 0940122572 號函。

陳佳君（2003）。**國小實習教師遠距輔導網站之建置與可行性研究**。國立新竹教育大學教育研究所碩士論文，未出版，新竹市。

陳惠君（2003）。**高雄縣市國民中學實習教師工作困擾與輔導需求之研究**。國立高雄師範大學教育系碩士論文，未出版，高雄縣。

張靜儀（2004）。以合作行動研究探討知識管理與科學教師專業成長團體之運作。**臺北市立師範學院學報**，**35**（2），231-258。

張淑玲、林福來（2001）。 一位實習教師的專業化歷程。**師大學報**，**46**（1、2）65-88。

馮莉雅（1993）。中德兩國教育實習制度之比較。**教育資料文摘**，**32**（6），166-180。

湯宗益、廖莉芬（2003）。遠距教學系統之接受度研究：以遠距教學系統觀為基礎。**中華管理評論國際學報**，**6**（2），61-81。

黃萬居、熊瑞棻（2004）。新世紀國小科學教師專業素養之研究。**臺北市立師範學院學報**，**35**（2），201-230。

黃嘉雄（1997）。從「mentor」論實習輔導教師之角色。**國民教育**，**37**（4），23-27。

楊百世（1999）。**國民中學實習教師職前教育與教育實習成效之評估研究**。國立高雄師範大學教育系博士論文，未出版，高雄縣。

游淑玲（2001）。**不同國小師資養成型態學生的專業認知與任教意願之研究**。國立臺北師範學院國民教育研究所碩士論文，未出版，臺北市。

甄曉蘭（2003）。教師的課程嘗試與教學實踐。**教育研究集刊，49**，63-94。

甄曉蘭（2004）。中小學的教師專業成長。中國教育學會、中華民國師範教育學會合編：**教師專業成長問題研究**（頁 53-72）。臺北：學富文化。

熊召弟、譚寧君（1998）。自然科遠距輔導教學熱線之建立與實施。**科學教育與研究發展，11**，19-39。

劉春榮（2001）。**國民小學教師專業自主知覺、教師組織功能需求與教師專業承諾研究**。高雄：復文。

鄭寶梅（2004）。全國數位學習與教學資源博覽會：行銷國家圖書館遠距學員及數位典藏。**國家圖書館館訊**，http://www.ncl.edu.tw/。

謝文英、胡悅倫（1996）。特約實習國民小學實習指導教師遴選標準之研究。**國立新竹師範學院學報，9**，411-447。

鍾才元（1998）。**實習的困境與突破：師資培育機構的觀念**。論文發表於臺北市立師範學院初等教育系主辦之「國小實習教師專業成長研討會」，臺北市。

顏士程（2005）。國小實習輔導教師知覺新舊實習制度實習成效之研究。載於世新大學舉辦之「**師資培育制度的變革與教師專業發展**」研討會論文集（頁 121-143），臺北市。

顏志賢（2004）。以網路小組合作學習模式探究國小學童批判思考之歷程。國立臺北師範學院數理教育研究所碩士論文，未發表，臺北市。

饒見維（1998）。**綜論新制教育實習中的「實習輔導教師」**。論文發表於臺北市立師範學院初等教育系主辦之「國小實習教師專業成長研討會」，臺北市。

Anderson, E., & Shannon, A. L. (1995). Toward a conceptualization of mentoring. In *Issues in mentoring.* London & New York: In Association with the Open University.

Beard, F., & Morton, L. (1999). Effects of internship predictors on successful field experience. *Journal & Mass Communication Education, 53*(4), 42-53.

Carter, K. (1990). Teachers' knowledge and learning to teacher. In W. R. Houston (Ed.), *Handbook of research on teacher education* (pp. 291-310). New York: Macmillan.

Cochran-Smith, M. (2006). Introduction to the double issue: Evidence, efficacy, and effectiveness. *Journal of Teacher Education, 57*(1), 1-3.

Hubbard, P., & S. Abell, A. (2005). Setting sail missing the boat: Comparing the beliefs of preservice elementary teachers with and without an inquiry-based physics course. *Journal Science Teacher Education, 16*(1), 5-25.

Philips-Jones, L. (1982). *Mentor and proteges*. New York: Arbor House.

Shulman, L. S. (1986). Those who understand: Knowledge growth in teaching. *Educational Researcher, 15*(2), 4-14.

Shulman, L. S., & Grossman, P. (1988). *Knowledge growth in teaching: A final report to the Spencer Foundation*. Standford, CA: Standford University.

Winebury, M. (2006). Evidence in teacher preparation-establishing a framework for accountability. *Journal of Teacher Education, 57*(1), 51-64.

Wise, A. (2005). Establishing teaching as a profession-the essential role of professional accreditation. *Journal of Teacher Education, 56*(4), 318-331.

Zahar, A. (2004). Elements of teachers' pedagogical knowledge regarding instruction of high order thinking. *Journal of Science Teacher Education, 15*(4), 293-312.

# 第 2 章

# 「曼托」與師資培育

作者：熊同鑫
審稿：古智雄

─────────────┤ 摘 要 ├─────────────

　　曼托（Mentor），《奧迪塞》（*Odyssey*）一書中的人物，一位無所不在輔助 Telemachus 成長的神化角色，在 *Odyssey* 一書之後，漸漸被西方世界定位為輔導新手入行、專業發展的「良師」，在 1990 年代初期被臺灣的教育界正式引入於教育實習之中。當「他」開始在中、小學校扮演起他在西方國家的角色時，源自於西方烹調方式的曼特寧（mentoring），並無法飄散出原先他在西方國家時的香氣。觀察到「他」應有的「良相輔佐」功能在臺灣卻不能全然發揮，作者以「敘說」的方式，從敘說參與過的教育實習指導歷程中，探究臺灣自 1994 年以降的多元師資培育發展，對於師範教育的影響及「曼托」在臺灣教育實習中的位置。在整個師資培育系統及教師生涯發展中，「曼托」是師資生教育實習階段的輔導者，同時表微著是師資培育發展中的「專業地位」的確立。由「曼托」看臺灣的師資培育系統，職前及在職教師的專業發展，實應被整合於師資培育機構的師培規劃之中，才能落實教育實習的功能。

**關鍵字詞** Mentor

# 壹、書寫「曼托」的說明

「曼托」是在為這本書取個好聽的名字時的會議中，古智雄教授對我說，可否直接音譯 "mentor"？當時以為他是開玩笑，等過了幾日，恐龍級的神經傳導速度，在我構思該如何將過去兩年的研究案與讀者分享時，衝擊到我的思緒，「賓果」！我這樣想著！「不是嗎？"mentor" 怎麼用中文稱呼？音譯才不會將他的本意給誤傳了吧！」於是，我想將我在教育實習中擔任實習指導教授的經驗與後續的研究，將影響實習教師教學信念甚巨的 "mentor" 給予一個中文名「曼托」，"mentoring" 則給予我們生活中遇見過的名詞──咖啡「曼特寧」。

為何要稱 "mentor" 為曼托，是因為我發覺中文很難用一個字詞去表徵完整他的意思，也許這也是古教授說用音譯的原因吧！聽到「曼托」一詞，是在1996、1997 年左右的事，那時是「師資培育法」頒布後，將要實施「教育實習」制度的前後，國內有不少文章介紹著「曼托」制度的重要性，但對我而言似乎只是一個名詞、一個概念，但並無實質的意義。直到擔任教育實習指導教授的工作、直到因公前往英國見習輔導教師制度，才開始注意到「曼托」和「曼特寧」在師資培育上的重要意義。

據稱「曼托」一詞是源自於荷馬（Homer）的《奧迪賽》詩集，書中描寫著雅典娜女神（Athena）化身成一位男性長者「曼托」（Mentor），輔助 Odysseus 的兒子 Telemachus 度過種種考驗成為優秀人物。Daloz（1983）提及「曼托」是半人、半神，半男、半女，是可信賴但無法觸及的智者。再參照Peterson（1996）的 Mentor teachers' handbook，對於 mentor 一詞的定義是由歷史角度及效能角度觀之，在結合希臘神話及西方對於 "mentor" 的觀點後，"mentor" 成為一個多元合體，是良師、摯友、領航者、智者、分享者，是願意將自己所知所能無條件傳遞給他人的人。但要瞭解曼托在《奧迪賽》詩集的樣貌，還是必須去讀《奧迪賽》詩集，以能理解曼托無所不能的原因。

西方對於「曼托」一詞存有意涵的解釋與詮釋，源自於希臘神話故事，在

神學、宗教與文化脈絡中，形成了「曼托」一詞所代表的意義。對應華人文化與歷史，將曼托稱之師父或稱之輔導者，似乎都不能將「曼托」一詞完整傳神的表達之。若將「曼托」定位成一種職位或專業表徵，也似乎窄化了他的原意。以我進入師資培育機構，成為一位教育工作者的經驗觀之，「曼托」被我詮釋為陪我走過，激勵我專業成長的前輩、同儕與後生等等生命中的貴人，這似乎又與源頭的曼托有所偏離。

## 貳、敘說，從自己開始

敘說（narrative），為一種用故事的形式說出或寫出個案的生命歷程。個案對研究者敘說、研究者將敘說之資料整合後，再對讀者敘說。敘說者的「敘說」，存有其主觀性與目的性，敘說者或許未能依紀年的方式逐一說出每年每月發生的事，但是敘說者在談其生命中發生之事時，同時是帶著個人的情緒、思維和詮釋，以論述他所遇到的事，是有別於一般大眾的經驗，他的事是具有特殊及可供他人參考價值的（Chase, 2005: 656-657）。

Merriam 和 Associates（2002: 286-288）指出敘說分析慣用第一人稱的方式書寫，因為敘說是以人們的生活經驗為依據，無論是自傳或是生命故事，人們的敘說成了「文本」，成為研究者「再」發展成一個敘說的主要資料。「主要」資料，蘊含著敘說者與再敘說者本身的「主觀」價值與判斷。敘說存有「主觀性」現象，因此不同的人們，對於文化、社會、性別、家庭、種族、族群等存有影響個人成長的因素，有著不同的感受與對生命脈絡的鑿痕。存在於資料來源與資料選擇的主觀性問題，成為社會科學研究者間的長期辯論議題，也引導質性研究者省思在資料蒐集與分析時，正視研究存有之信度與效度之問題。面對研究者該如何說出一個具有可信度的故事，Mishler（1995）提醒敘說分析的研究者，研究本身不是在「發現」故事，而是「產生」故事；研究者將「文本」資料轉換成「再敘說」的歷程，將「文本」賦予意義化與價值化，是產生故事時要應注意之處。

　　對於教育實習的「曼托」的概念，個人想由自己經歷過的教育實習經驗，由一位實習指導教授的視野，敘說自己看到的「曼托」身影。敘說，由自己開始，一方面體驗敘說存有的難度，一方面藉由敘說分析，解析自己視野中的「曼托」，在臺灣師資培育的位置與對提升臺灣教育品質的價值。我的敘說採用紀年的方式，依據我帶過的教育實習班級經驗，以兩個學年為一個單位，敘說過去十多年在臺東師院、臺東大學的教育實習經驗。

## 一、1994～1996：記憶中模糊的「曼托」影像

　　1994 年暑假，開始了我進入師範院校的教職。第一次的教學是發生在某師院的暑期學士學分班，主因是原來擔任課程的老師，因為個人因素無法上課，得知我剛回國在待業中，於是提供我磨鍊教學與賺點生活費的機會。在初生之犢不畏虎的精神下，答應上五門課，其中有一門是我並不算熟悉的課程——社會心理學！時間緊迫且授課時數多的情況下，我只能用且戰且走的方式，先閱讀資料、整理成課程大綱，然後就上臺上課。沒人教我，也沒人帶領我，我就憑著一種直覺和勇氣教完一個暑假。可是我知道，我讀過的並不等同我真的懂了，我懂的部分也不等同我知道可以如何有效表達，將充分的訊息傳遞給學生。不過，也許我很認真努力教學的樣子，學生們雖然學得很痛苦，但都還算「乖乖」的讓我磨鍊教學技能，並沒有直接在課堂上抗議，或向其他老師抱怨我的教學。當時很得意的想，教學是一種天賦，我就是那種適合當老師的人吧！

　　1994 年 9 月，開始了我在臺東師院的教書生涯，當年是臺東師院第一個研究所——教育研究所成立招生。雖然我受聘於研究所，不過「前輩們」在教育品質考量下，規範了些事，譬如：考量「新科博士」教學經驗不足，所以「委員們」決定我不能直接教碩士班，一定要先跟一位「資深」教師共同教學，看看碩士班的課該如何教。同一個學期我被分派與一位資深教師共同帶一班教育實習課程，屬於我獨自擔綱的課程，只有一門大學部的教育研究法課程。

　　在研究所一學期的「計學見習」中，我偶爾能上臺上上課，和學生互動與討論些教育問題，多數的時候我是冷眼看著「前輩」超冷的教學氛圍。到了期

末，不知道學生是鼓勵我或是真的覺得我比較能溝通，幾位學生反映我教的時數太少，覺得我教的對他們比較有幫助。那時我還太「嫩」，雖然得知教學獲得肯定，但仍不敢去爭取自己的權益，也不敢想第二學期是否有研究所的課可上。這個階段所見所聞的是：遇到的「前輩們」，教起書來怎麼這麼乏味？學生在這種環境下接受師資養成教育，怎麼會有教育的熱情呢？

當我還在摸索課程、準備與教學活動的第一年，當我還在理解師範教育的「風格」時，臺灣的「師資培育」正處在一個轉捩點。現在回想當時的自己，對於師範教育是個門外漢，因此在參加所謂的師資培育公聽會時，對於師範院校資深教師的「反彈」聲浪，說實在是真的不懂也無法懂。一位新手的師範院校教師，未曾受過師專或師院的師資培育洗禮，說實在不懂傳統的師範教育有何特別？有何值得驕傲？直覺的是這些反改變的人都是「既得利益」者，不希望被改革吧？!

雖然外面的世界已經開始在改變，當時的我並未感受到這種轉變對我日後會有何影響？我是一位新手，是跟著前輩教師學習如何帶教育實習課程，才開始漸漸瞭解「教育實習」課程是怎麼一回事。「外埠教育參觀」、「實習運動會」、「集中實習」、「大五實習」等，一個個名詞出現在教學活動中，從見習與摸索中，約略知道教育實習課程是怎麼一回事。但也似乎是停在一個技術層面的瞭解，至於實習課程的真正內涵，並未體會到，也未見習到。不過，在與學生互動與溝通上，我越來越確定我的整體表現是優於資深老師的，因為學生會願意花較多的時間與我談、與我討論，或更專注於我的教學之中。

1995 年我開始進入小學現場研究自然科教學，在與不同學校、不同老師合作進行研究時，同時補足了我所缺乏的小學教學經驗。1996 年 5 月的大四集中實習，則是讓我體驗到小學一整天、一週、一個月的運作情形。在與校長、主任、教師和實習學生的對話與互動過程中，學習著如何扮演好一位實習課程的教師角色。學生結束了四週集中實習課程，我的第一次教育實習課程也算告一段落。但在還不算完全瞭解教育實習是怎麼一回事時，我又被告知要擔任原班級的大五實習指導教授。雖然當時新「師資培育法」已公布，但面對全班都是

公費生的狀況下，實習指導教授的「真正」功能其實不算大，在分區實習座談會上，學生們談的是教學上的問題、學校的問題和親師間的問題，「實習輔導教師」的問題則未出現在對話之中。當然，「曼托」與「曼特寧」對我而言，仍是一組陌生的名詞。

## 二、1996～1998：新制教育實習上路，導入實習輔導教師制度

1996 年秋天開始我的第二次教育實習課程，這次面對的是數理教育系的學生。雖然已經帶過一次教育實習，說實話對於「教育實習」該如何帶才算是「正確」，腦袋所儲存的資訊還不算完備。當與搭檔的老師一起規劃課程時，兩個人默契不夠、認知不同下，要能發展一套「完整」的教育實習課程，難度還頗高。幸好，我和合作的 H 師，個性都不拘小節，因此，合作的氣氛上還算良好。也是因為在教學中，並無主與副的教學角色區分，有時課程會顯得鬆散、沉悶，和一絲絲「歹戲拖棚」的尷尬氣氛。

幸運的是當時在 S 國小已進行兩年的田野教學研究，與該校二年級學年群的老師算是熟識，得知她們對於上「自然科」有些痛苦，於是我思考何不將學生直接帶入她們的教室，由學生們來教自然科，一方面提供學生們教學現場磨鍊的機會，提升教學經驗，另一方面可以讓老師們「看見」自然科可以如何教。

於是在第二學期開始，我將全班分成五組，每組約五到六位同學，每組負責 S 國小二年級一個班級的自然科教學，每週就到實習班級上一次自然課，各班級任導師會協助指導他們的教學。學生們在結束教學實習後，我們會花一節到二節的時間，進行教學檢討活動。我觀察到的是這班學生在師院上課時意見很多，同學間也常出現互相爭辯的不和諧畫面，但是進入實習班級教學時，整體表現還算可圈可點，至少在學期末時，各班級任老師還請他們吃一頓飯，到他們大四畢業時的謝師宴，各班級任老師也前來參加，顯現他們在人情事故、人際關係經營上還是不錯的。

當然與他們相處的二年期間，也不是一直都相安無事，偶爾也有對立情形發生。譬如：在外埠教育參觀階段，因為少數同學的服裝與參觀時的行為，讓

我覺得相當丟臉而發了脾氣，但這些同學當下並不覺得自己有何錯，其他同學則是各有正反態度，讓我深感到教學上的無力感，甚至說出不想教的氣話。現在回想起來，如果當時能遇到有經驗的教育實習教師，或是教學經驗豐富的老師，也許我會有更好的處理方式，而不會讓彼此在當下是劍拔弩張的對立。事後有位同學傳話過來，她覺得我是因為有偏見，所以把事情的嚴重性擴大了！她覺得我是因為特別偏愛常與我互動的同學，因此，對於比較有自己想法和不願和老師互動的同學有偏見，她指出我上課時只會注意某群同學，對於另一群比較「不乖」的同學，我會故意視而不見。至此，我才覺察到原來學生很在意老師的「公平性」，連教師上課的眼神掃視，對同學是別有「意義」的！沒人教我啊，還好同學願意「教導」我，讓我知道日後教學時，要不時的將眼光注視到每一位學生身上。

　　這一班同時是「師資培育法」實施後的第一屆學生，就學期間他們就顯得很不安，常覺得生不逢時，為什麼到他們就開始公費生人數減少？為什麼他們要實習一年？什麼是實習輔導教師？什麼是實習簽約學校？對他們而言，成為教師之路比起以往辛苦了些，一堆新規定、新政策，他們成為第一屆適用「師資培育法」的師院「試驗」生。

　　對我而言，1998 年 7 月開始了我在師培法公布後的第一次教育實習指導教授工作。第一次是擔任臺東地區的教育實習指導工作，實習簽約學校同年開始有實習輔導教師的出現。對我而言，並不很清楚自己的角色，當然不知道該如何與實習輔導教師共同合作指導實習教師。現在回想當時的狀況，應該是一個非常具有美規或是歐規色彩的教育實習制度導入了國內。政府相關單位和各師資培育機構，在「新制」教育實習制度正式上路前，也花了不少氣力說明此制度的特色與優點，涉入其中的相關人等也認真的看法令、看教育實習實施計畫、看相關規定。但是，法令、理論與實踐之間，還是存著一段鴻溝，或說法規常因現實問題，在瞬間變更，而守法的就必須「吃虧」。實例就是當我的學生被說服一年的實習是必要時，當他們很守規矩的報到、成為實習教師時，同年的 8 月，陸續聽到許多他校的實習教師紛紛考上代理代課老師，同時奉准可以用

代課抵實習。我的學生問我為什麼學校不告訴他們可以用代課抵實習呢？教育實習真的是必要的嗎？我真的無言以對。

此時期的另一個混亂是 "mentor"、"mentoring"，在國內有不同翻譯出現，「師傅」、「師父」、「專家」、「輔導者」等等，重點是當大家努力的去翻 "mentor" 一詞時，對於 "mentor" 的解釋也是多元多樣的，但對當時的我而言，"mentor" 只是一個教育名詞，並未存有著我日後思考到的文化差異中的「曼托」角色的概念。

## 三、1998～2000：與實習輔導教師的「正式」接觸

1998 至 1999 年，我同時在扮演教育實習教師與教育實習指導教師的兩種角色。但這一年我在這兩個角色上的扮演都不算是很成功。就教育實習指導教授的職責而言，我只是召開了一、兩次的實習教師座談會議，外加上一次的教學觀摩。和實習教師的實習輔導教師並無太多對談的機會，或者該說，我並不清楚一位實習指導教授與實習輔導教師間該有何種夥伴關係，以共同帶領一位實習教師。也許可以這麼說，在成為一位實習指導教授的路途中，我並未受到充分的訓練，因此對於自己帶實習教師的過程，感覺到很不滿意，從他人的眼光中，也可解讀得出自己的表現有待加強。

另一個角色是教育實習的任課教師，這一次我帶的是語文教育學系三年級，與我共同帶班的是該系一位即將退休的 H 教授。H 老師在學校教書三十年有餘，對於師範生有著一種高道德標準的期許，因此上課時常常告誡學生為人師應有的態度、糾正學生的不妥行為，雖然學生有些不滿 H 老師的教學風格和教學內容，但是也都還能乖乖的上課，不和老師起衝突，這樣的表面相安無事一直到他們的大三學期末。學生和 H 老師有著一種生疏關係，因此遇到大小事情，多數的時候是找我商量，像是試教、教學觀摩或外埠教育參觀等事情，漸漸的我變成課程的主導者，某方面解讀起來是我和學生已站在同一陣線，似乎把 H 老師給邊緣化了。但對於「教育實習課」該怎麼上才是「正確」，此時的我還是很模糊、很不確定。

1999 年暑假前，就在學校排下學期的課程時，H老師表明不再帶實習，我在情急之下找了語教系的 W 老師來救火。W 老師是一位資深老師，雖然沒有帶過教育實習，但對於教學這一件事，有她豐富的經驗與個人觀點。因為和 W 老師交情夠深，在接續一年的合作過程中，對於教育實習這一門課該如何上，有了全新的體會。因為 W 老師的加入，教育實習課程有了很大的轉變，課程內容從「理論」走向實務，W 老師強烈建議要以提升學生的教學技能為課程主軸，像是板書、寫字、說話、教案設計等能力的培養。同年是九年一貫課程被推上教育現場進行試辦的一年，「統整課程」被視為一重要課程改革，不少學校在推動著。W 老師和我，在規範大四集中實習的內容上，則強調一定要將「統整課程」融入其中，學生們也很乖巧的接受建議，設計了不同類型的統整課程活動，其中的一組還參與當年的統整課程計畫書競賽，最後還抱回獎狀與獎金。

這一年的教學中，深深體會到和一位可以討論的資深教師，共同規劃經營一門課，是一種享受，也能促進自己的專業成長。另一方面，W 老師以母親的角色看待學生的方式，在包容、和藹、欣賞的眼神中，我學到如何轉化自己的位置、如何可以由學生的視野看見世界，如何借重學生的世界讓他們看見自己的能力與優勢。

2000 年 7 月，我開始擔任臺北地區的實習指導教授。這一年學校規定學生只能前往由大學主導之簽約學校實習。我負責帶二十五位實習教師，多數不是我教過的學生。在學生前往實習學校辦理統一報到的那一天，我選擇最多學生實習的學校前往，參與他們的實習說明會，並且親自向校長與主任請託好好照顧東師院的學生。這一年我對自己設下一個目標，每一個月至少前往實習教師的實習學校拜會一次，並和實習輔導教師討論實習教師的實習情形，以確實能幫助學生增進專業知能。這一年度的實習教師，仍是可以用代課抵實習，多數的實習教師會考量經濟的因素，努力於代理代課教師的甄選。我的一位語教系學生對我說：「老師，我們幾個同學都寧願實習而不願去代課，因為我們覺得該學的東西還很多，直接去當代課老師，一定沒有時間去學新的東西。我想當

一位好老師，所以我選擇實習，先充實自己的教學實務經驗。」學生對於成為一位好老師的期許，對於教育實習的重視，讓我思考教育實習與實習教師專業發展間的關聯性。

2000 年這一學年度的臺北區教育實習指導教授的工作，我接觸到不少「實習輔導教師」，形形色色的「曼托」們，有的是學校的優良老師，有的則是問題老師，有的是非常強勢的老師，也有那種「好好先生型」的老師，「實習輔導教師」的「品質」是「良莠不齊」，這或許是實習教師出現在學校的現象，才兩、三年，學校與輔導教師未必已清楚掌握「輔導」一位實習教師成為良師的模式。我遇到一位實習輔導教師在面對「表現不佳」的實習教師，必須透過我每個月的訪視，在與其對話、討論中，減緩她對於輔導教師這角色的壓力。我和多數的實習輔導教師可以談很多有關於教學、課程、教育改革的事，但是，對於共同合作協助「實習教師」專業成長這一工作上，會存在著距離，原因不在於實習輔導教師身上，而是制度面上的問題。我的輔導區在臺北，雖然盡最大的可能每個月到實習簽約學校，與實習教師及輔導教師進行座談。但是，對於「教育實習」的本質目的彼此未曾清楚釐清，於是在與實習輔導教師共同討論實習教師的實習表現時，往往是表象的分析與評論，較無法很深入的針對實習教師的實習表現進行「診斷式」的討論，以能讓實習教師能補強其教學弱勢之餘，還能培養他們的教學反思與批判能力。反省這一現象，多少與我本身在實習指導上的經驗不足及指導的時間不足有關係，所以無法與實習輔導教師發展出良好的合作夥伴關係。

## 四、2000～2002：見到制度化的教育實習與實習輔導教師

2000 年學年度，我擔任教育實習指導教授之外，同時新接一班大三的教育實習課程，這一次我帶的是語文教育系，與我搭檔的是當時的系主任 M 老師。M 老師謙稱這是他第一次帶教育實習，所以建議由我為主，規劃兩學年的課程。由於 M 老師是英語教師，因此，我們所帶的這一班學生，有相當多人選擇國小英語學程，培養自己的第二專長。因為「師資培育法」實施以來逐年調低

公費生比率，這一班學生中公費生約占四分之一，且多數為男生。同年國小教師的就業市場已開始發出將要飽和的警訊，因此，在帶這一班學生時，花了相當多的氣力，讓他們接觸到許多的優秀國小老師，希望他們能吸收他人的教學特色，培養自己的實力。為了讓他們能與現場實務結合，我刻意的將學生分成六個學年組和六大領域組（綜合領域未放入），要求學生以學年的方式規劃課程，同時以領域分組的方式，規劃一個學校一整年，各年級的領域課程。甚且第一次嘗試在外埠教育參觀時，他們要在參觀的學校進行試教，教學內容則限定是介紹臺東。種種的規劃，都是以學校現場的實務運作為考量，而我之所以有這樣的構想，是因為過去的六年，持續的與現場小學老師合作，因而對於國小教育有了些想法，同時對於培養國小教師的方式，有了自己的觀點。

　　大四的外埠教育參觀，我為他們安排參觀以臺北市為主的新設小學。印象深刻的是在訪視一所以英語教學為特色的學校時，一位高年級的小朋友很高傲的以英語對分派至該班觀摩教學的 A 同學說：「English only! We do not speak Chinese here!」我的學生溫和的看他一下，什麼也沒說。等到試教時，A 同學從頭到尾都用英語進行教學活動，下課後她憤憤的對我說：「看不起人嘛！所以我就全部用英語授課，結果，老師你知道嗎，那位學生由高傲態度轉成崇拜的眼神，可是這樣的學校教育對嗎？學校是傳遞什麼樣的觀念給這群學生？」我沒回應什麼，畢竟這是學校的教育價值觀的問題，需要由學生自己省思與批判，以建構出她認為合理的教育環境。而這樣的教學經驗，我發現參與試教的學生，對於自己的教學有著一種自信，認為在都會地區指標型學校的試教，都能良好的掌控教學活動，在教學技能上，已是出師階段了。

　　當我沉醉在課程規劃對學生是有益的情境中，更奮力推動著自己認為對於學生在教師專業發展有益的課程。然而，學生們未必全然領情，部分同學對於寫教案、教材分析、課程討論等繁瑣的教學準備，認為是消耗時間且不是教學現場必須要做的事。我和他們發生最大的衝突是在大四集中實習前，當我要求的完整教案、教具要在進入實習學校前三週完成的規定未能達成時，我忍不住對同學們發了脾氣，特別是少數幾位公費男生的散漫學習態度，讓我深深覺得

花下去的心血是白費的。然而，當我們正式進入實習學校後，同學們展現出的認真教學態度，讓我眼睛為之一亮。而實習學校的級任教師認真指導，讓我目睹了「實習輔導教師」可以如何的協助我的學生學習。譬如：當一位實習教師在臺上教學時，實習輔導教師會對應著實習教師的教案，觀察著實習教師的教學表現，如果出現不妥的言詞或教學出了狀況，實習輔導教師會向另外兩位實習教師說明教學者教案和教學上的問題，以及可以如何教會較好；同儕之間的互相見習，輔以實習輔導教師的指點，我的學生們在專業成長上有著讓人驚豔的表現。面對來自實習學校老師的讚美，集中實習算是成功，也一掃先前因恨鐵不成鋼的低潮情緒。而這一班的學生在畢業後，成為老師之後，部分同學還會回到集中實習的學校，和他們的實習輔導教師談教學、談之前教過的學生狀況。當一位實習教師擁有好的學習動機、準備好的教育實習態度，遇到一位認真指導他的實習輔導教師，在短短三週的集中實習，還是可以產生教學專業增能的成效。

這一時期我仍擔任實習指導教授一職，只是輔導區轉至高雄，一個我不算熟悉的地區。但當我在 9 月開學初進入屬於我指導的實習教師的學校時，發現高雄市的小學對於「教育實習」相當重視，我遇到的校長、主任和實習輔導教師對於實習教師的一年實習，學校有清楚的進度規劃和輔導方案。譬如：學校規劃讀書會，集合實習教師針對教學或未來教甄，進行研習討論或是模擬考試；實習輔導教師會規劃實習教師的各領域教案書寫、教學演練等實質的專業訓練。印象深刻是在看某實習教師的教學觀摩時，實習輔導教師對我說：「○○今天的表現不錯，我們之前已經演練三次，我希望她能改掉說話太快的問題，還有就是要有充分的肢體語言……。」我很訝異一位輔導教師會花這麼多的時間發現實習教師的教學問題，又願意用課後的時間陪著實習教師反覆演練觀摩教學的歷程。那一年，我發現高雄市許多實習輔導教師都願意花時間去帶實習教師，指導實習教師大大小小與教學相關的事情。我思考是否是在歷經幾年的摸索後，有制度、有教育理念的學校已經找到一套輔導實習教師的方法，他們對於實習教師進入校園，不是視為一種人力資源的利用，而是希望透過好的輔導制度，

培養優秀的老師，也為自己的學校建立好的專業發展名聲。

## 五、2002～2004：遇到 mentor

2002 年 9 月我開始帶第五班的教育實習課程，是自然教育系的學生。我是被他們邀請擔任教育實習的任課教師。記得和他們是在大二下學期時就見了面，先彼此認識和互動一番，看看彼此是否「合適」。後來，我因為課太多，行政又忙，外加上他們找不到願意與我搭檔的老師，就在幾乎要破局不能擔任他們的實習教師時，他們又派代表來與我討論，我開了一個條件：「如果左榕老師能夠與我一起帶你們的教育實習，那我就接這門課。」結果是：讓我有機會向一位國小現場尖兵──左榕老師，學習如何培養具有教學動力與能量的國小教師。

在與這一班學生相處的過程中，由於我的行政工作更趨繁忙，在課程規劃與教學活動方面，多仰賴我的合作夥伴左老師，於是我成為一位學習者，聽著左老師的語文教學、班級經營、案例分析等等的教學，吸取現場教師的教學實務經驗。從一位教學者轉換成一位學習者，因為有機會坐在臺下聆聽左老師的教學觀點，讓我能反思教育的本質、反思教學的核心價值，對於培訓一位國小教師的歷程有了新體認。

我在這班的教育實習課程中，主要負責的是行政協調、安排校外參觀、試教，和邀請專家教師指導等。一種算是班級課程的管理者，我與這班學生的關係，多數的時候是一種朋友的關係，不論是在課堂內或課堂外，我習慣以聆聽和給建議的方式與學生互動。印象最深的是在外埠教育參觀的活動中，在活動的最後一日，安排住宿的旅行社未依原來的合約執行，當我們住進旅館後，同學們有很多的不滿聲音，而我倒是沒有太多的抱怨，因為是他們班級幹部決定的行程，我不認為自己該在這個時候介入。後來幾位幹部討論後，問我是否應該要換旅館住？我指出只要是在合法合理下，我會支持你們的決定，住下或換旅館，由你們自己做判斷。在以學生的安全和住宿品質考量下，我同時提供了該區可以換住的旅館名單。我沒有出面和旅行社爭論，就回自己的房間整理東西和讀資料，在約半個小時後，我到旅館的大廳看看，才知道他們已經開過班

會，全班聚集在櫃檯處等候換旅館的通知。旅行社最後安排換住需車程約三十分鐘的另一家四星級連鎖旅館，而幹部群馬上派出一組同學先前往星級旅店，確認住房數與分派住房。所以當我們換到新旅館時，一下車同學們就可以拿到房鎖，完美的服務讓我訝異不已。住入房後，幹部還一一確認房間是否有任何問題？需不需要添設什麼？當同學們都安頓好後，幹部還開了個檢討會後才休息。事後，學生與我討論這件事時，他們認為我不介入他們的危機處理，是否是在培養他們的決斷力與溝通能力。我的回應是因為我相信你們會處理得很好，所以我讓你們放手為之而你們確實做到了。在與他們的互動過程中，我體會到的是當老師先自我要求、嚴謹的面對教學，由身教之中去影響學生，同時要相信學生，成為學生的朋友，支持學生「正確」的決定，學生會發揮出他們的最大潛能，展現出他們驚人的表現。

這一階段我還是繼續擔任實習指導教授，輔導區依舊是高雄市地區。這時教師甄試的難度已經大大提高，合格教師一職難求的現象已經出現。遇到的校長和主任們，對於輔導實習教師一事，開始感受到一種壓力，畢竟實習一年後的教甄錄取率，也是學校辦學的一種指標。實習輔導教師對於輔導實習教師一事，看起來已經漸漸掌握到「輔導」的方式，但外界的變化也帶給他們新的壓力。由於太多的聲音在批判一年的實習太久，又有聲音指出實習教師該付費而非拿政府一個月八千元的生活津貼，實習輔導制度於是有了變革，2003 年入學的師資生的教育實習改為一學期。我有一種體認是我們的基層老師很能適應各式各樣的新政策或制度，只是我們的教育政策有時變化莫測，會讓基層教師在疲於奔命之餘，耗損他們對於教育的熱誠與投入。

這一年度的實習指導歷程中，一位 P 實習教師的分享，讓我更加相信教育實習中的實習輔導教師對於實習教師的教育信念有很深的影響。P 師提到去年來到 B 校實習的學姊，被分發到一位「不適任」教師的班級，該班有一位身心障礙的學童，而學姊的責任就是看好這位身障的學童，一年的實習下來讓她身心俱疲，對教育失去信心。今年她來 B 校實習，被分發到同一班，一開始她非常的恐慌，但幸運的是她遇到一位很好的級任老師、實習輔導教師 D 老師，從

學期開始她就有機會見習到 D 老師的親師溝通、班級經營與身障學生的輔導。P 師指出在近一年的實習中，她看見一位身障生的轉變、看見班級的轉變，她相信一位優秀的老師是可以改變學生的。P 師指出遇到教學上的困惑、身障生管教的問題，實習輔導教師都願意說明清楚，並指導她未來在教育工作上，應有的態度和信念。P 師的一年教育實習歷程，讓她對於成為教育工作者有更高的自我期許。教育實習是能達到它原先的理想目標，其條件則是輔導教師是足堪稱為曼托，實習教師能主動積極的學習，在「師徒」共同努力下，營造雙贏的局面。

## 六、2004～2005：泥沼中的教育實習

因為自己生涯規劃的關係，這一年我推掉了擔任教育實習課程教師的邀約，但還是擔任教育實習指導教授的工作。這一次我選擇臺東地區為輔導區，指導的學生中有師資班與大學部兩類型學生。師資班的學生是屬於「新制」，只需要一學期的實習，稱之為實習生。大學部畢業的學生，屬於舊制，需要實習一年，稱之實習老師。為何會將原先一年的實習制度改為一學期？有一種說法是因為一年的時間太長，一位實習老師只要花一個月的時間就能瞭解學校的運作情形，實在沒有必要花一年的時間去學習。真的是如此嗎？一位同仁以他擔任小學校長的經驗指出學校在一學年的運作中，看似很一致，沒太多的變化，但事實不然；學校在每一個月、每一季、每一學期都會有不同的重點工作要做，一位實習生只看了一學期，另一學期的事，他未能看到與見習到，整個實習不能稱之完整。

由於國小教師一職已經進入「難求」的階段，新制者又需要在四月通過檢定考試，因此，多數的實習生是專注於「準備考試」，實習輔導教師對於他們似乎也無太高的要求。讓我更納悶的是在面對臺東地區的實習輔導教師，常會覺得有種生疏的距離，而無法一起討論實習生或實習教師的教育實習問題。比起前一年在高雄市地區的實習指導工作，在臺東地區我會有一種使不上力的挫敗感。特別是在我算熟悉的學校中，面對實習表現不佳的學生，總讓我覺得是

件很不光彩的事，試著與學生溝通，而他們的信念是：當前重要的是考試能否過，教育實習能過就好。甚且有一位實習教師，我幾次去他的實習學校看他，卻都不見人影，學校也只是說他可能躲在哪裡讀書。直到有一天被我遇上了，他卻說了一些讓我難以忘懷的話，他說：「像我這樣拼了在唸教甄資料的人，如果沒有考上，是不是代表教甄本身是有問題的？！」我傻眼了！他一心一意的只在讀書，對於教育實習一事是能閃就閃、能不做就不做，在我看起來他並無教育的理念，他只有「教職」的需求，毫無教育理念者，卻認定自己是夠努力的、是應該考得上教甄的！教育實習的功能，在他身上喪失殆盡，因為他並無心去學教育現場應具備的教學技能。

　　由於我與他的實習學校的老師們算是熟識，與主任、老師們談，他們也知道這位學生的態度大有問題，但是，就業市場這麼窄小，也不想太要求這位學生。而某校的一位實習輔導教師甚且對我說：「當你明知道教職一位難求，你真的也不知該不該全心全意的去指導實習教師，因為，也許你對他這麼多的要求，最終未必有用，他考不上教職，你把他訓練得再好，也是空的！所以我自己很掙扎、掙扎著要不要督促他的教學、要不要告訴他班級該如何經營，我真的很困擾。」

　　另一件讓我挫折的事是在我認為是應該做的事，譬如：每個月我會安排時間到校訪視，看實習教師的實習狀況，同時看看他們的教學，結果有實習生（師資班結業）和實習教師（大學部畢業）者反映別的實習指導教授都沒有這麼多的要求和探視，我為何要一直來看他們、督促他們？聽到如此的論點，我只能說教育實習的美意，在教師檢定考與教師甄試的壓力之下，已經被扭曲了。曼托無法在這塊土地上發揮其應有的角色功能，也許是整個大環境未能提供「他」落地生根的條件，曼托要去煮一杯好喝的「曼特寧」，其實是困難重重的。

## 參、思與論——臺灣教育實習中的曼托與曼特寧

　　身為一位師資培育機構的教育工作者，在擔任多年的教育實習指導教授之

後，面對自 1994 年頒布之「師資培育法」及後續帶動之師資培育制度的改變，產生多元而大量的培育國小師資及形成的教師甄試高度競爭性，經常思考的是在如此競爭的環境下，職前教師在簽約實習學校的「教育實習」對於提升教師專業知能的助益有多高？個人在前往簽約實習學校進行實習教師訪視時，與校長、主任、實習輔導老師對談時，覺察到有些學校對於如何輔導一位實習教師，已建立一套流程與制度，希望實習教師歷經一年[1]的實習，在未來教師甄試上能取得教職。但是，亦有的學校對於如何輔導實習教師（實習生），並未以提升職前教師專業能力為導向，而是以學校人力資源對待之。當然，也有學校遇到實習教師不重視見習，是以取得教師資格為思考的應付態度參與實習、或以準備教師甄試筆試為優先的現象，學校面對這樣的學生，許多時候只能「鄉愿」的容忍，頂多就是來年不收實習教師（生），以減少學校的負擔與責任。

　　教育實習的目的應該是在提供實習教師教學實務經驗養成的機會，提升他們的教學專業素養。但是，個人在不同現場、不同時空下看到的教育實習卻是存在著不一致、不穩定、不保證有效的實習制度。教育實習是否有效，固然仰賴實習學校的制度，而實習教師本身的心態及遇到的實習輔導教師，也影響著教育實習的品質與成效；其中，實習輔導教師對於輔導實習教師的態度、信念及輔導教師本身的專業能力，對於實習教師未來的教育理念存在著深厚的影響力。筆者試著從所見所聞的教育實習制度、教育實習現象，探討曼托的角色與曼特寧的效能。

## 一、教育實習與師資培育

　　在 1994 年之前，師範學院在小學師資培育上，一直扮演著相當重要的角色；然而，師範院校在師資培育的「獨占性」現象，則被視為是臺灣教育制度上必須變革之事項。1994 年公布之「師資培育法」，對於師範院校的影響分別是：(1)師資培育市場的開放：師院不再是唯一的師資培育機構；(2)公費生制度

---

1　自 2004 年起，教育實習改為一學期（半年），對於實習學校而言將必須再次調整實習輔導之作業流程。「教育實習」期程的縮短，意謂其必要性及重要性是可被討論與批判。

的改變：公費生人數逐年縮減，師院生不再保證就業；(3)「大五實習」制度的改變：畢業生是以見習身分，在「師徒制度」下，跟班見習，而不再是直接帶班之教學實習。前述三項的影響，第一項與第二項是師範院校可透過內部調整因應挑戰的。第三項之影響，則是取決於實習簽約學校的態度與制度；師資培育院校對於畢業生（或師資班之結業生）所能提供的協助就是實習指導教授的到校訪視時的輔導，平常時間就仰賴實習學校之曼托的指導。

自 1994 年公布「師資培育法」以來，師資培育的多元化，形成師資來源的大量增加，而量的增加若能帶動教師素質之提升，未嘗不是一件好事。但是由於參與師資培育之機構相當繁多，對於職前教師的養成教育，在提供修完足夠學分後，對於教學能力與教育素養的提升是否有助益？則是耐人尋味之事。「師資培育法」公布，歷經四年才有實習教師進入學校現場。有了四年的宣導與準備期，等真正上路時，師資培育機構與簽約實習學校間，如何共同指導實習教師，實習指導教授與實習輔導教師可如何合作，提升實習教師的專業職能，所有參與其中的人，才開始在適應與學習之中。而「新法」上路時的「變通」原則，讓人有著不知所措的困擾。

> 第一次是擔任臺東地區的教育實習指導工作，實習簽約學校同年開始有實習輔導教師的出現。對我而言，並不很清楚自己的角色……。
>
> 政府相關單位和各師資培育機構，在「新制」教育實習制度正式上路前，也花了不少氣力說明此制度的特色與優點……。但是，法令、理論與實踐之間……在瞬間變更，而守法的就必須「吃虧」。

歐用生（1997）指出，我國在師資培育品質的控管上仍是以機構內部控管為主；職前教師修畢職前教育課程，再經初檢及歷經一年教育實習及格後，即取得教師證書。在取得合格教師證書上，師資培育機構養成教育及教育實習是影響教師品質的兩道關卡。如果，教育實習制度確實有其必要性與重要性，而

在其他國家的師資培育上已有成效，為何歷經四年的準備，在上路時還是存有許多雜音與問題？是否是在制度移植的過程中，少了配套、少了完整的訓練規劃，以至於兩道關卡的教育實習指導教授和教育實習輔導教師，處在知其然而不知其所以然的窘態之中？

2003 年 8 月 1 日公布之「師資培育法施行細則修正條文」第三條第四款訂定教育實習課程為「培育教師之教學實習、導師（級務）實習、行政實習、研習活動之半年全時教育實習課程」。第十條及第十一條則訂定教育實習課程之實施規定。同年 8 月 27 日並廢止原先實施之「高級中等以下學校及幼稚園教師資格檢定及教育實習辦法」。實習教師由原先之一年實習縮減為半年（一學期）之教育實習，除因為原一年的教育實習對於實習教師而言時間過長之外，這一年的時間是否能確實透過在現場實務之見習，獲得教育專業知能的成長，則是因人而異的「冷暖自知」。但不可輕忽的是在有制度的學校內實習及在一位有經驗之輔導教師指導下，職前教師在中、小學之教育實習，對其認識教學現場實務工作及累積教學實務經驗有相當大的影響；見習教學工作，對於一位實習教師教學專業成長而言是相當重要的。

　　當一位實習教師擁有好的學習動機、準備好的教育實習態度，遇到一位認真指導他的實習輔導教師，在短短三週的集中實習，還是可以產生教學專業增能的成效。

　　P 師的一年教育實習歷程，讓她對於成為教育工作者有更高的自我期許。教育實習是能達到它原先的理想目標，其條件則是輔導教師足堪稱為曼托，實習教師能主動積極的學習，在「師徒」共同努力下，營造雙贏的局面。

由此，衍生出兩項議題，一是教育實習在師資培育上是重要的，因此在「師資培育法」中明定條文規範之。另一是教育實習在實施的過程所需的時間是可被縮短的，因此，會有由一學年縮短為一學期的教育實習制度改變。

為何會將原先一年的實習制度改為一學期？有一種說法是因為一年的時間太長，一位實習老師只要花一個月的時間就能瞭解學校的運作情形，實在沒有必要花一年的時間去學習。

　　一位同仁以他擔任小學校長的經驗指出學校在一學年的運作中，看似很一致，沒太多的變化，但事實不然；學校在每一個月、每一季、每一學期都會有不同的重點工作要做，一位實習生只看了一學期，另一學期的事，他未能看到與見習到，整個實習不能稱之完整。

　　學校行政與教學的運作是以一學年為單位，上學期與下學期各有著不同的事務要推動與執行，只參與其中一學期的實習，是旨在取得擔任老師的門檻？還是覺得實習一學期就可窺知如何當老師？有老師就戲謔的對我說：「戲只看一半，實習生能懂得學校運作的全貌嗎？」實習的長、短，見人見智，重點應該是教育實習的目的能如何被有效實踐。

　　依據1995年公布之「師資培育法」訂定之「高級中等以下學校及幼稚園教師資格檢定及教育實習辦法」之第十條：「師資培育機構應依下列原則，選定教育實習機構」[2]；原則是指「一、辦學績效良好；二、具有足夠合格師資者；三、師資培育機構易於輔導者。」同法第十九條關於實習輔導教師之遴選原則為：「一、有能力輔導實習教師者；二、有意願輔導教師者；三、具有教學三年以上之經驗者。」由辦法條文之中，並無法看出對於「教育實習機構」或「輔導教師」有明確的指標規範。

　　2000年這一學年度的臺北區教育實習指導教授的工作，我接觸到不少「實習輔導教師」，形形色色的「曼托」們，有的是學校的優良老師，有的則是問題老師，有的是非常強勢的老師，也有那種「好好先生型」的老師，「實習輔導教師」的「品質」是「良莠不齊」，這

---

或許是實習教師出現在學校的現象，才兩、三年，學校與輔導教師未必已清楚掌握「輔導」一位實習教師成為良師的模式。

（2002 年）……發現高雄市的小學對於「教育實習」相當重視，我遇到的校長、主任和實習輔導教師對於實習教師的一年實習，學校有清楚的進度規劃和輔導方案。譬如：學校規劃讀書會，集合實習教師針對教學或未來教甄，進行研習討論或是模擬考試；實習輔導教師會規劃實習教師的各領域教案書寫、教學演練等實質的專業訓練。

在政府公部門、師資培育機構或民間學會，並無針對教育實習中的實習輔導教師，訂定以「實習輔導能力」為導向的指標或依據下，基層的學校由摸索中，各自發展出輔導實習教師的規劃與選擇實習輔導教師的規準。回顧自 1994 年公布，至 1998 年開始實施，到 2004 年，近十年關於影響實習教師的教育實習機構與輔導教師之研究，可分為：以理論的角度分析制度（譬如：李奉儒，1999；黃淑苓，1998；歐用生，1997；蔡清華，2000），或探討實習輔導教師／實習教師在實習過程中的專業成長（譬如：洪志成，1998；郭淑鸞，2002；潘淑蘭，1999；顏慶祥，2000）。然而，由過去到現在，臺灣在關於教育實習之輔導教師的研究方面，雖有文獻探討實習輔導教師培訓之理論（譬如：李雅婷，1999a，1999b；楊基銓，1999），但均是以「他山之石」的角度談制度，以在地角度探討一位實習輔導教師應具備之基本條件（criteria）；至於如何培育一位教師成為能有效輔導實習教師（實習生）之輔導教師的探討則是不多見。

2004 年國科會科教處推動的目標導向研究案，開啟了以師資培育品質為考量的理論與實務結合之研究大門。個人參與的其中研究專案之一，鎖定的方向就是在論述發展培養教育實習輔導教師的模式，以提升教師的實習指導專業能力，以達到有效培育職前教師教學專業能力的目的。

## 二、實習輔導教師與教育實習

Furlong 和 Maynard（1995）指出學習如何去教是一件極為複雜之事，因為

其中包括了實務知識發展、認知轉化及個人內在技能發展。而教育實習提供的實習輔導教師（曼托；mentor）是要在一有效機制下，協助實習教師提升上述知能。而一位實習輔導教師在培訓實習教師時，有必要提供實習教師直接的班級實務教學演練、非直接的工作坊式教學演練、實務教學原理原則及教學原理等。由此可知，教育實習不應只是讓實習教師取得資格的一種形式作風，更應是由有豐富實務經驗與理論知識的輔導教師，有效培育師資的一種歷程。教育實習與師資培育有著密切關係（李奉儒，1999），而輔導教師更是直接影響實習教師專業素質提升的關鍵點。

實習輔導教師在教育實習之中扮演著人才培訓的角色。國內自實施實習輔導教師制度，探討實習輔導教師／實習教師在實習過程中的專業成長的論文並不少見（譬如：洪志成，1998；郭淑鸞，2002；潘淑蘭，1999；顏慶祥，2000）。李倩鈺（2002）指出一套良好的實習輔導制度，輔導教師與實習教師間的良好關係，對於雙方的專業發展均有所助益。

　　……一位 P 實習教師的分享，讓我更加相信教育實習中的實習輔導教師對於實習教師的教育信念有很深的影響。……P 師指出在近一年的實習中，她看見一位身障生的轉變、看見班級的轉變，她相信一位優秀的老師是可以改變學生的。……P 師的一年教育實習歷程，讓她對於成為教育工作者有更高的自我期許。教育實習是能達到它原先的理想目標，其條件則是輔導教師是足堪稱為曼托，實習教師能主動積極的學習，在「師徒」共同努力下，營造雙贏的局面。

當一位教師擔任實習輔導教師角色時，他本身對於「教育實習」與「輔導者」的理解，會影響他在教育實習工作上的展現。陳利玲（2001）則指出由於法令未具體規範實習教師之職責，當輔導教師在進行實習輔導遇到困難時，往往只能尋求學校內部協助，而鮮少透過師資培育機構解決實習問題。因此，學校發展內部良好輔導制度或教師專業成長團體是相當重要之課題。

我發現高雄市許多實習輔導老師都願意花時間去帶實習老師，指導實習教師大大小小與教學相關的事情。我思考是否是在歷經幾年的摸索後，有制度、有教育理念的學校已經找到一套輔導實習教師的方法，他們對於實習教師的進入校園，不是視為一種人力資源的利用，而是希望透過好的輔導制度，培養優秀的老師，也為自己的學校建立好的專業發展名聲。

　　假若教育實習是必要存在的，但是對於實習教師而言卻非專業成長上所需要的訓練，則可被討論的是：教育實習如何被實施，以及該如何強化教育實習制度，以能落實教育實習的功能。筆者在實地訪視學校的過程中，發現實習學校感覺困擾的不是本身輔導實習教師（生）的能力，而是與師資培育機構間的權責關係。師資培育機構的「責任」似乎是在協助實習教師（生）與學校簽實習約，對於「教育實習」的實施計畫則完全交予實習學校負責，關於實習輔導教師的推選，權責則在於實習學校。如此狀態下，師資培育機構無法掌握實習教師的教育實習品質，而實習學校對於教育實習的執行方式則是以「經驗導向」的發展制度，實習教師則是各憑運氣看是否遇到好的制度與好的輔導教師。事實上，師資培育機構有責任協助實習學校實施教育實習計畫與培育實習輔導教師。陳利玲（2001）研究亦指出應對實習輔導教師進行培訓；培訓的目的應著重提升教師在實習輔導面向上的專業能力。

## 三、實習輔導教師培訓與教師專業發展

　　實習輔導教師培訓與教師專業發展輔導教師對於實習教師專業發展有著實質上的影響，而輔導教師本身的專業素養則是能否提供實習教師優質輔導的關鍵。國外已有相關研究或報告指出輔導教師培育計畫的重要性（譬如：Ganser, 2000; Riggs & Sandlin, 2002）。關於實習輔導教師的培訓方案，國內雖有學者引用國外制度介紹之（譬如：李奉儒，1999；李雅婷，1999），但國內並無師資培育機構，針對實習輔導教師進行培育之計畫。Million（1988）即提到一個

成功的實習輔導計畫中，輔導教師的培育是關鍵點。Alerd 和 Bob（2000）指出輔導教師的培育，實質上是在幫助教師如何實施實習輔導，同時是教師本身專業發展途徑之一。

參照 Peterson（1996）的 *Mentor teachers' handbook*，對於輔導教師（mentor）一詞的定義是由歷史角度及效能角度觀之。就效能觀點而言，"mentor" 是一位能提供學習者進入專業領域知識、技能與情意的領航者，提供學習者充分的支持、挑戰、耐心與熱誠於學習者之各階段之學習，協助學習者成為一位專業人士，讓學習者對於所處之專業領域能形成新的想法、觀點、準則與價值觀。對於教育領域中之 "mentor" 的定義，意指的是一位「輔導教師」能將所知之專業，依據個別化的支持、協助、引領及適性之挑戰，傳遞給生手或是專業尚不足者，提升受輔導者之專業能力。而我國 1994 年公布之「師資培育法」，「輔導教師」被賦予的任務即在於透過「輔導制度」，提升職前教師在教育專業領域上之能力。因此，「輔導教師」制度在我國師資培育改革中，理應扮演著重要的角色。

要成為一位輔導教師，Peterson（1996）認為應從三方面觀之，一是在專業領域上的知能、一是專業領域之教學展現、另一則是同事間的風評。Peterson 認為要成為一位輔導教師，除了上述條件外，個體本身的特質，亦是成為一位優良輔導教師的條件；譬如：願意分享、願意聆聽、對於專業領域之教學有使命感等。由此可知，成為一位輔導教師，不僅在教學表現或專業知識有其要求，個體對於成為一位輔導教師的覺知更是重要。

……我發現高雄市許多實習輔導教師都願意花時間去帶實習教師，指導實習教師大大小小與教學相關的事情。我思考是否是在歷經幾年的摸索後，有制度、有教育理念的學校已經找到一套輔導實習教師的方法……

他們對於實習教師的進入校園，不是視為一種人力資源的利用，而是希望透過好的輔導制度，培養優秀的老師，也為自己的學校建立

好的專業發展名聲……


回顧我國已發展十年的師資培育制度，在「輔導教師」這一層面的培育，甚少著墨。而各中、小學在歷經多年的經驗累積後，開始以自己發展出的方式或模式訓練實習教師時，引申出可被討論的議題是：實習輔導教師制度是否符合了當初引進此制度的期望？而一套良好的輔導教師系統需具備的元素有哪些？當學校行政選定教師擔任輔導教師時，是否有任何參照依據或標準？一位教師成為一位輔導教師時，應具備之教學知能有哪些？擔任輔導教師究竟有何意義（好處）可言？在在都是可被思考的。

以個人擔任實習指導教授的經驗而言，當師資培育機構將自己培育完成的職前教師轉介至各校實習後，有時會出現我們原本極為看好的學生，一年之後卻失去對教育的理念，亦有時會遇到原本對擔任教師並無積極態度的學生，歷經一年的實習後對教育充滿了熱誠。究其因，與實習教師遇到的輔導教師及實習學校之輔導制度，有相當的關聯性。好的實習輔導制度與實習輔導教師，在師資培育的「後期階段」，不僅提供好的實務訓練，同時影響著實習教師的教育理念，影響著實習教師之後的教學態度與教學信念。因此，存有好的實習輔導制度與實習輔導教師，不僅在當下培育出優秀的師資，同時影響著後續的學校教師素養。

國內在論述實習輔導制度時，英國歷經四分之一世紀教育改革而建立的制度經常被引用與論述。黃淑玲（1997）在探究英國實習輔導教師制度之學位論文中，提及「影響英國實習輔導制度成敗之重要因素包括實習方案的規劃、實習輔導教師的甄選與訓練、實習學校的選擇、及充裕的時間與資源」。其中實習輔導教師的甄選與訓練，是整個制度推動上的關鍵點，黃淑玲（1997：186）列出英國學校本位師資培育中實習輔導教師的困境，「無法嚴格的遴選」及「有效的訓練」，對於實習教師的輔導，相對地降低了師資養成的效能，也無法發揮輔導教師的專業發展功能。

對於上述的議題，陳怡君（2005）以實習指導教授、國小校長、主任或組

長、實習輔導教師、實習教師為研究對象，以瞭解受訪者對於實習輔導教師能力的想法。她的研究整理出包含「基本認知」、「教學專業知能」、「人際溝通」、「教師專業成長」與「教育實習輔導知能」五大層面，共計七十項專業能力指標。不同職務的受訪者，對各項專業能力指標而有不等強弱度重要性的認知，但是對於實習輔導教師在教育實習輔導上的功能，有著深深期許。

然而，當前學校教育中存在的一大危機是年年的教育改革、教育新法規、新課程的推動，讓許多資深優秀教師不知所措，甚且選擇退休方式離開職場；資深教師的豐富教學經驗無法有效的傳遞給實習教師或新進教師，將造成學校出現「青黃不接」的窘境。然而，如何傳承資深教師的教學知能於新手教師，提升新手教師的素質，不單是實習輔導制度健全與否的問題，政策多變與教師供需失衡下造成的價值扭曲，更是我們應思考的課題。

……一位實習輔導教師甚且對我說：「當你明知道教職一位難求，你真的也不知道該不該全心全意的去指導實習教師，因為，也許你對他這麼多的要求，最終未必有用，他考不上教職，你把他訓練的再好，也是空的！所以我自己很掙扎、掙扎著要不要督促他的教學、要不要告訴他班級該如何經營，我真的很困擾……

每個月我會安排時間到校訪視，看實習教師的實習狀況，同時看看他們的教學，結果有實習生（師資班結業）和實習教師（大學部畢業）者反映別的實習指導教授都沒有這麼多的要求和探視，我為何要一直來看他們、督促他們？聽到如此的論點，我只能說教育實習的美意，在教師檢定考與教師甄試的壓力之下，已經被扭曲了……

曼托無法在這塊土地上發揮其應有的角色功能，也許是整個大環境未能提供「他」落地生根的條件，曼托要去煮一杯好喝的「曼特寧」，其實是困難重重的……

當 1994 年臺灣開始進行教育改革時，深信大家都期待歷經「改革」後的臺

灣教育，將能發展出更高品質的教育環境。「十年樹木、百年樹人」的狀態下，2004 年開始有人對「十年教改」進行批判，開始討論十年教改為臺灣帶來了什麼樣的教育「成果」。以個人歷經的師資培育改變歷程為例，個人以為當初師培制度的規劃，其方向是正確的。但是師資培育制度中，存在著的是「擬想」的規劃而不是透過實徵形成的「具體制度」，以至於在後續實施的過程中，出現逐年檢討、逐年修訂的現象，在師資培育多元化的築夢中，出現的是師資數量與品質逐漸失衡的現象。以「實習輔導教師」為例，從開始到現在，就是放手由基層學校發展「制度」，各校因縣市教育局的政策與教育理念，發展出不同的實習輔導方式，從好的方面看是師資多元培育的體現，從缺失方面看就是「不穩定、不一致」的師資培育。對於基層教師、實習輔導教師而言，外界賦予他們的「責任」遠超過給予他們的支持與專業發展訓練。在社會環境失衡與價值扭曲的情況下，臺灣的實習輔導教師們、臺灣的曼托們，要能烹煮出一杯充滿「曼特寧」咖啡應有的味道，是有其限制的。

　　對應至我國目前師資培育狀態，在輔導教師的遴選與培訓上，比起英國，可以說是鬆散與缺乏制度。提升輔導教師專業能力，固然是強化職前教師素質之重要因素，更重要的則是如何提供實習輔導教師充分的支持系統，以能讓臺灣的曼托們能發揮其引導職前或新手教師專業發展的功能。個人認為師資培育機構、實習指導教授、實習合作學校，與實習輔導老師應發展為夥伴關係，共同發展實習規劃。另一面向則是透過教師分級制，選擇符合能力指標的教師，培訓成為學校的專業實習輔導教師，指導實習教師與新任教師之教學，並得減授鐘點。這一方式對於提升新進教師或實習教師之教學知能、促成其專業發展，應有正向幫助，同時對於傳承資深教師之教學經驗亦是有利。建立教師分級制及輔導教師培育計畫，應是我國學校教育思考的面向。當然健全與可實踐的政策、穩定與具效度的制度，和正確的社會價值觀，則是學校教師們能盡心投入於教學與專業發展的重要因素。

# 肆、尾語──「師資培育」的再省思

　　書寫本篇論文過程中，我不斷在思考我國師範教育的發展史。在 "google" 蒐尋系統中，查到兩本書，一本是李園會（2001）著的《臺灣師範教育史》，另一本是崔運武（2006）著的《中國師範教育史》。開啟臺灣師範教育，是甲午戰後，日本據臺，為了能快速將臺灣人同化為日本人，師範教育成為一個手段，並在 1895 年起開始規劃與推動師範教育（李園會，2001：2）。同時期的清朝，為了能開民智，能改善國家之衰弱，梁啟超開始倡導師法日本之明治維新，以興辦師範教育作為整個國家的教育基礎（崔運武，2006：15），至 1896 年，盛宣懷成立了南洋公學師範院，開啟近代中國的師範教育一頁。兩本書的資料顯示，傳統中華文化中，雖講求尊師重道，並將「師」納入天、地、君、親之序列。但是，對於師資培育的概念，是參照日本或其他國家的制度，發展而成。而師範教育在當時是被視為一種巧門，透過「快速」的培養一批教師，以遂行政治體制改變或社會結構改變的目的。弔詭的是日本據領臺灣初期設立的師範學校和清末設立的師範院，在 1903、1904 年紛紛因不符當時社會情況而廢校。但不可否認的是，近代中國的師範教育概念於焉產生。之後的中國或是臺灣，若以 1949 年為切割點，政府在師範教育的發展上都有很深的著力，師範教育課程內容的多樣性與通識性，培養了相當多的國之棟梁與人才。但有關的師範教育制度，是以「職前養成教育」為主，對於在職教師的專業成長與生涯發展，則甚少論述。

　　華人自古尊「師」，並認為：「師者，傳道、授業、解惑也。」值得省思的是培養良相國師的過程中，過往並無「師範教育」的概念和培育師資以發展基礎教育的想法，一直到清末甲午戰敗之後，「師範教育」的想法才開始進入華人的世界。在翻閱上述所提之兩本書，讀者不難發現，「師範教育」在開始導入為國家教育一環時，是被用之於達成國家推展政治目的（譬如：清末的興學以育才，興學莫重於得師），或掌握人民思想的一種工具（譬如：日據臺灣

時，加速臺灣人同化為日本人），透過國家嚴密的掌控，師範教育的課程內容與發展方向，往往是以政府的需求為主要考量。因此，師範教育在發展的過程中，是屬於一個自主性訴求較低的教育機構，且是專注於培養能達成國家政策的師範生為唯一的訴求。

臺灣自日據時代以降，師範教育已發展成政府計畫經濟式的師資培育與寡占市場，但在 1994 年後開始有了轉變。在師資培育多元化的概念下，臺灣開始出現不同學校採用同一種課程架構式的師資培育制度，在自由經濟的競爭概念下，各大學紛紛加入師資培育的市場，造就大量具「合格教師證」但卻苦無教職工作者，形成一種社會失衡現象。當市場無法提供足夠的職缺給已具合格教師證者時，臺灣出現的另一現象是開始緊縮師資培育「配額」，希望透過數量的控制，減少社會失衡的壓力。1994 至 2006 年，一輪迴之間，看見的是師資培育，這一「行業」的暴起暴跌，感受到的是師資培育的「興學以興邦、興師以安邦」的「人才培育」的本質與理想日漸式微，社會大眾對於就讀「教育科系」的印象已漸從當年的欽羨漸漸變成一種惋嘆。在這一種近似失控的師資培育年代，是否會步上如同西方某些國家的後塵，師資與學校教育品質的逐漸弱化，成為一個有待觀察的社會變遷的現象。但是更需要我們關切的是：教育實習的價值、有效的實習輔導制度與實習輔導教師的培育等，在當下仍有很多問題亟待解決。

身為一位師資培育工作者，在一波波的衝擊中，所保有的堅持是希望自己指導出來的師資生會是以教職為志業的理想，投入教育工作之中；即使無法成為一位教師，至少在為人處事上有為人師的教育愛與關懷心。2006 年 7 月 20 日 17 點 26 分，兩年前畢業的學生打電話給我，高興的說：「老師，我考上了高雄市的正式教師，還有○○也考上了。」而我在回她話的時候，居然是興奮得有些顫抖，眼淚要掉落。興奮之餘，更有著一種感動，因為這些學生在畢業前與畢業後，已知道教職工作不易覓得，但是，他們存有一種熱情、一種理想，他們希望自己能成為一位教師，能將他們心中的教育典範，實踐於教育現場之中。

對我而言，對於師資培育理念的轉變，深受兩位共同帶領教育實習的老師的影響。一位是臺東大學的吳淑美教授，在與她共同帶語文教育系學生的教育實習課程時，她對於學生的真誠關心與包容的態度，讓我深刻的體會到不要用自己的視野去規範學生，而是要讓學生用他們視野去解讀世界、去規範自己。尊重、欣賞、真誠，是我在與吳教授合作過程中，學到與體會到身為一位師資培育工作者應有的風範。

對我影響甚多的另一位就是左榕老師。在聆聽她指導學生有關語文領域的課程規劃與教學方法，我看見要讓一位學生對於成為教師充滿熱情與期待，就是要先培養學生「教師思考」的能力。師資生在面對陌生的教材時，實習指導教師不是只要讓師資生能上臺教就好，更重要的是培養師資生先解讀教材的能力，去思考為何要教這一教材、教學的目標是什麼、教學的本質是什麼、要培養學生什麼樣的能力等等。教學不是只在處理當前、當下的教材，同時要思考當前的教材，在整個領域教學中的地位為何？思考「教學的本質」是什麼，是我在與左榕老師合作過程中學習到的態度與思維。此外，身教重於言教，是我在與左老師合作過程中的另一個體會。因為，當我帶著全班到臺北進行外埠教育參觀時，學生對於自我的要求和優雅的行為舉止，受到參訪學校的讚賞時，我知道左老師平時對於自我嚴謹要求的態度和優雅的風格，影響著這班學生，也影響著我。

回顧我在師資培育機構工作的十多年，分析我對於教學態度與對於師資培育理念的逐漸轉變，「重要他人」的影響實為關鍵因素。「教育」的重要，在於他具有一種傳染式的影響力，當一位老師傳遞出去的是正向、積極、認真的態度，他會同時影響著一群接受他教育訓練的學生，而這群學生會將這樣的影響繼續傳播下去。每一個人都需要遇到良師，每一個人都有可能成為他人的良師、他人的曼托。敘說自我的過程中，我看見不同時期，不同的人對於我的影響，也反省到自我專業成長過程中，遇見「曼托」會是一件不易但是無價的事。

教育中的「十年樹木、百年樹人」的理念，說明了教育的影響力，不是立竿見影，而是要深耕厚植。師資培育則是國家未來人才培育的基點，無論處於

何種艱困時期，師資培育工作的精緻度與紮實度都不應被撼動。面對師範學院已成「瀕臨滅絕」的狀態下，師資培育的重點工作，勢必轉移至教育實習階段，而教師分級制、專業化實習輔導教師培訓，及師資培育機構與中、小學夥伴關係式的師資培育方式，是我們未來應謹慎經營與發展的方向。明確的說，師資培育機構應該建立的是完整的師資培育規劃，包括職前的培訓及在職者的專業發展，以能強化整體的師資素養。

# 參考文獻

李奉儒（1999）。英國實習輔導教師角色、職責、特質與甄選之研究。**暨大學報**，**3**（1），127-155, 384-385。

李雅婷（1999a）。他山之石——以美國德州實習輔導教師培訓方案為鏡。**訓育研究**，**38**（3），89-94。

李雅婷（1999b）。美國德克薩斯州實習輔導教師培訓方案分析。**教育實習輔導**，**5**（1），31-36。

李倩鈺（2002）。**教育實習中實習輔導教師與實習教師師徒關係之探討**。國立臺東師範學院教育研究所碩士論文，未出版，臺東市。

吳家瑩（2004）。**追尋新學校之路**。臺北：五南。

吳清明（2001）。**師資培育機構與中等學校教育實習機構合作關係暨相關問題之研究**。國立政治大學教育學系碩士論文，未出版，臺北市。

洪玉燕（2001）。**我國國民小學現行實習教師制度之研究**。屏東師範學院國民教育研究所碩士論文，未出版，屏東市。

洪志成（1998）。從實習教師眼中看新制輔導教師的專業支持。**教育研究資訊**，**6**（4），100-121。

倪鳴香（2004）。**扎根與蛻變：尋華德福教育在臺灣行動的足跡**。宜蘭：人智學教育基金會。

陳利玲（2001）。**國民小學實習輔導教師制度之研究**。國立屏東師範學院國民

教育研究所碩士論文,未出版,屏東市。

陳美玉(2003)。實習教師經常遭遇的問題與對策。載於李咏吟、陳美玉、甄曉蘭(合著),**新教學實習手冊——理論與應用**(頁 343-380)。臺北:心理。

陳善德(2004)。系統模式的教育評鑑與認證。**數(科)學教育學程認證(QA)/輔導教師專業發展工作坊演講資料**。臺北:國立臺灣師範大學數學系。

教育部(2001)。**2001 教育改革之檢討與改進會議教育改革行動方案**。2004 年 3 月 21 日,取自 http://www.edu.tw/EDU_WEB/EDU_MGT/E0001/EDU-ION001/menu03/sub02/03020201.htm

郭淑鸞(2002)。實習輔導教師與實習教師專業成長可行模式之探究。**新竹縣教育研究集刊**,**2**,211-231。

黃淑玲(1997)。**英國實習輔導教師制度之研究**。國立臺灣師範大學教育研究所碩士論文,未出版,臺北市。

黃淑苓(1998)。新時代的角色——實習輔導教師。**教育實習輔導**,**3**(3),25-30。

張德銳(1996)。美國良師制度對我國實習輔導制度之啟示。**初等教育學刊**,**5**,41-64。

張德銳、簡紅珠、裘友善、高淑芳、張美玉、成虹飛(2001)。**發展性教師評鑑系統**。臺北:五南。

楊基銓(1999)。英國及其他歐洲國家教師資格檢定之研究。**國教天地**,**133**,9-19。

歐用生(1996)。**教師專業成長**。臺北:師大書苑。

歐用生(1997)。落實高級中等以下學校暨幼稚園實習教師教育實習之研究。**教育研究資訊**,**5**(5),15-30。

潘淑蘭(1999)。「教學實習」輔導策略——一位國小實習輔導教師之回顧。**國教天地**,**133**,39-48。

蔡清華（2000）。美國初任教師輔導制度之分析。**國立中山大學社會科學季刊**，**2**（1），79-102。

顏慶祥（2000）。我國中學實習輔導教師專業成長之個案研究。**教育研究資訊**，**8**（1），98-119。

楊振富（譯）（2002）。**學習型學校**。臺北：天下文化。

Allsop, T., & Benson, A. (Eds.). (1997). *Mentoring for science teachers*. Buckingham: Open University Press.

Bridges, D. (1995). School-based teacher education. In T. Kerry & S. Mayes (Eds.), *Issues in mentoring*. London: Routledge.

Chase, S. E. (1995). Taking narrative seriously: Consequences for method and theory interview studies. In R. Jossleson & A. Lieblich (Eds.), *Interpreting experience: The narrative study of lives* (pp. 1-26). Thousands Oak, CA: Sage.

Chase, S. E. (2005). Narrative inquiry: Multiple lenses, approaches, voices. In N. K. Denzin & Y. S. Lincoln (Eds.), *The Sage handbook of qualitative research* (3rd ed.) (pp. 651-679). Thousands Oaks, CA: Sage.

Edwards, C., & Healy, M. (1994). *The student teacher's handbook*. London: Kogan Page.

Furlong, J., & Maynard, T. (1995). *Mentoring student teachers: The growth of professional knowledge*. London: Routledge.

Ganser, T. (2000). Evaluating a university mentoring program for K-12 teachers: The university of Wisconsin-Whitewater beginning teacher assistance program. *ED443790*.

Loucks-Horsley, S., Carlson, M. Brink, L., Horwitz, P., Marsh, D., Pratt, H., & Worth, K. (1989). *Developing and supporting teachers for elementary school science education*. Andover, Mass.: The National Center for Improving Science Education, The NETWORK, Inc.

Loucks-Horsley, S., Harding, C., Arbuckle, M., Dubea, C., Williams, M., & Murray,

L. (1987). *Continuing to learn: A guidebook for teacher development*. Andover, Mass.: The Regional Laboratory for Educational Improvement of the Northeast and Islands, and Oxford, Ohio: The National Staff Development Council.

Loucks-Horsley, S., Love, N., Stiles, K. E., Mundry, S., & Hewson, P. W. (2003). *Designing professional development for teachers of science and mathematics*. Thousand Oaks, CA: Corwin.

Merriam, S. B., & Associates. (2002). Narrative analysis. In S. B. Merriam and Associates (Eds.), *Qualitative research in practice: Examples for discussion and analysis* (pp. 286-288). San Francisco, CA: Jossey-Bass.

Mishler, E. G. (1995). Models of narrative analysis: A typology. *Journal of Narrative and Life History, 5*(2), 87-123.

National Academy of Science (2003). http://www.nes.edu/rise/backg4.htm.

OFSTED (2002). *Framework for the inspection of initial teacher training*. London: OFSTED.

Osborne, M. D. (1998). Teacher as knower and learner: Reflections on situated knowledge in science teaching. *Journal of Research in Science Teaching, 35*, 427-439.

Peterson, R. (1996). *Mentor teachers' handbook*. http://www.gse.uci.edu/doehome/EdResource/Publications /MentorTeacher/Bibliography.html (2004.3.11).

Riggs, I. M., & Sandlin, R. A. (2002). *Professional Development of Mentors within a Beginning Teacher Induction Program: How Does the Garden (Mentors) Grow?* Paper presented at the Annual Meeting of the Educational Research Association (New Orleans, LA, April 1-5, 2002). ED465752.

Senge, P., Cambron-McCabe, N., Lucas, T., Smith, B., Dutton, J., & Kleiner, A. (2002).

Shymansky, J. A., Henriques, L., Chidsey, J. L., Dunkhase, J., Jorgensen, M., & Yore, L. D. (1997). A professional development system as a catalyst for changing science teacher. *Journal of Science Teacher Education, 8*(1), 29-42.

University of Cambridge (2003). *Secondary PGCE handbook*. Cambridge: University of Cambridge, Faculty of Education.

U.S. Department of Education (2003). *Goal 4 Teacher Professional Development—August 1996*. http://www.edu.gov/pubs/AchGoal4.

# 第 3 章

# 實習輔導研究中的灰姑娘 ——實習指導教師的觀點

作者：吳麗君、熊召弟
審稿：熊同鑫

摘　要

　　這一篇探究從任職高等教育機構之師資培育者的社會位置出發，以自身的經驗為田野，用困境作為故事改寫的起點，並在微觀的深究後試圖探望巨觀面的結構重建。

　　實習輔導教師、實習指導教師與實習教師[1]被視為實習輔導中重要的三個角，三者協力才能做好實習輔導的工作。三者的聲音對於改善實習輔導具有同等的重要性，惟國內外的研究現況均顯示：三者被看見、被聽見的情形很不均衡。綜觀相關研究的圖像顯示：實習輔導教師以及實習教師的曝光率遠遠高過於實習指導教師，故本探究對焦於實習輔導研究中的灰姑娘——實習指導教師的觀點。

　　兩位研究者以其自身輔導實習的經驗與相關研究的視野進行對話，並與社群中的實習輔導教師、實習指導教師與實習教師進行分享、溝通。在這個探究的旅程中，我們寫自己的經驗、也改寫自己的故事，在敘事中蛻變，並由個體的經驗過渡到結構的再思考，也在其間鍛鍊我們對於實習輔導現象的「不同看見」。除了個人層級的成長之外，在結構上本文建議用「專業發展學校」的概念來重新結構當前的實習制度。

關鍵字詞　實習輔導教師、實習輔導、實習教師、實習指導教師、師資培育者的專業認同、專業發展學校

---

1　「師資培育法」修正前，教育實習辦法由教育部定之，身分為實習教師，需實習一年，得核發津貼；「師資培育法」修正後，各校自定實習辦法，身分為實習學生，需實習半年，無津貼。因本文所論述的經驗多為「師資培育法」修正前，故稱實習教師。

## 壹、從自身的經驗出發

　　我們[2]任職的師資培育機構之各系所，有著正式的規定或非正式的約定俗成，就是只要擔任班導師就得負責自己導生班的實習課程，因此在我們不算短的教學生涯中，都已經有過數次與教育實習課程共舞的經驗。對於輔導師範學院（現升格為教育大學）的學生實習這件事，多少有一些錯綜的經驗、挫折的故事、值得讚嘆的人與事，也有一些美好的回憶可以進行剖析、檢視。反思這些一手的經驗並與周遭的師資培育者、實習輔導教師、實習教師對話，繼而和相關研究、理論進行視野的交融是這一篇探究的主軸。我們期待從自我的故事出發，在對話中改寫故事，在視野的交融中捕捉成長的喜悅，並在書寫中學習與蛻變。沒有自我認識的欲求，社會學的想像力是不可能的（王崇名，2006：75），而此一探究的起始點就在於強烈的自我認識之欲求，這是一趟由自我航向社會，再由結構面來觀照師資培育者的探索之旅。

　　身為師資培育者，專業認同的欲求在國內師資供需結構大幅變動的氛圍下被激活了。唯這個探究直接的導火線，來自於 2006 年 6 月間連續口試的幾篇碩士論文，這些小學現場老師所寫的論文不約而同地否認或懷疑「職前師資培訓的功能」，並對於理論與實務的結合多所懷疑，例如：「……很顯然蓓蓓老師覺得師院的課程與後來的實務教學難以連結……，她甚至進一步認為，她教學上所展現的專業自信和職前專業教育的關係不大，而是實際踏入教學現場才逐漸摸索出來……」（林孟嬌，2006：66、88）；林孟嬌（2006：136）根據兩位小學老師的案例所下的結論是：師培的職前課程扼殺了師資生建構專業認同的機會；而在小學現場的實習輔導教師，則得到比較多的肯定與認同。「扼殺師資生建構專業認同的機會」，這對於師培者而言是相當殘忍而嚴重的控訴。除了研究生的論文之外，大四學生在三週的集中實習期間所寫的札記，以及大五

---

2　指本文的第一作者和第二作者，在本文使用「我們」乙辭，均指第一作者和第二作者，除非有特別說明。

的實習教師從教學現場所捎回的信息，也經常提到理論與實務的斷裂，甚至挑戰教育專業理論的價值。這些訊息在在都讓有責任感的師資培育者坐立難安，這個探究是為瞭解以及讓實習課程中的實習輔導經營得更妥當。質言之，是東方所謂「安身立命」的追尋，或西方所謂「專業自我認同」的探究！

　　上述所提及的經驗，讓我們想起《小王子》乙書裡的一段話──因為我對我的火山有用，而且對我的花有用，我才擁有它們。用這個邏輯來推論，那麼當我們對學生有用的時候，我們才擁有學生。如果從上面的諸多反例來看，顯然有很多任職高等教育機構的師資培育者並未擁有他們的學生。這是個驚悚的推論，因為沒有學生的肯定，則教師的專業自我認同必定深受斲傷。從助人的基調來看，教師是在「幫助別人中成就自己」，如果學生在師培的歷程中並沒有得到幫助，除了「情何以堪」的唏噓，對於專業上的自我認同更是重重的一擊。

　　進一步思索這一個議題之前，巴西教育家 Freire（1998）的論述進入我們的視野，他在 *Education for critical consciousness* 乙書中把人區分為兩種，一種是能與脈絡統整的人，他不但具備適應現實的能力，而且能夠進行抉擇進而轉化現實。這種統整的人可以成為主體（subject）；第二種人則只是被動地適應脈絡，他充其量是一個客體（object）。Freire（1998）的這一段論述，進一步說明任教於高等教育機構的我們，要成為統整的主體，不但要適切的回應師資培育結構巨變的社會脈絡、還必須進行抉擇並做出必要的轉化。但是要改變什麼呢？如何改變？這些都是本章探究存在的價值。換言之，就本文而言，探究的外在現象是實習輔導，但也是師資培育者專業認同的追尋之旅，是師資培育者想要成為 Freire 所謂「統整的主體」之努力過程。

　　這是一趟探究之旅，也是一趟書寫之旅。用 Richardson & Pierre（2005: 960）的視角來看，他說撰寫是一種探究、撰寫也是一種瞭解的取徑。因此，在某個層面上，本研究是為我們自己而寫，因為我們不瞭解，所以我們進行探究。藉由本研究的撰寫，我們期待能夠更清楚且深刻地瞭解圍繞著師資培育──尤其是實習輔導的一些困惑。從敘事的角度切入，Chase（2005: 671）認為敘事的

研究必須更努力、更廣泛地思考：我們為誰而寫？向誰傾訴？如何寫？如何傾訴？我們認為敘事的研究固然應該考慮這些面向，任何研究也都應該把這些問題放入視野。Richardson & Pierre（2005: 960）認為研究者花了長時間寫成的作品，如果沒有讀者，沒有對這個世界造成一點兒影響，唯一成就的只是自己的生涯，著實是一種愚蠢、自戀的行徑。因此，除了滿足我們自己知性上的好奇，並且為我們自己必須擔負的實習輔導工作而進行探索之外，我們打算為誰而寫呢？為高等教育機構中認真看待自己角色的同儕而寫、為師資培育機構中的莘莘學子而寫、為辛苦輔導實習的中小學現場老師而探究、也為任何一位關心師資培育的社會大眾及決策者而進行這一個研究。

## 貳、向過去的研究取經

整體而言，國內不乏對於師資培育實習的探討，但是實習指導教師在實習輔導（mentoring）脈絡下的相關研究卻是一個被冷落的議題。從全國博碩士論文摘要的檢索可以發現：截至 2006 年 7 月為止，無論以論文名稱或是關鍵字的方式，輸入「實習指導教師」作為檢索條件，皆顯示零筆。輸入「實習指導教師」這個關鍵字，不限定關鍵字出現的欄位，則總共出現十九筆論文。細讀摘要後發現，有一些研究雖提及「實習指導教師」這個語彙，但關心的焦點仍放在「實習輔導教師」以及「實習教師」身上。從筆者身為實習指導教師的社會位置出發來進行判斷，只有下面的相關論述是直接相關，茲先以表格方式呈現並個別回應每一個研究的相關部分於表 3-1。

這些研究中以吳雅蓉（1998）的碩士論文以實習指導教師為探討的焦點和本探究最為相關，該篇論文針對中等師培機構的實習指導教師，探討其從事實習輔導工作時所需具備的專業輔導知能，師資培育機構之實習指導教師發展其實習輔導專業知能時可參考本探究之結論。但此一論文之探究者為在學的碩士班研究生，觀看的角度截然不同於本文作者，研究的取向和本文亦不相同。

就英語系國家的相關研究來看，實習輔導教師（mentor）是這一波師資培

### 表 3-1　國內實習指導教師相關之研究

| 研究者 | 與本探究有關之論述 | 本文作者之回應 |
|---|---|---|
| 蔡秉倫<br>（1997） | 針對中學階段的實習輔導研究後指出：實習指導教師應扮演聯繫、溝通、協助的角色。 | 聯繫、溝通、協助的角色與任教高等教育機構之師培者的角色認同是否一致？如果有差距存在，應如何看待並回應這個角色認同差距？這些回答將會深切地影響實習指導教師在實習輔導上的表現。 |
| 吳雅蓉<br>（1998） | 實習指導教師所應該具備的實習輔導專業知能依排序結果如下：首重「諮商輔導的知能」，其次依序為「教育相關專業知識」、「實習評鑑的知能」、「工作指導的知能」、「行政協商的知能」。 | 如果我們同意吳雅蓉的研究論述，則國內一位勝任的實習指導教師和高等教育機構中勝任的老師（教學、研究、服務）在專業知能需求的分布上是不同的，這個不同的蘊意是深遠的。惟勝任的實習指導教師必須具備哪些知能，端視制度的設計而定。 |
| 施育芳<br>（1998） | 比較醫學教育與國小師資培育實習制度後發現：教學實習醫院中指導人員對實習醫師的指導是一種責任與義務，各級醫師皆需擔負教學的任務；但是在學校體制中，實習教師之指導人員的遴選，不論是實習輔導教師或實習指導教師，皆採取志願方式。 | 醫院中的各級醫師皆需擔負起實習醫師教學的任務，這一種將傳承視為責任與義務的做法，值得教育界省思。但在師培機構及中小學卻未必如施育芳所說，皆採志願方式來輔導實習教師。各單位的情況不同，無法以此來概化。另英國相關論述中所謂以全校取向（whole school approach）來輔導實習教師的做法則接近醫院的傳承文化。 |
| 廖國智<br>（2000） | 以心智模型理論分析科學實習教師的專業表徵後建議，實習指導教師必須引導幫助實習教師摒棄過去傳統的邏輯理性思考模式，進而延伸至多元社會價值選擇的思考模式。 | 以理論為探究的起始點，提供師培者以研究為基礎的專業建言，這類研究的成果未必獲得所有師培者之認同，但研究的取徑是許多師培者樂見的。 |
| 張素貞<br>（2002） | 以高中職幼保科實習課程為探討對象，對於實習指導教師的部分有不少的著墨與建議，例如：具體規範實習輔（指）導教師的資格與職 | 1.「提供實習指導教師合理的津貼」似乎是師培者在我們的文化價值框架下不好意思發聲的。但衡諸實際，許多師培者在南北奔 |

（續上表）

| 研究者 | 與本探究有關之論述 | 本文作者之回應 |
|--------|------------------|---------------|
| 張素貞<br>（2002） | 責；特約實習機構制度的建立；提供實習指導教師合理的津貼。 | 波走訪各校時，連趕時間乘坐計程車都得自掏腰包，無怪乎多數師培者將大五實習的訪視視為苦差事。<br>2. 在合理的待遇下，規範實習指導教師的職責應有助於實習教師之實習的品質。 |
| 翁素雅<br>（2003） | 針對幼稚園實習輔導教師專業成長進行研究後建議：多數幼稚園實習輔導教師在「專業成長的途徑」上感到困難，而此時來自師培機構的實習指導教師所能幫的忙是和幼教現場的實習輔導教師進行實習輔導相關問題之討論，藉以促進幼稚園實習輔導教師的專業成長。 | 這個建議有助於拉近實習輔導教師和實習指導教師的距離，並促進二者的互動及專業成長，惟個人以為，就現存的實習輔導結構來看，這個理念能落實的可能性似乎不高。 |

育研究的重要研究焦點之一，書籍、期刊文章、研討會論文多得不可勝數（如 Field & Field, 1994; Glover & Mardle, 1995; McIntyre, Hagger, & Wilkin, 1993; Mullen & Lick, 1999）。反之，以實習指導教師（tutor）為焦點的研究則相形失色。因此，就研究的產出來看，實習指導教師的研究是師資培育研究裡的灰姑娘。以"tutor"為搜尋的關鍵字，在 "google scholar" 上找尋的結果也相當有限，表 3-2 是與本文相關的一些探究。

綜觀這些研究論述可以發現以下的圖像：

# 一、就研究內容來看──兼含制度面及微觀的探究

就研究內容來看，可以歸納為兩大類，其一是從巨觀的制度面、現象面入手；另一類型的討論則比較微觀的聚焦在實習指導教師身上，研究其角色、專業知能等。惟這兩種類型的研究並非獨立的，一位實習指導教師應該具備哪些知能、應該扮演什麼角色端視制度的設計而定。在牛津的夥伴方案下，一位來

表 3-2　英語系國家與實習指導教師相關之研究

| 研究者 | 與本探究有關之論述 | 本文作者之回應 |
|---|---|---|
| Hopper, B.（2001） | 英國把師培重責放置在學校的脈絡下，研究者認為高等教育裡指導教授的重要角色是──讓實習的好處發揮到最大，並減少可能的限制。 | 這個論述使高等教育機構中的師培者似乎具有「後設」的角色，而非「夥伴」的角色。臺灣的實習指導教師目前似乎比較接近這個後設的角色。 |
| Smith, M. E.（2000） | 英國從 9/92 法案之後師資培育課程充斥著能力本位的精神，此一實徵的評鑑研究發現：高等教育機構中的師培者給予學生足夠的機會發展專業技能，但大學裡的師培者少有機會對師資生提供理論性的課程。 | 他山之石可以借鑑，理論與實務的平衡不易拿捏。不要矯枉過正是從英國的經驗可以獲得的重要學習之一。 |
| Burton, D.（1998） | 本文討論高等教育機構中的師培者在學校本位的師資職前培訓方案中所產生的角色改變。作者的結論是：高等教育機構中的師培者和在現場的實習輔導教師應該具「互補」的角色，以提供實習教師寬廣的專業發展。<br>本文也討論了高等教育機構中的師培者培訓實習輔導教師的相關議題。 | 「互補的角色」是有趣的概念，這一個概念暗示了來自高等教育機構的實習指導教師和中小學現場的輔導教師具有平等的權力關係，但另一方面又討論到具有權力位階意涵的「師培者培訓實習輔導教師」的議題。 |
| Peter, D. J.（2001） | 本研究探討大學的師培者和在現場的實習教師於討論、對話歷程中如何能夠有開展、成長而不淪於自我保護、自我防衛。作者建議：來自大學的師培者在現場和實習教師對話時，要持探究的方式而後給出評論。 | 1. 在 Peter 的建議中筆者看到 E. W. Eisner（1998）所謂教育鑑賞以及教育評論的色彩與身影。<br>2. 以微觀面的探究所得，提供師培者以研究為基礎的專業建言。 |
| Hirst, P.（1990） | 在牛津大學的師培方案下，Hirst 談來自大學的師培者與小學現場的輔導教師密切合作規劃、設計方案以提升師培的品質。 | 1. 牛津大學的 internship scheme 提供的良善結構讓來自大學的師培者與小學現場的輔導教師有密切互動並一起共事的機會。 |

（續上表）

| 研究者 | 與本探究有關之論述 | 本文作者之回應 |
|---|---|---|
| | 在理論與實務上，Hirst 認為來自大學的師培者和中小學現場的輔導教師必然會給予不同的建議，實習教師宜將理論及過去經驗均視為假設，最終宜發展出自己認同的規準來看待自己的教學實務。 | 2. Hirst 解構理論與實務之二元對立的方式深得我心，惟遺憾的是 Hirst 忘掉了生活世界中權力結構對於理論與實務可能形成的影響。 |

自大學的實習指導教師所應擁有的知能，所扮演的角色，當然不同於臺灣脈絡下的實習指導教師。針對實習指導教師的專業知能、角色等進行探究並給予建議的研究如：Peter（2001）、Burton（1998）、Hopper（2001）、Hirst（1990）、蔡秉倫（1997）、廖國智（2000）、吳雅蓉（1998）；從比較巨觀的制度面、現象面切入談實習指導教師的研究如：Hirst（1990）、Smith（2000）、翁素雅（2003）、張素貞（2002）、施育芳（1998）。

　　此外，各個研究間的論述不一致是不難發現的，例如：來自高等教育機構的師培者和實習輔導教師的角色對待議題。從中可以進一步肯定本文作者的主張：一位實習指導教師應該具備哪些知能？應該扮演什麼角色？和實習輔導教師的關係如何？和制度的設計密切相關，而制度是基於設計的理念之上。從一位實習指導教師的社會位置出發，筆者的思考是：如果實習指導教師所被要求的角色和大學對於其教師之角色要求很不一致甚或相衝突時，應該回過身來反思制度，甚至解構，然後再建構制度是必須的舉措。

## 二、聯結研究人員與研究主題的關係來看——向上研究不易

　　就國內而言，在全國博碩士論文中以不限欄位之方式輸入「實習輔導教師」查詢，共有三百零二筆；以論文名稱之方式查詢，共有二十五筆；以關鍵詞之方式查詢，共有三十九筆。輸入「實習教師」乙辭，以不限欄位之方式查詢，共有一千七百五十九筆；以論文名稱之方式查詢，共有一百五十五筆；以

關鍵詞之方式查詢，共有一百四十筆。相形之下，涉及實習指導教師的論文是少的。當關鍵字為「實習指導教授」以不限欄位之方式查詢，共有十九筆；以論文名稱之方式查詢，為零筆；以關鍵詞之方式查詢，也是零筆[3]。從這一個數據很清楚看到「實習指導教師／授」的研究是相對而言被忽略的。如果再進一步連結研究人員（博碩士學生）與研究主題，從中得到的訊息之一是：向下研究或平行的研究其困難度似乎較低，向上研究要克服的障礙相形之下大得多，因此以實習指導教師為主要對象的研究不多。矛盾的是，從向上研究這個語彙來看，似乎實習指導教師位居權力高塔之上，但實際圖像卻未必如是。有鑑於此，身為實習指導教師當然要發聲，為自己發聲、為制度發聲、更為實習教師及實習輔導教師而發聲。

　　此外吳雅蓉（1998）的研究提到：實習指導教師是教育實習過程中輔導實習教師的核心人物之一，其良窳與實習之成效關係密切。如果我們同意這一個研究論述，則實習指導教師這一個主題研究的不足必須加以正視，並採取行動，而這一個初淺的探索可以視為我們的回應之一，也呼籲其他的師培者能進行與己身有關的研究。誠如《小王子》乙書所說：審判自己比審判別人困難很多，如果你能正確的審判自己，那麼你就是一個真正聰明的人。

## ◆參、如何訴說我們熟悉卻不常被聽見的故事

　　Clandinin 和 Connelly（2000）認為教育或教育研究必然涉及經驗，而敘事式的思維是重要的經驗形式，所以敘事是瞭解經驗進而表徵經驗最好的方式。在目前高等教育階段之師資培育者的實習輔導研究相當有限的情況下，運用敘事的探究先行描繪、詮釋是必須的基礎。巴特 (R. Barthes) 說：敘事存在於每一個時代，每一個地方以及每一個社會（Chase, 2005: 651）。敘事是一種認知的形式，是一種溝通的形式（Czarniawska, 2004），也是一種深具潛力的探索

---

3　資料查詢日期為 2006 年 11 月 21 日。

取向。而在本探究中，我們把敘事視為認知的形式也是溝通的方法。論及敘事，Josselson（1993）進一步說，當人們敘說的能力被剝奪時，他的認同將被毀滅，而理解也會受到威脅。這個說辭進一步說明本探究採用敘事的背後思維，這是一個藉由敘事來探究並建構師資培育者之認同的旅程。

敘事以及生命史的取向已經在諸多學科中贏得地位，有人將這種現象視為社會科學界對實證主義拒斥的彰顯，也有人將此一現象名為「敘事的革命」（Lieblich, Tuval-Mashiach, & Zilber, 1998: 1）。在社會學界亦有所謂「傳記的轉折」（biographical turn），在此一轉折後個人敘事與個人經驗在社會學研究中的價值獲得了矚目。個人的敘事乃同時建基於傳記性的經驗（biographical experiences）和社會脈絡之上，因此它可以產出有利於瞭解社會過程的社會學資料（Coffey, 2001: 53）。Stanley 把這種趨勢稱為「社會結構的自傳化」以及「自傳的結構化」（Coffey, 2001: 54）。易言之，結構與行動，個體與集體不宜過度二分。以自傳／傳記來說，表面上好像只對焦在一個人的生命，但打開任何一本自傳／傳記，書中通常都充滿了傳主生命中的重要他人之故事。因此，我們所讀到的絕不止於一個人的故事，那會是一個在時代氛圍下所共有的調性。同樣的，本探究固然只從兩位師培者的經驗出發，並與周遭有限的人進行對話，但是大時代的氛圍和調性已隱然滲透其間。

無庸置疑，個人的生命經驗絕對可以是解釋教育場域之社會過程的機制之一。如果用 Derria 對自我的看法來說則是：我泥中有你，你泥中有我（other-in-self, self-in-other）（Sampson, 1989: 16）。從法國學者 Bourdieu 的慣習（habitus）這一個概念來進行觀照，也可以見到類似的景觀，慣習指的是：同一群體的人必然共同分享一些想法、感受、行動及經驗等（Inglis & Hughson, 2003: 167）。當然 Bourdieu 並未否認具有創造性的一些特殊性活動（Inglis & Hughson, 2003: 167）。因此，研究者清楚這一個探究在概化、推論上的可能及限制之所在。

# 肆、從故事的難題出發來創造歷史

Mills（1995/1959: 242）說：一個人如果不創造歷史，將逐漸淪為歷史創造者的器具，萎縮成歷史創造的對象。我們必須創造歷史，但是我們無法選擇自己創造歷史的環境，下面的難題或許有助於我們理解目前師資培育者所寓居的環境。我們理解了當下的環境，才能在師資培育現況極其艱難的脈絡下，建設性地創造師資培育的歷史。本文兩位師培者以過去帶領教育實習的經驗為訴說的素材，並以挫敗的經驗為起始點，藉著敘說失敗的故事，繼而找尋滋養後重新改寫的故事，才能解構陷溺之境。

## 一、從我們的疲累與挫折到結構的再檢視

身為師資培育者，在既有的沉重教學時數以及研究和服務的負荷下，我們奔波於臺灣南北甚至離島去探望實習教師，生理的疲累之外，還得承受資源不足所帶來的困擾，如交通費的不足。實習輔導的活動壓縮著師資培育者有限的注意力和能量，當我們看完學生努力多時後展現的觀摩教學，並且在時間壓力下舉行教學檢討、給出建議，我們經常疑惑地自問：我們不瞭解這個小學／班級的脈絡，我們也無法深入瞭解學區的社經文化背景，僅以抽象去脈絡的教育理論來觀照這一堂教學，是否真能給予恰如其分的建議？我們的建議會不會傷害了實習教師或實習輔導教師？抑或被認為是不切實際的理論派呢？我們常懷疑師資培育者到小學探訪實習教師的象徵功能遠遠大於實質功能。

即便教學檢討會上的對話是有實質功能的，而實習指導教師可能得輾轉搭公車、乘坐飛機、轉乘計程車以一整天甚或兩天的時間來換取這得來不易的片刻對話，從效率的角度切入是否值得呢？當然 Freire（1998）的話在耳邊響起：「為了幫助人們從陷溺中站起來而用於對話的每一分每一秒，都是投資而不是浪費。」癥結是：我們能否把結構設計得讓師資培育者可以更省力而更有效率的方式來達成相同的輔導效果？常累癱在探訪實習教師之後的回程火車上，挫

折的自問：這是唯一的方式嗎？就更不提實習指導教師常常得在人生地不熟的外縣市很沒有安全感的自挑腰包搭計程車。這些挫折、擔心與煩惱絕非本文作者所特有的經驗，在同事的日常對話間，這些挫折常被提及，其他學校的師培者（如王淑俐，2003）也同樣面對這一個結構下所滋生的煩惱。

遠在南部或偏遠地區實習的學生會說，他們很期待母校的老師去看他們，這一份情感上的聯結是很多師培者共有的美好經驗（施登堯，2003）。身為實習指導教師，我們很高興這一份情緒支持的功能受到實習教師的肯定，但是這對於一位在高等教育機構任職的教師而言，被期待以生產知識、傳遞知識為重要的專業職責，我們的內心有著隱隱的不安與矛盾，這份不安不是因為我們提供情緒的支持，而是我們耗費很多資源與能量「似乎只提供精神上的慰藉」，卻無力在這個架構下提供更多專業知能給學生。從專業認同的角度來看，當我們的實習輔導所發揮的情緒撫慰功能高於專業知能的啟迪時，這項工作正無情地挑戰著臺灣地區高等教育機構中的師資培育者之專業自我認同。情緒支持的功能似乎是比較「軟性的」、「母性的」、「專業性較低的」。換言之，當前的實習制度以結構在壓縮實習指導教師之專業發揮的空間。施登堯（2003: 327）在文章中也提到：教授到實習學校去訪視，大多只具有形式意義，代表師培單位對實習學校的關切。接著他更嚴屬地指出：這些工作（指到實習學校訪視）對實習教師的影響有多大？實在不清楚，沒有任何可信賴的研究顯示出輔導的效果有多少。

輔導的成效之外，實習指導教師專業認同上的困惑則是過去沒有被提及的。蔡秉倫（1997）在針對中學階段的實習輔導研究後指出：實習指導教師應扮演聯繫、溝通、協助的角色。聯繫、溝通、協助的角色與任教高等教育機構之師培者個別的角色認同是否一致？如果有差距存在，應如何看待並回應這個差距？這些答案將會深切地影響實習指導教師在實習輔導上的表現。此外，吳雅蓉（1998）的研究指出：實習指導教師所應該具備的實習輔導專業知能依排序如下：首重「諮商輔導的知能」，其次依序為「教育相關專業知識」、「實習評鑑的知能」、「工作指導的知能」、「行政協商的知能」。如果我們同意

吳雅蓉的研究論述，則國內一位勝任的實習指導教師和高等教育機構中勝任的老師（教學、研究、服務）在專業知能需求的分布上是稍有不同的。換言之，根據蔡秉倫（1997）及吳雅蓉（1998）的研究結果，要成為一位勝任的實習指導教師所要扮演的角色，和高等教育機構之任教者的角色期待是有落差的，這個落差是不合轍的制度設計使然。因為勝任的實習指導教師必須具備哪些知能會因應實習輔導制度的設計而有所不同，因此實習指導教師專業認同上的困境應可經由制度的再設計／再建構而獲得紓解。

再擴大範圍看當前的高等教育氛圍，師資培育者同樣地被要求數量取勝的論文或研究產出，而研究的壓力又遠甚於教學與輔導，統計數據上看到的是TSSCI、SCI、SSCI、EI 等的篇數，而非實習輔導這種雖然重要卻不易看到成果的活動。在此一高教氛圍下，如何讓師培者去進行實習輔導這種非常勞力密集，而又未必能與其研究產出有直接相關聯的工作，且不挫折呢？結構設計和角色期待的不合轍是師培者挫折的源頭之一。以高道德的標準要求每一位師資培育者要「甘願做、歡喜受」是天真而不合宜的期待，我們只能要求別人做他能力所能做得到的事情，惟結構的調整卻可能讓相同的能力發揮不同的功能，因此實習輔導結構的再思維與再建構是諸多師培方案必須面對的挑戰。

## 二、 從實習輔導教師的困境到結構的再設計

Handy 說：最好的學習發生在真實的生活中、遭逢真正的難題，面對活生生的人而非發生在教室裡（Meighan, 1994），如果在這種真實學習的情境中又能有良師（mentor）在一旁提攜，則能如虎添翼。"Mentor" 乙字源於希臘荷馬史詩中的奧狄賽，彼時的國王因參與 Trojan 戰役，而把自己的家產和唯一的兒子Telemachus 交給 Mentor 這一位他能信任的人。對於小王子 Telemachus 而言，Mentor 具有父親的形象、老師的角色、協商者、角色楷模、一個值得信賴的建言者、挑戰者、鼓勵者等多重角色（Yeomans & Sampson, 1994）。在實習制度中使用"mentor"乙辭來定位實習學校中的實習輔導教師具有相當鮮明而適切的意象，這個用語讓我們聯想到「託孤」的悲壯情懷。實習指導教師礙於種種客

觀因素無法在日常生活中照顧實習教師的專業成長，因此把這個重要的責任託付給在中小學的 "mentor" ——實習輔導教師。衡諸現況絕大多數的mentor都很盡責、認真地帶領實習教師，讓身為實習指導教師的我們能夠放心；但無可否認仍有極少數所託非人的情形，例如：實習輔導教師和實習教師的人格特質無法相容；又如中小學在安排實習教師時，優先把實習教師放在學年主任的班級、帶校隊的老師之班級、兼任福利社經理的老師之班級、目前在進修學位的老師之班級等，或者把實習教師優先安排在資源班，目的是為了減低實習輔導教師的負擔，可惜的是，有些實習教師最後反而形同「專屬保母」，而無法進行應有的級務實習。這種以行政的考量為出發點而非基於實習教師的學習需求之安排是值得商榷的做法[4]。

遇到所託非人的案例，雖然可以藉由調整實習輔導教師和實習教師的方式來改善，但往往傷害已經造成，實習輔導教師可能因此喪失了提攜後進的熱忱，而實習教師在專業路上一出發就受挫也可能因此影響到往後的發展。此外，由我們過去探訪實習教師的經驗中，常碰到實習輔導教師可能基於客氣而反映「不知道如何輔導實習教師」；但認真地思考此一問題時，我們確實看到：並非每一位教師都能成為有效能的實習輔導教師，也並不是身為成功的中小學老師就能自動地轉化成為優秀的實習輔導教師（吳麗君，1998）。因此在實習輔導教師有心卻未必有實習輔導之專業知能的情況下，也會造成所託非人的窘境。

我們不能以求全的態度來苛責實習輔導教師，更何況實習輔導教師應具備哪些專業知能依然見仁見智，而這個不確定的圖像和實習輔導的制度安排有關，例如實習輔導教師和實習教師的安排是以一對一的方式配對、多對多的方式安排，甚或採取全校模式等都會影響所謂勝任的實習輔導教師之圖像。而在國內目前實習輔導文化（mentoring）仍待進一步深化的脈絡下，如果能試圖帶動全校模式或多對多的模式，則不但對於實習輔導教師的專業要求不需要求全，其肩頭的擔子也會輕一些，在實習輔導教師與實習教師的配對上也可以省卻很多

---

4　這裡強調的是安排時的動機，實際上，有許多兼任福利社經理、帶球隊的老師等是被認定為相當好的實習輔導教師。

的困擾，對於實習教師的學習品質亦有較多的保障，套用非洲人的智慧，「實習輔導需要全村的人共同努力」（It takes a village）。

## 三、以結構來反轉從陌生的實習輔導教師與理論實務的乖違

在現實的條件上，實習指導教師與實習輔導教師即便不是陌生人，也多數僅止於客套的形式關係，在此一結構上要實習指導教師與實習輔導教師發展出專業對話，繼而以理論和實務交融的視野來鷹架實習教師的成長，在基本上是不諳結構面之限制所發的囈語。

相關文獻均強調實習輔導（mentoring）的歷程中，實習教師、實習輔導教師和實習指導教師應該形成夥伴關係，才能讓實習輔導真正發揮功能。例如，歐用生（1996）指出：三者要像音樂的三重奏一樣，各扮演不同的角色，但要形成友誼的、信賴的、互敬的團隊關係。Hirst（1990）在牛津大學的師培方案下也論及來自大學的師培者與小學現場的輔導教師彼此間密切合作規劃、設計方案以提升師培的品質。Hirst認為來自大學的師培者和中小學現場的輔導教師必然會給予不同的建議，實習教師宜將理論及過去經驗均視為假設，最終宜發展出自己認同的規準來看待自己的教學實務。Burton（1998）的觀察也指出：高等教育機構中的師培者和在現場的實習輔導教師應該具「互補」的角色，以提供實習教師寬廣的專業發展機會。

從我們自身帶領實習的經驗以及師資培育社群的經驗分享中，我們看到的現況多是「實習指導教師與實習教師」，以及「實習教師與實習輔導教師」的兩兩趨近模式，至於實習指導教師與實習輔導教師的互動通常僅止於表淺的禮貌性招呼，和致謝等客套形式，勉強可以詮釋為「互敬」吧。實習指導教師與實習教師在師生情誼及過去的互動基礎上具有強的聯結，而實習輔導教師和實習教師在空間、結構等設計下，也多會發展出深厚的情誼。但實習輔導教師與實習指導教師則基本上是陌生的、客套的，在相當有限的接觸與互動中，實習輔導教師和實習指導教師要建立友誼、信賴關係，並進一步合作規劃輔導內容是可預期的，但在目前的結構下是難以實踐的任務。以臺灣現有的師培結構要

讓實習輔導教師與實習指導教師發展互信的夥伴關係，繼而有時間共同規劃實習教師的實習事宜，無疑是緣木求魚。

以當前的實習輔導結構來看，我們藉由省思札記以及返校座談給予實習教師回饋，期待這種具有理論視野的回應，能夠幫助實習教師在教學現場有不同的「看見」。而小學現場的實習輔導教師則從實務的面向，來豐厚實習教師的能量。但理論與實務這兩者的統整則依然安放在實習教師的肩上。實習教師是否能如 Hirst（1990）所建議，將理論及過去經驗均視為假設，最終發展出自己認同的規準來看待自己的教學實務？他們足以擔負這個接駁理論與實務的重責大任嗎？我們的主觀觀察指出：多數的實習教師依然載不動這一個沉重的任務。換言之，實習輔導教師與實習指導教師的確需要更綿密地來鷹架實習教師的發展，才能讓教學專業在理論和實務的對話中有優質的展現。

接下來要面對的則是：如何達到理論和實務的對話呢？在權力關係上實習指導教師被覺知為強勢的，而實習輔導教師在專業版圖上被認為是處於比較邊陲的位置。這種關係對於實習教師的實習輔導有什麼影響呢？在理論優位的心靈下，平等對話是無法形構的；但是在反理論的氛圍下，視野的融合也是不可求的。曾有實習教師返校座談時說：「我們的輔導教師說，別聽你們師院老師說的那一些理論，那些在現場都是行不通的。」如果我們肯定結構影響理論和實務的對話，則實習輔導需要更良善的結構來媒介理論和實務。

## 四、 從我們的不足與喜悅探望結構面

學界努力於研究實習輔導教師應該具備哪些知能，方能勝任實習輔導的工作，也熱心地建構實習輔導教師的培訓方案，以便為其增能。但是我們很少反身自問：實習指導教師應具備哪些知能才能勝任實習輔導的工作，師培方案的所有教授都能勝任這個實習輔導的職責嗎？

依據國內針對實習指導教師的研究指出，下面四個面向是任職於高等教育機構的實習指導教師不可或缺的知能：首為「諮商輔導的知能」，其次為「教育相關專業知識」、「實習評鑑的知能」、「工作指導的知能」和「行政協商

的知能」（吳雅蓉，1998）。就首要知能「諮商輔導」來看，筆者主觀的認為並非絕大多數的實習指導教師所具備的知能，而行政協商也是需要學習的，至於「工作指導的知能」也需視工作內容而定。換言之，並非每一位成功的大學教授就能順利地成為專業的實習指導教師，也非過去具有中小學任教經歷並有熱忱者就能成功地轉化為實習指導教師。我們自知自己的不足，該如何面對這個不足呢？

　　一如前述所言，實習指導教師應具備哪些專業知能和實習輔導的制度設計息息相關，如何從實習輔導結構的設計著手，讓實習指導教師應具備的專業知能和一位成功的師培者／一位勝任的高等教育機構之老師所應具備的專業知能不會有太大的落差和專業認同上的危機等，是我們可以思考的方向之一。易言之，新的結構應能運用師培者專業上的優勢，而非要求實習指導教師去從事有違其專業認同的形式拜訪，或進行吃力不討好而且沒有效率的全省性訪視。困境中我們看到「專業發展學校」的語彙，它在目前的窘境下是可能的出路之一。

　　在進一步談專業發展學校之前，我們必須說明：除了疲累、困頓、挫折，實習輔導也為我們帶來無比的喜悅。實習輔導的經驗滋養師資培育者的專業知能，身為師資培育者瞭解中小學的生活世界是必須的，雖然本文兩位作者都曾經在中小學任教，但去職多年，對於中小學的發展動態有持續關注的必要。而實習輔導給了我們一扇觀看、瞭解中小學生活世界的窗口。學生在實習期間的挫折和成就感，刺激我們進一步去思考師資培育的課程，同時也從中撿拾了一些可以應證我們自己課堂論述的例子，在多次的實習輔導經驗中我們能夠體會到Sotto（1994）所謂「教學轉化成為學習」的樂趣與喜悅。我們總是盼望著實習教師從各地e-mail給我們實習札記，從札記我們瞭解他們實習的種種，也在其中重溫小學的教學生涯並看到新的發展動向。實習輔導對師資培育者而言可以是一個學習、增能的機會，在本文的兩位作者之外有不少師培者也同樣擁有這一類正向的經驗（如王淑俐，2003）。

　　在喜悅中我們看到師資培育者必須繼續耕耘實習輔導這一方福田，在不足中我們看到實習輔導的制度可以試圖改弦更張。如何改呢？我們無法完全掌控

自己生活的各種可能性，我們只能在自己能使用的語彙以及自己所熟知的故事中來活出自己（Drewery & Winslade, 1997: 42），而此時此地我們能使用的語彙之一「專業發展學校」讓我們看到有希望的前景。

## 伍、聯結微觀與巨觀的便橋──向內深耕、向外建構

從地圖的隱喻來看，沒有哪一張地圖可以涵蓋它所代表區域中的所有細節，而我們所有的知識都是把「外在」或「客觀」的現實以各種不同心智地圖的方式來加以記錄的結果（Freedman & Combs, 2000: 44）。師資培育方案的實習輔導尚有許許多多的細節是我們粗糙的心智地圖無法展現的，本文只是一個對話的起點，藉由對話可以進一步精緻我們的心智地圖。奠基在目前這一張粗糙的地圖上，我們看到本文所思索與感覺到的個人煩惱往往也是其他人的煩惱，這些問題並非單一個人所能解決的，而必須去修正他所生活的群體結構，有時甚至是整個社會的結構（Mills, 1995/1959: 250）。從個人的困境出發，聯結微觀與巨觀後，我們在「議題」這一個概念上找到了扭轉的關鍵。

### 一、在說故事中長大──由煩惱到議題

敘事是一種文本的類型，也是一種思維的方式，人們藉由敘事來組織思維（Lieblich, Tuval-Mashiach, & Zilber, 1998: 7）。藉著本文的撰寫，我們有機會回顧並整理多年來帶領學生實習的經驗，在反思中彰顯困惑，在困頓中向周遭超越我們的力量求助。在說故事中獲得自我的成長，而後再說出不同的故事。借用 Woods（1996: 1）的語彙：「我們透過『自我』來瞭解世界，我們對於世界的新發現又回轉過身來影響『自我』，而這一個改變後的『自我』又回到研究的場域做進一步的探究，然後……。」這一個相互形塑的歷程，就是後結構主義所說的：自我與社會科學處於持續性共同創造的關係（Richardson & Pierre, 2005: 960），易言之，入乎其內的自我深耕與出乎其外在學術領域開疆闢土是相輔相成的。誠如郭佩宜和王宏仁（2006: i）所言：田野工作轉化研究者對知

識、世界和自我的認識，所以田野的工作也是自我追尋與成長的歷程。尤其本研究的田野就是我們帶領實習的生命故事，同時又將師培者的專業認同放在探究的視域內，那麼我們的收穫、成長與改變是什麼呢？

回溯我們帶領實習的經驗，繼而諮詢國內外相關文獻，透過比較，進一步領會在實習指導上我們所面對的困境是Mills（1959/1995: 38）在《社會學的想像》乙書中所提的「議題」，而絕非我們個人的「煩惱」。Mills認為「煩惱」所關係到的乃是個人的自我，以及他身歷其境、親身體會到的有限社會生活。煩惱是私人的事，是他所珍惜的價值受到了威脅。至於「議題」則超越了個人的局部環境與內心世界，是大眾珍惜的價值受到威脅。面對議題必須思考社會制度的調整，而非歷事練心後勉力克己就能找到出路的。從師培者的身分來看，我們肩上的重擔也因為由「煩惱」轉化為「議題」而頓時輕鬆不少，但是從知識分子以及教育研究者的角度切入，則此一議題是社群必須認真面對的困難挑戰。

## 二、結構的再設計 —— 專業發展學校

結構面會影響實習輔導的品質，決定實習指導教師、實習輔導教師與實習教師的互動。什麼是結構呢？例如：實習維期多久？如何安排實習的進程？是集中式的安排數週的實習，還是將實習打散於學期中的各週？有沒有專業發展學校等。而這些看似制度面的安排，不但影響實習輔導的品質，更重要的是，它背後可能就承載了某種師資培育的理念或預設（Hirst, 1990）。以國內師資培育的課程結構來看，大致上仍體現著以理論奠定基礎，再進入中小學現場來驗證理論的課程設計理念（theory-into-practice），這和英國這一波強調以學校為根據地來培訓職前教師的方案（school-based initial teacher training programme）重實務輕理論，或者說從實務面出發來進行理論化（theorizing）是很不同的做法。因此制度面的設計，必須深入思考背後的理念預設。

回到國內的脈絡，從我們的故事出發，如果我們要嚴肅、認真地看待實習輔導，則諸多結構上的議題是我們必須正視與再思的，而「專業發展學校」（孫

志麟，2002，2005）是目前我們已知的語彙，它可能提供出路之一。在專業發展學校的脈絡下，實習教師以比較集中的方式在數個經過認可的、優質的專業發展學校進行實習，就實習指導教師的到校輔導乙事而言，可以省卻很多全省各地奔波的勞累，以這些能量和時間可以和實習輔導教師及實習教師做更多深刻的專業對話，並可望在專業發展學校的全校模式（whole school approach）下，讓中小學現場裡的每一位老師都像教學實習醫院中的醫師，將實習教師的輔導視為己身的義務和職責之一。而實習教師亦可望在此一良善的結構下，享受高品質的實習輔導。簡言之，實習指導教師的能量和注意力有限，在「注意力經濟」的考量下，為了讓實習教師的需求得到更周全的回應，可以透過專業發展學校的制度設計，讓實習指導教師的能量用在刀口上，同時也讓實習輔導教師有更多的機會和實習指導教師對話，繼而發展出兩者間應有的熟悉、信任，而後方能平等共事並耕耘出真正的夥伴關係，以共謀實習教師的輔導；另實習教師亦能在經過認可的優質學校中享受更多的專業資源與輔導，讓實習輔導有機會成為三贏的志業，而不是實習指導教師疲累不堪、實習輔導教師有心但不知如何輔導、實習教師依然撕裂在理論與實務的鴻溝中之三輸狀態。

「專業發展學校」只是「可能的語彙」之一，期待師資培育領域的有心人在本土特有的脈絡上建構更多「可能的語彙」，以「可能的語彙」來引領出「可能的行動方案」。「可能的語彙」可以是多元的，但不變的願景則是：以更良善的結構來鷹架實習教師、實習輔導教師及實習指導教師三者。尤其在教師的培養供過於求的今日，以健全的制度來深耕實習文化（mentoring culture），培養艱困環境下新一代的優秀老師是刻不容緩的志業。輸掉了教育就輸掉了未來，輸掉了師資培育則教育的命脈將難以為繼。師範院校迫於外在結構紛紛轉型，教育似乎在一夕間成了黃昏的產業，但別忘了沒有優質的教育，等候在我們前面的將會是「漫漫長夜」。

# 誌謝

1. 感謝數年來與我們共度實習歲月的實習教師及現場的實習輔導教師。
2. 感謝審查委員提供許多有用的建議。

# 參考文獻

王崇名（2006）。反思與實踐作為社會學的想像力。載於劉阿榮（主編），**社會學與現代社會**（頁 57-92）。臺北：威仕曼。

王淑俐（2003）。在實習學校遇到貴人——金錢買不到的人生體驗。載於高新建（主編），**實習輔導——培育明日的專業良師**（頁 341-350）。臺北：國立臺灣師範大學。

吳雅蓉（1998）。**師資培育機構教育實習指導教師實習輔導專業知能發展之需求評估**。淡江大學教育科技學系碩士論文，未出版，臺北市。

吳麗君（1998）。**橫看成嶺側成峰——談實習輔導教師的培育方案**。論文發表於國立花蓮師範學院主辦之「特約實習學校的實習輔導理論與實務學術研討會」，花蓮市。

易之新（譯）（2000）。**敘事治療　　解構並重寫生命的故事**。臺北：張老師文化。

林孟嬌（2006）。**教師專業認同的建構——兩位不同師資教育背景教師的研究**。國立臺北教育大學課程與教學研究所碩士論文，未出版，臺北市。

施育芳（1998）。**醫學教育與國小師資培育實習制度之比較研究**。國立臺北師範學院國民教育研究所碩士論文，未出版，臺北市。

施登堯（2003）。體育科教育實習制度的探討：從實務的觀點出發。載於高新建（主編），**實習輔導——培育明日的專業良師**（頁 317-331）。臺北：國立臺灣師範大學。

孫志麟（2002）。專業發展學校：理念、實務與啟示。**國立臺北師範學院學報（教育類）**，**15**，557、559-581、583。

孫志麟（2005）。實習學校新典範：專業發展學校的標準。**2005華人教育學術研討會大會手冊**（頁657-677）。

翁素雅（2003）。**幼稚園實習輔導教師專業成長之研究**。屏東師範學院國民教育研究所碩士論文，未出版，屏東市。

張素貞（2002）。**高中職幼保科實習課程之探討**。國立臺北護理學院嬰幼兒保育研究所碩士論文，未出版，臺北市。

郭佩宜、王宏仁（2006）。**田野的技藝──自我、研究與知識建構**。臺北：巨流。

廖國智（2000）。**以心智模型理論分析科學實習教師的專業表徵**。國立臺灣師範大學化學研究所碩士論文，未出版，臺北市。

歐用生（1996）。**芳蘭鐸聲──邁向師資培育的新紀元**。臺北：康和。

蔡秉倫（1997）。**國民中學實習輔導教師專業成長之研究**。國立臺東師範學院國民教育研究所碩士論文，未出版，臺北市。

張君玫、劉鈐佑（譯）（1995）。**社會學的想像**。臺北：巨流。

Burton, D. (1998). The changing role of the university tutor within school-based initial teacher education: Issues of role contingency and complementarity within a secondary partnership scheme. *Journal of Education for Teaching: International Research and Pedagogy, 24*(2), 129-146.

Chase, S. (2005). Narrative inquiry−Multiple lenses, approaches, voices. In N. K. Denzin & Y. S. Lincoln (Eds.), *The Sage handbook of qualitative research* (3rd ed.) (pp. 651-679). Thousand Oaks: Sage.

Clandinin, D. J., & Connelly, F. M. (2000). *Narrative inquiry−Experience and story in qualitative research*. San Francisco: Jossey-Bass Pulishers.

Coffey, A. (2001). *Education and social change*. Buckingham: Open University Press.

Czarniawska, B. (2004). *Narrative in social science research*. London: Sage.

Drewery, W., & Winslade, J. (1997). The theoretical story of narrative therapy. In G. Monk, J. Winslade, K. Crocket, & D. Epston, *Narrative therapy in practice－The archaeology of hope* (pp. 32-52). San Francisco: Jossey-Bass.

Eisner, E. W. (1998). *The enlightened eye－Qualitative inquiry and the enhancement of educational practice*. New Jersey: Merrill.

Field, B., & Field, T. (1994). *Teachers as mentors: A practical guide*. London: The Falmer Press.

Freire, P. (1998). *Education for critical consciousness*. New York: Continuum.

Glover, D., & Mardle, G. (1995). *The management of mentoring－Policy Issues*. London: Kogan Page.

Hirst, P. (1990). Internship: A view from outside. In P. Benton (Ed.), *The Oxford internship scheme: Integration + partnership in initial teacher education* (pp. 147-160). London: Calouste Gulbenkian Foundation.

Hopper, B. (2001). The role of the HEI Totor in initial teacher education school-based placements. *Mentoring and Tutoring, 9*(3), 211-222.

Inglis, D., & Hughson, J. (2003). *Confronting culture－Sociological vistas*. Cambridge: Polity.

Josselson, R. (1993). A narrative introduction. In R. Josselson and A. Lieblich (Eds.), *The narrative study of lives* (pp. ix-xv). Newbury Park: Sagc.

Lieblich, A., Tuval-Mashiach, R., & Zilber, T. (1998). *Narrative research－Reading, analysis, and interpretation*. Thousand Oaks: Sage.

McIntyre, D., Hagger, H., & Wilkin, M. (1993). *Mentoring-Perspectives on school-based teacher education*. London: Kogan Page.

Meighan, R. (Ed.) (1994). *The freethinkers' guide to the educational universe*. Nottingham: Educational Heretics Press.

Mullen, A. C., & Lick, D. W. (1999). *New directions in mentoring－Creating a culture of synergy*. London: Falmer Press.

Peter, D. J. (2001). Winning and losing: A case study of university tutor−student tea-
cher interaction during a school-based practicum. *Mentoring and Tutoring, 9*(2),
153-168.

Richardson, L., & Pierre, E. (2005). Writing: A method of inquiry. In N. K. Denzin &
Y. S. Lincoln (Eds.), *The Sage handbook of qualitative research* (3rd ed.) (pp.
959-978). Thousand Oaks: Sage.

Sampson, E. E. (1989). The deconstruction of the self. In J. Shotter & K. J. Gergen
(Eds.), *Texts of identity* (pp. 1-19). London: Sage.

Silverman, D. (2000). *Doing qualitative research−A practical handbook*. London:
Sage.

Smith, M. E. (2000). The role of the tutor in initial teacher education. *Mentoring and
Tutoring, 8*(2), 137-144.

Sotto, E. (1994). *When teaching becomes learning−A theory and practice of teaching*.
London: Cassell.

Woods, P. (1996). *Researching the art of teaching−Ethnography for educational use*.
London: Routledge.

Yeomans, R., & Sampson, J. (Ed.) (1994). *Mentorship in the primary school*. London:
The Falmer Press.

# 一位師資培育者在研究
# 學校本位實習輔導教師
# 培育方案的學與思歷程
# ——自然與生活科技領域

作者：熊召弟

審稿：吳麗君

本文是一位師資培育者在這個師資制度變革的年代，鑑於本實習輔導工作在臺灣已執行多年，同時個人過去有十五年中學科學教師的經驗，認為理想的實習輔導方案運作應該由學校挖掘想法，才可形成兼顧進步提升以及可行性的小學實習輔導方案；換言之，研究目的是藉由進入學校現場，經過密集觀察以及經常性的共生性對話，企圖發展以學校本位為基礎之師資培育本土理論。本報告是兩年來（2004年8月迄今），藉由廣泛的調查，進而立意抽樣六所學校實習輔導方案及兩小時的教學觀察，最後決定與一所小學長期合作，密集深入觀察該校在實習輔導工作的精緻運作，使用教室觀察、會議討論、提供有關實習輔導概念與策略等文獻的方式，運思以學校本位為基礎之自然領域之輔導教師制度及建立培訓計畫。本報告除了提出所發現的全校取向式的實習輔導教師培訓概念及加強實習輔導教師的領導力養成之外，並提出四個議題：(1)關係的再思：集體責任意識的共識；(2)各關係人之實習輔導歷程的世界觀之互動與交融；(3)共同教學與共同產生的對話的運用；(4)教學專業發展學校的實踐。成為一位科學教師的歷程，在初始的實習輔導階段接受適切的輔導，有助於對教學生涯的肯定，更可促進個人教學專業的永續發展（sustainable development）。

**關鍵字詞**　實習輔導、教師專業成長、實習教師、實習輔導教師

# 壹、研究緣起

## 一、無奈與掙扎

我對於近年來實習教師[1]（現在稱為實習學生）的教育實習日子不抱樂觀，我的悲觀是感覺這段過程猶如臺灣男生去當兵，也不知道究竟為何？就是看似公理的規定，要一直捱到時間到了，像當兵退伍回家，從事一件或許與兵役沒有關係的事業甚而有失業的憂患。這幾年師資培育政策的改變，有人描述就像初一十五的月亮，天天在變。這一兩年我到學校去觀察教育實習的現況，居然發現同一所學校，有人被稱之為「實習教師」，有人卻被稱之為「實習學生」。我還發現學校有此身分的人，嘟著嘴在教室替級任教師（因為學校老師也有許多會要開）看管班級，隨時找空檔捧著 4 月來臨的檢定考參考書籍或一些測驗卷。

吳麗君（2000）的〈新制實習拼圖──一座橋還是一堵牆〉一文藉由以一位實習指導教授的行動研究，觀看「新制」實習制度下實習教師的學習，發現「新制」實習的權力結構，強化了實習教師的「學習者」角色，但「不平衡的權力關係」貧瘠了輔導教師與實習教師的對話，同時間接助長了「小學教育的再製」。吳麗君擔心該制度若未能妥善發揮功能，可能會對實習教師的「角色社會化」投下不利的影響。因此，她寫道：「新制實習制度到底是一座橋還是一堵牆？它在牽成實習教師的成長，還是在阻斷他們的專業熱忱？還是會腐朽了他們的教育價值觀？」提出發人深省的警鐘。陳怡君（2005）也提出：「在實習制度實施多年以來，仍然存在著許多的問題，特別是實習輔導教師的甄選、培訓課程、輔導內容與輔導方式的具體實行辦法至今闕如。」正可以解釋反映

---

[1] 「師資培育法」修正前，教育實習辦法由教育部定之，身分為實習教師，需實習一年，得核發津貼；「師資培育法」修正後，各校自定實習辦法，身分為實習學生，需實習半年，無津貼。本文第一作者認為實習生主要實習成為教師，因此不管新舊制，一律以實習教師稱之。

當今教育實習制度的無奈。

西方國家例如英國、美國或法國的實習輔導教師在正式輔導實習教師之前需參與培訓課程（李雅婷，1998；黃淑玲，1997；楊深坑、劉文惠，1994）。黃淑玲（1997）提出英國的實習輔導教師除了接受一般的在職訓練之外，還需加強教學演示、教學觀察、指導教學訓練、有效教學與視導技巧。然而根據我這兩年的問卷及焦點團體晤談的資料，深深感到臺灣的實習輔導教師是由學校根據該教師的意願、經驗、能力等準則，經過所謂的「拜託」產生的。在實習輔導的歷程主要是以「平常心」處理，換言之，實習教師對於實習輔導教師的教學流程進行課室觀察，當有機會或實習學生主動要求時，才會考慮讓實習學生上臺經歷教學的實際經驗。許多國內研究也提出了現實問題，就是這幾年的實習教師完成了一年或半年的實習，很少有機會獲得正式教師的工作，因此實習學校也普遍對此培訓不會有嚴格的要求，至於實習輔導教師該如何輔導的評鑑指標似乎也從不列在思考中。

我在師資培育機構服務已將近十八年，通常是針對自然與生活科技領域或環境生態教育方面，在小學教育界提出課程構想或帶領行動研究，因此，這兩個領域的師資養成是我的關注焦點。這三年（2004～2007年）我投入學校本位的自然領域實習輔導課程與方案的研究，發現許多在小學從事教育實習的實習教師的專業背景不是自然科學（大於95%）。至於自然領域實習輔導教師的素質為何？又從過去兩年的研究資料，說明臺灣教育實習的現實狀況主要是由級任教師擔任輔導教師，而級任教師教學的科目主要是數學及國語，至於小學的自然領域多半是由科任老師來擔任。自然科學教師通常不會是學校裡名義上或實質上被認為的實習輔導教師，這個「角色」因素造成實習教師在教育實習階段很少有機會去練習自然與生活科技領域的教學試練。四面八方的聲音讓我警覺小學教育實習內容的不均衡。有人說小學是包班制的，換言之什麼都應該會教，然而實習教師只跟著派定的輔導教師教學觀察或做教學助理，我疑惑的是實習教師的學習並不是隨著學生班級來學習如何教學。實習規定中強調實習階段要嫻熟各種教學科目，為何自然與生活科技的教學學習在這麼重要的實習階

段卻被忽略。還有更氣餒的是有些聲音說：「識時務者為俊傑。」因為檢定考或教甄遇見自然與生活科技教學實務的機率幾乎為零！難道小學的科學教學不重要嗎？

衡觀國內外看未來主人翁的競爭力，常常是以數學及科學為主的國際競賽做基準，就如 2003 TIMSS 結果說明臺灣四年級、八年級學生的數學、科學成就測驗表現優異，然而對於數學或科學的信心及態度卻是遙遙落後他國，是什麼因素造成我們的孩子畏懼數學、科學？學校自然科任教師的教學信念及策略是不是影響的因素之一？而想要成為老師的實習教師卻在重要的教育實習期間不必磨鍊自然科的實務教學，這種現象對於臺灣未來科學教育的發展，可以視之為理所當然嗎？還有目前在臺灣想要成為正式教師之前，一定要有一年或半年的教育實習的證據，然而我們師資培育機構將實習生（實習教師）推薦到小學，每位指導教師對於實習教師接受輔導之實習輔導教師有多少的瞭解？兩者之間關係的親疏為何？實習輔導教師的輔導能力是否是經驗累積就可以成為後輩的楷模呢？實習輔導教師，究竟是在哪兒獲得輔導實習教師的認知與技巧？是否也應該有一些課程讓實習輔導教師的輔導能力朝更有效的方向發展？種種疑惑，猶如浪濤，波波湧上心頭。

## 二、可是我為什麼決定進入令人掙扎的教師學習探究呢？

### (一)成為教師的個人愉快經驗

我想細緻探討臺灣學校本位的實習輔導教師課程方案，這是因為我覺得大學機構和小學是有距離的，至少地理位置就是個距離。每個人遭遇的場域不時有問題產生、不時要立即解決，因此時空很難交集的師資培育機構如何能對小學的生態瞭如指掌？如何能像萬能上帝給予迷津指點？另一方面，是源於我個人的經驗造成的信念，我在當正式老師之前並沒有接受過師範教育，沒有經歷過如今實習教師看似很制度化的教育實習階段。也就是說，我是由大學畢業之後直接進入學校擔任教師，坐在一間七、八十人的辦公室，我的座位前後左右

都是教生物科的前輩，靠近左手邊有一群化學教師，還有一群物理教師，其中有位化學老師是我念高中時的老師，我最佩服他的就是一個章節的化學概念，他能以很結構的概念圖寫在黑板上，文字加上圖形的整體概念，讓我們清楚的目睹自己腦中的化學記憶區。

　　我在高中教生物時，幾位年長的老師常會與我分享他們上課使用的資料卡，讓我學習到學科知識的結構管理。雖然我想觀察資深教師的實際教學，不過在那個時代，這樣的要求不太禮貌，還好有位老師教我拿臺收音機像是偷聽賊地學習一位名師（他使用麥克風上課）的課堂教學，他使用類似蘇格拉底的詰問法，不時提出的是「問號」的問題，我發現這和我的「句號」教學效果最大不同的就是他的課堂中充滿了學生天真的回答及全班齊聲的爆笑，我肯定這是堂活的生物課，更盼望有朝一日也能有他的這份功力。

　　教生物一定要帶學生上實驗課，那時候還有青蛙解剖課，共計有兩次，一次是觀察內臟器官，把整個消化道離體拉長，看看比青蛙的身長還要長多少公分；另外就是將心臟取出來，滴幾滴腎上腺素或乙醯膽鹼計算心搏的次數。我在大學時所做過的動物課青蛙實驗，是助教已經將牠們用乙醚給昏死了，可是在我教學的高中，實驗課本說要用枕骨大孔穿刺法，讓活蹦亂跳的青蛙真正的魂歸西天。我永遠記得第一次教學前遭遇的尷尬，在正式上課之前，我先去實驗室練習，實驗室有兩位老工友，平常的職責是為我們準備實驗材料，上水蘊草、水棉課前，他們會到學校對面的植物園荷花池，撈些植物放在燒杯裡，還有進行眼蟲、草履蟲主題課的時候，他們就採用分離的方法，將純粹的一群群原生動物置放於每個不同的杯子中，他們說這些技術是學校生物老師教的，後來這些工作就成為他們的任務之一！那次上青蛙課前，工友們拿了個竹簍子裝青蛙，我想抓出簍子內的青蛙，因為觸碰青蛙的皮膚有黏滑感，加上牠的奮力掙扎，不禁驚呼大叫，這個很矬的消息瞬間傳遍所有老師的耳裡。接著，一位素食的老師告訴我抓取青蛙的妙法，就是用食指和中指環抱青蛙的嘴（他說：就是對青蛙說閉上你的嘴），以大拇指、無名指及小指環抱青蛙的軀幹和大腿的部分，這樣就方便作穿刺的行動，剛開始我千刺萬刺，青蛙還是在掙扎，黏

黏的血溢出來,既殘忍又笨拙。我請教校內王牌老師,他口述重複實驗課本的指示,方法就是由兩個鼓膜後方以指甲畫橫線,剛好就會有個十字出現,對準十字的中點,用解剖針前轉破壞延腦,後轉破壞脊髓,這樣就可將青蛙攤平了,奇怪的是就在他的複述之下,那些文字也活現了,接下去日後的示範教學,我在半分鐘、一分鐘內就可以完成。

另外,在上顯微鏡課時,雖然生物課是只要會操作使用這個工具即可,但是由於我辦公座位左方有物理老師,令我想起過去學得不夠清楚的物理課,藉由詢問他們有關物鏡、目鏡、光折射、成像⋯⋯等這些問題,讓我藉著實體的顯微鏡,使學生可以連結他們國中也學過的光學原理。

許多當時我身為新手高中生物教師的回憶,促使我想進入學校現場,挖掘實習教師或新手老師如何在學校的經驗教師的激勵或協助下,成長教學專業能力。有人說大學教育猶如飄在石頭上的雪,季節變了,溫度高了,雪就自然融化,時間再久,便不見蹤影了!所以,中小學職場一定存有大學裡無法學習到的教學寶藏,教師真的要學習教學,提升專業,就是在他的崗位肩負使命,才會主動地不斷尋求最佳策略來實踐理想的教學,而旁邊的資深教育者的經驗或建議,就是專業精進的有效催化劑。

## (二)我遇到一些奇特的小學科學教師

我之所以想在小學做實地的觀察,就是想瞭解小學老師面對教學問題後的出招,想聽聽他們的聲音,挖掘現場的寶,完成一套可行性較高的自然領域實習輔導教師之課程與方案。我會有這份把握,是因為早期我的兩位合作夥伴——徐老師和蘇老師,讓我找不出什麼規則來預測怎麼做才是好老師,可能只能謂為:「知之者不如好之者,好之者不如樂之者。」他們是達到樂在學習、樂在教學的那種人。我的第一位研究生去觀察蘇老師教學,並撰寫了一本全臺灣傳閱的教材教法論文(陳秀娟,1996)。而我的第二位研究生去一所鄉間小學觀察學生的學習,曾很挫折地跟我說,不知能寫什麼,因為教室裡毫無學習可言,我陪他進入現場,教學老師告訴我,因為這位研究生是他的同事,為了要幫助

他完成論文，礙於情誼不好拒絕，可是教學老師的學歷背景是護理，碰到自然科裡一下子「光」、一下子「地球的運動」等教學單元，弄得焦頭爛額，我在現場看他的教學時，也很難受，十二歲六年級的大男生，居然在教室裡學狗爬，好像我過去在國外一所問題很大的學校看到的學生一樣，當時我的結論是臺灣真的有不堪一教的學生。這位老師說：「你們看我教，但是可不可以教給我看，就是地球的運動這個課？」我請拍了好幾次教學錄影帶的徐老師幫幫忙，我還有些抱歉地跟徐老師說那個班級的學生絕對不是你曾看過的！他說：「天下沒有不可教好的學生！」（我想這大概就是早期師範時代的名言吧！）三小時初次和小學生見面的教學，讓我親眼目睹專家教師的功力，那些在地上滾爬的小孩，因為在徐老師下課鈴響的時候所拋出的一句話：「下課後到圖書館將相關資料帶到教室來。」第二節課鈴聲還沒響時，一個個好像學者似的，帶著參考書、圖鑑、字典等資料很莊重的走進教室。我的感動、我的嘆為觀止是課堂上有意義的討論，可以很自然的在第一次謀面的老師指引下，熱烈的進行著，那種魔力讓我確信「老師」是影響教室學習的首席人物。

　　九年一貫課程改革，重視學校本位教師專業成長的工作坊及研究，主要是研發學校本位的課程，關於學校裡如何發展類似實習輔導教師方案或制度的研究不多，但是我堅信它是存在於所有學校裡的。我和一位研究生（林益興，2002）觀察一位具有豐富主持學校教師專業成長團體經驗的資深專家教師與「教師專業自主成長團」成員的合作發展歷程，當時我是緣於參與教育部計畫，做有關學校生態教材園為核心的校本課程，所以請這所小學在環教界聞名的李老師來協助，他建議就放在他這一年帶老師專業成長研習的主題之一。在這個研究，我意外發現李老師在成長團體的運作模式、領導氛圍，與課程發展演化歷程。這個團體是由八位資深教師與七位實習教師共十五位教師組成之成長團體，每個星期五下午有兩小時的時間來對話，同時也共同設計、規劃、發展和回饋有關生態教材園為核心之校本課程，林益興（2002）最後並不只是提出生態教材園為核心之校本課程的成果，而是在研究歷程中，他提出了「建構式領導成長團體」的名稱，文中呈現成長團體發展生態教材園課程的互動文化，包

括「團體形成基於原有互動關係」、「明確的運作模式與行程規劃」、「多層次的團體互動建構情境」、「異質性組合，同質性建構」、「以可塑性語言建構團體意義」、「領航者以身作則的人格特質」、「含蓄而不露的深層情意互動」與「可以被挑戰的團體地位階層」等八種文化特徵。由這個研究可以認定學校本位師資培育模式、學校組織的氛圍及領導教師的策略是不可忽視的文化底蘊。

另外，我曾與一所學校進行「九年一貫課程與教學深耕計畫」，計畫上寫的主要目的是，透過具師資培育功能的大學與國民中小學攜手合作，建立較長期的專業發展夥伴關係，以期落實九年一貫課程，展現教育改革的成效。在我進入這所學校的團隊時，發現有三位自然教育系背景的實習教師也參與，其他六位是擔任自然與生活科技課程的資深教師。我在一旁觀察的時候，很欣賞資深教師和實習教師共同學習的精神，資深教師對於兒童學習理解的經驗以及教室複雜情境的問題，可立即提出策略；實習教師是資訊電腦時代下的高手，打字、美工設計、修電腦，在這一點時，卻又成為資深教師的小師傅了。在多次的活動中，我可以再次感覺到要提供資深與實習教師共同學習（co-learning）及共同完成任務的機會，會是一種理想的雙方教學專業成長的自然方式。在這種組織內，可以看到資深教師對實習教師的溫馨對待與指導，林益興（2002）感受「含蓄而不露的深層情意互動」的氣氛以及 Tobin（2006）所言積極的情緒能量（positive emotional energy），就在他們言談的空間裡流動，所有人都在分享經驗，相互學習。

## (三)我的教育實習指導經驗

我是在教高中生物一年後的暑假，研修了可以成為正式老師的教育學分，當時上課遲了站起來向教授行禮，還會被訓斥：「你們怎麼教學生？」在國外唸書時，修了約十個學分的教材教法及教學實習（到一所中學做助理教師），攻讀博士班時，便跟著教授進行教師成就評量工具（Teacher Performance Assessment Instrument, TPAI）及實際應用到教室做實習教師教學觀察，那算是兩

個學季的視導課，不過我是「外國人」，於是乎修是修了課，倒沒有感覺實習或視導會出什麼岔子。

　　進入師院（現在改稱為教育大學）任教以來，曾擔任三次實習指導教師，前兩次我與一位系上帶實習經驗豐富的同仁一起帶學生，第三次，則是我成了師傅，帶另一位新接此工作的同仁從事這份工作！關於「教育實習指導教師」該怎麼做，我們使用雖然看似師徒模式（apprenticeship model）的經驗傳承，也就是帶師院生到小學觀察專家教師的教學，而後請專家教師一起評鑑師院生的教學表現，但是我們也思考運用能力本位模式（competency-based model），蒐集自然科教學表現的基準，作為課程學習目標和師院生教學表現的檢核表，以及利用卷宗（portfolio）的反思行動模式（reflective model）。那三年，我曾指導學生設計及使用遠距實習輔導熱線（Distance Supervision Hot Line, DSHL），學生們將實習經驗記錄蒐集在個人的電子卷宗（electric portfolio）（熊召弟、譚寧君，1999；Hsiung & Tan, 1999）。我們不斷檢討在當今網路社會時代，如何使大學教師的輔導支持力常伴學生左右，我們也擔憂這個策略，學生究竟有否增長教學專業能力？還是只完成我們要求的作業？關於「遠距輔導」的網路工程與研究，當時曾想請學生的實習輔導教師共同參與，但是在幾次訪談之下，礙於各校實習輔導制度不同、實習輔導教師在網路應用技術上的不成熟、自然領域實習輔導教師闕如，以及難以與學生的實習學校輔導教師建立互信等因素，並沒有如預期的希望構成實習指導教師、實習輔導教師及實習教師的黃金三角網路教師專業成長社群。

## 三、研究歷程上的發現及新規劃

　　從 2004 年以來，我想以研究的型態建立國小為主導之自然領域輔導教師輔導培育計畫，以便發展出學校本位為基礎之師資培育本土理論。第一年（2004/08～2005/07）執行計畫時，我和我的共同作者進行密切討論會議，並邀集三位小學校長，使用會議辯論的探究方式，企圖建立可行的合作機制，運思以學校本位為基礎之自然領域輔導教師制度及建立培訓計畫。為了瞭解小學

目前的實習輔導議題，我們先探究臺灣北部某師資培育機構實習簽約學校（約四百四十六所）輔導教師專業能力概況。經由文獻、座談會以及訪談現職實習輔導教師（包括自然與生活科技領域），編製國民小學實習教師輔導制度現況調查問卷，研究結果曾在研討會發表過（孫志麟，2005）。

包括探討以下研究向度：

1. 實習輔導計畫、組織與運作。
2. 實習輔導教師的遴選、職責、培訓、誘因、支持與評鑑。
3. 實習教師與輔導教師的配對、互動與溝通。
4. 實習教師的輔導內容。
5. 實習教師的輔導方式。
6. 實習教師的評量。
7. 實習學校與師資培育機構的互動關係。
8. 實習教師輔導制度相關問題。

在此時有位研究生（李惠婷，2006）跟著我們做這有關學校本位實習教師輔導制度的研究，她是探討兩所學校的個案研究在學校的情境脈絡中如何實施實習輔導教師制度，研究提出：

1. 實習輔導計畫組織明確與規律的運作會影響實習輔導工作的品質。
2. 實習輔導教師的角色與職責應明確規範。
3. 實習輔導的方式主要是依循序漸進與考量實習教師的需求為主。
4. 輔導內容包含學生特性的瞭解、教學技巧、班級經營與待人處事的理念。
5. 有待進一步關心實習輔導教師的培訓與誘因。

李惠婷（2006）研究資料的獲得，主要是由晤談而來，晤談的題目是屬於一般性的教學問題，並未特指自然與生活科技領域的師資成長議題，因此為了深入看見自然科學師資的成長，尤其是學習領域的本質與教學學習互動的深層意涵，於是我們先後於臺北、員林、臺東等地訪視六所小學，主要方法是觀察實習教師進行自然與生活科技領域兩小時的教學後，與每位實習教師的實習輔

導教師晤談，藉由實習教師的教案及教學表現，推知實習輔導教師的介入或鷹架狀況，例如：教學前，輔導教師給實習教師什麼幫助？教學後輔導教師的後設反思，以徵顯其實習輔導工作的認知。六位自然科輔導教師中的五位，在就讀大學或研究所時都主修自然科學或環境教育，有一位則是因為學校傳統就是級任教師要教自然，所以也從未抗拒教自然科學，反而因為有教學的需求，三年的時間下來，她不覺得教自然是科任教師的專責。六位實習教師中有三位是自然科學教育專業背景，另外三位是非自然科系背景，在這六個配對中，只有一對的自然科輔導教師是正式的輔導教師，因為他們也是該班的級任導師。

在這趟研究之後，我們發現：

1. 自然與生活科技領域的教學訓練在實習輔導內容中處於弱勢，有四位自然科輔導教師強力支持我的研究需求，因為如此一來，實習教師才得以有名義上場經歷自然領域的實務教學。

2. 三位具有自然科學教育背景的實習教師，教學設計充分發揮其專業知識，傳達的方式仍是述說豐富的資訊，只有一位善用教學法，主要是因其實習輔導教師正在研究所攻讀碩士學位，重視概念改變的教學，也影響了實習教師的教學表徵，頗能符合當代科學教育理念。

3. 在六位實習教師中，僅有一位實習教師在自願選擇示範教學單元是動手創作玩具，其他五位的示範教學主題是與生物或生態教學有關，這顯示自然與生活科技領域中的「生活科技」部分，是教師普遍缺乏信心的領域。

4. 非自然科學背景的實習教師較為依循教科書的內容進行教學，自然科學背景的實習教師會重整教科書的內容，增加較多的知識部分，然而缺乏條理的組織，未考慮學生的認知狀態。

5. 學校教師對於實習輔導的認同（mentoring-identity）是影響實習輔導工作推行的重要議題。

這些研究經驗，我也不時在研究會議時提出看法，企圖影響邀請與會的三位校長，希望他們能對學校本位實習輔導方案研究有興趣，可以思考在自己的

學校經營能提升實習教師自然領域教學的輔導網絡,因為第二年,三位校長中有兩位調校,僅有一位是我在研究所指導的學生,現任小學校長,他也是多年在科教輔導團的合作夥伴,談了想以行動研究探討學校本位實習輔導方案下自然領域輔導教師培訓文化與課程。於是展開如下的連續性研究,這是以敘事探究方式來描述教育之關注的焦點,研究結果期能提供學校現場在發展實習輔導教師專業成長方案或制度的參考。

## 貳、研究者在這歷程的介入

我先將計畫構想以書面形式讓這位校長(文中以阿福校長稱呼)瞭解整個研究的目標。因為這個研究計畫,並列有另兩個子計畫,含括在一個總計畫之下,有些複雜,但我們好像是蝸牛,有時縮在殼內作自己的研究,有時又可伸出觸角探一探外在不同的資訊,所以阿福校長必須要參與總計畫、各子計畫相關的多次會議。我們的想法是:學校現場是培育實習教師最佳場所,學校現場的經驗教師就是最佳的輔導教師,這個研究主要是描繪實習輔導的狀況、理想與限制。不過這個研究的焦點(spotlight)是有關自然與生活科技領域的輔導。在歷經多次會議的辯論,發現學校若只發展自然領域實習輔導教師課程及方案,不管在人力、時間方面,阿福校長表示現實上這樣的輔導教師方案不符成本效益。阿福校長的學校和大部分的小學一樣,就是將自然與生活科技領域的老師稱為是「科任」教師,和一般的「級任」老師不同,自然與生活科技領域老師擔任實習輔導教師的機會幾乎是零,然而科任教師又多半會兼學校的行政工作,常會有舉辦科學科技或自然生態的競賽或戶外活動,這時候因為實習教師需要學習行政實習,間接使得這些實習學生有機會可碰觸關乎科學科技類的教學學習。阿福校長的學校每個年級有三班,總共十八班,學校有班群教學的組織,強調成員教師應時常相互交換意見,進行專業對話,合作設計該年級的教案,進一步經由專業互助互享,學習者的知識再建構,知能再增強,以這種監控模式協助教學學習的過程。簡言之,這所學校是以班群合作為基礎,具有互助、

互享的專業成長社群的理念及氛圍。

阿福校長提出朝向全校取向（whole-school approach）的實習輔導模式目標，以在短時間內提升全校教師的實習輔導知能。他的決定並不完全是為了這個研究的實驗設計而做的，而是這所學校已經有過類似的全校教師擔任實習輔導教師的經驗。舉例而言，北部某師資培育機構傳統上有為大四學生安排在畢業前的駐校實習訓練，意即在每年4月有連續三個禮拜的時間，安排大四學生進駐到小學學習教學，師院生有四十多位，因此在這所十八班的學校裡，每一班的級任導師要協助輔導兩位來此實習的大四學生。阿福校長說這個經驗可以轉化為進一步的學校本位實習輔導教師培訓方案實驗的暖身。為了瞭解全校老師是否願意擔任「實習輔導教師」，阿福校長在師院生實習結束後，做了個非結構式的問卷，晤談一些老師，希望透過這個粗淺的經驗瞭解一位實習輔導教師的教學輔導觀。阿福校長發現：「老師對這個任務都持正向態度！」接著，他說有二十三位左右的實習教師申請來該校實習，有些是幼稚園實習，有些是小學實習，有些是半年的實習，有些是一年的實習，基本上，全校每一位老師都會有機會指導一位實習教師，因而醞釀出這所學校的所有老師都可成為實習輔導教師的集體培訓機會。

學校新的一年開始了，在8月初三天時間，校長為全校老師約五十位（含二十三名實習教師）安排了校內及行政人員構思的全校教師暑期進修活動。

三天的課程內容簡如下述：

第一天邀請了我和兩位研究教授進行約三小時的演講，演講主題是關於實習輔導教師如何帶領實習教師，下午是由教學組長帶領實習教師進行有趣的實習教師自我介紹、校內教職員簡介，之後進行教師教學研究與教學計畫撰寫。

第二天談「班級經營面面觀」、「校務會議」。

第三天是邀請了其他小學的主任及教師分別談「社會行動取向之理論與實踐」及「行動研究動手做」的專題或工作坊。

　　阿福校長還希望讓老師瞭解我們共同在參與一個國科會研究。說實話，其實我們一直很怕介入太多，怕失去校本的樸質意義，怕他們的創意受限於我們師資培育機構的思考框架下。但在研究倫理上，研究者還是應該明明白白地告訴參與對象研究的目標以及應肩負的任務。我是計畫的主持人，演講首場一定要我打頭陣，我覺得這種與人有關的學問，要比介紹科學新知難多了，我想分享成為老師的故事，可是「故事」怎麼會是學術殿堂的東西？《故事：讓願景鮮活》以及來自教育部顧問室的「創造力教育案例故事」的啟示，讓我覺得很世俗的事件更可以顯現出真與偽。人類的生活經驗和行為本來就有一種故事形式，沒有故事性的經驗和行為，對我們的生活就沒有意義，故事是人類和組織行動的「意義啟動者」。於是我當時就說了約一小時的話，待活動結束後，我寫下札記，最後，我希望未來的觀察、晤談，可以用故事的方式呈現，從體驗中抽取意義，由故事的分享當中傳播創意的氛圍，形塑出創意社會文化環境。用這種方式將一些經驗集聚成案例（case story），由合作探究（collaborative inquiry）的方式，透過討論及解決問題，建立輔導教師培育課程的教學內容知識（pedagogical content knowledge）。最後，我是以「成為一位教師——我們都是一起創造故事的主角，由此開展出繽紛的想像空間，讓世界更有生命力」為演講的結尾語。

　　在這研究及書寫歷程，研究者的自我反映（self-reflection）——也就是研究者和其研究對象之間的「關係」，是研究者得以瞭解社會系統的「媒介」——將是我的目標，夏林清（1994）說過：「……無論是詮釋現象或是實踐取向的研究均強調研究者與研究對象間的關係是一開放辯證的對話過程，此一研究關係的性質是將研究者的自我反映成為其研究方法中一個重要的環節……」我的書寫嘗試朝向專業實踐（professional practice）的反映研究（reflective research）型態發展。

# 參、阿福校長領導學校之信念與行動

## 一、信念

　　阿福校長是我研究所的學生，他碩士的論文是「國民小學協同教學實施之分析研究——以一所國民小學為例」（蕭福生，2001），在他寫論文的時候，正是擔任臺北某所小學的教務主任，因為有所謂如火如荼的教育課程改革運動，校務繁忙。他的論文摘要部分內容述說：

> 　　依據教育部 87 年 9 月公布的「國民教育階段九年一貫課程總綱綱要」揭示各校應成立課程發展委員會及各學習領域課程小組，於學期上課前整體規劃，設計教學主題與教學活動，由教師依其專長進行協同教學，更在 88 年 6 月公布的「國民教育九年一貫課程配合工作計畫」提到應進行新課程的研習，提升教師協同教學的能力。基於此，當快樂國小自 88 年 7 月成立時即在課表中安排主題教學活動時間，進行以課程統整及協同教學的嘗試工作」，本研究即是探究影響實施協同教學時的因素，以及教師是如何設計出協同教學計畫方案，如何經由討論取得共識，如何解決衝突等等。

　　他提出「教師的人格特質是協同教學成敗的重要關鍵」以及「進行協同教學時，在人員的互動方面，妥協並不是促進合作的唯一方法，衝突也可以視為是解決問題的開始」。強調建構協同教學的組織、體制，要善用組織的力量來推動協同教學進行；對協同教學人力的規劃應該有明確的認知、辦理相關的研習活動、人員要有適當的組合。

　　這所學校位於臺灣科學教育館附近，在 2005 年 12 月 1 日至 2006 年 5 月 31 日的「探索物理的奧妙特展」及創意科學 Easy Go 活動，都成為全校性的活

動，也就是所有師生都要參與。

現在，身為一所有十八個班級的小學的校長，因為阿福校長在課程領導力的卓越表現，學校曾獲得教育部全國標竿一百九年一貫推手獲選團隊，而經營一個精緻創新的現代化小學是他與學校同仁共同努力的目標。學校願景打出的是「健康、自主、國際觀」，目標是：(1)溫馨、和諧、安全、互助；(2)自主、專業、多元、精緻。原則是：(1)良好溝通；(2)彼此尊重；(3)誠心付出。具體作法則是：(1)辦理教師共識營研習活動；(2)與學年教師深度會談溝通；(3)透過學校日進行互動溝通；(4)校長到每班進行上課活動；(5)定期寫信給老師與家長們；(6)擬訂努力目標及執行策略；(7)定時回饋檢討並策劃未來；(8)運用問卷自我檢討與改進。

阿福校長善於營造「溫馨快樂」的環境，花木扶疏的綠色校園，獲臺北市特優的人性化廁所，都是令人印象深刻的境教。他特別擅長調配咖啡，曾說：「我將我的心倒入每一杯咖啡之中，我將我的情融在您我的接觸之中。」下午的課間時候，常可看到他拎著熱呼呼的咖啡壺到各班教室為辛苦的老師斟上一杯咖啡，在相互的微笑、「謝謝」聲中，學校充滿著積極溫馨的氣氛，學校相關的報導中，校長寫道：「唯有誠心才能溫暖彼此，唯有付出才能成就你我」；「道，一也。專，一也。為本校教師本著教育的初心，專一的進行專業成長」；「稱許獨一個別教師風格的表現」；「一同朝著共同的教育目標向前邁進」；「我們需要的是好的工作團隊，而非單打獨鬥的個人英雄」；「團隊成員是素質高、聰明且積極向上的人」；「和一群專業人才共同思考問題時所激發的力量是無可想像的」等，可以清楚瞭解阿福校長治校信念不是成就自己的名聲，而是積極凝聚全校教師的智慧，形塑出兒童的最佳學習樂園的學校文化。

## 二、行動

阿福校長認為進步，是要藉多觀摩、多學習孕育而成；同樣的，一所學校的進步，應以「他山之石，可以攻錯」的想法學習。2005年的暑假，他領軍學

校同仁前往日本進行考察，主題是「生涯金三角：學習、工作、休閒」，旅途中還參觀了愛知國際博覽會（由 Japan Association for the 2005 World Exposition 主辦，簡稱 EXPO）。在 8 月初學校舉辦暑期教師進修研習，他先放映自製的有關考察的 ppt 簡報檔，讓老師們在會前心情放輕鬆，我認為這個方式很不錯，首先讓大家瞭解地球是會轉的，當然世界也隨著時間而有改變，現今是科技充斥的世界，造成生態不利、影響人類健康的環境，EXPO 主題是大自然的睿智（nature wisdom），如何順應大自然？向大自然學習？就像展覽會場日本館的建築，就是考慮存在時的舒適及拆除後的資源利用，學生的未來應該處於這樣科技與生態兩相平衡的世界，所以學校的課程該如何設計運作呢？校長還將兩位老師分享的「2005 日本參訪：平實中見真實的南臺小學及創新不忘傳統的緒川小學」簡報，一併在會中分享。阿福校長說：「由這個標題可以看出老師的理想與期待，許多事是希望自然發展，是採漸進而不全面躁進的方式。」校長特別提及緒川小學的數學融於科學的教學及縫紉課程，可以成為激發老師課程創新的催化劑。

　　會議後，阿福校長提供給與會老師有關他的校長評鑑結果，這是四十份回收卷，主要評鑑的向度是「品德操守與民主素養」、「人際溝通關係」、「行政領導能力」、「教育專業領導能力」，平均分數分別是 4.24、4.46、4.32、4.46（各項最高分是 5，最低是 1），尤其是 85%的老師以 5 分肯定校長具有工作熱誠，推動校務態度積極；75%的老師以 5 分肯定校長能不斷充實自我，具有良好的教育理念；70%的老師以 5 分高度肯定校長能領導教師從事進修與教學研究工作，增進教師的專業能力。他坦然公布學校老師給他的評鑑，同時他也列出他宜改進的要點，例如有 20%的老師對於校長能領導學校建立公平合理分配教師職務與工作的制度與機制的看法給了 3 分，這是所有項目中給 3 分的百分率最高的項目，整體而言，是偏於負向的，這個項目的回應，也是阿福校長決定以全校取向式的實習輔導教師專業提升的制度或方案為學校特色的理由之一。

　　我訪問阿福校長有關學校教育實習工作的事項，他提出該校本輔導制度可

蒐集的資料如下：

1. 會談：10月舉辦一次實習輔導教師座談，11月舉辦實習教師座談，學期結束辦理班群實習輔導教師與實習教師共同座談。

2. 教學觀摩：因為學校多半是新制半年的實習教師，因此半年要完成實習學生在自然與生活科技領域教學實習的驗收，該校提出：(1) Solo獨奏的呈現：由選自然領域為實習主項的敏老師為本研究的主要對象；(2)三重奏共同教學的呈現，由三位新制半年的實習教師進行協同合作自然領域教學示範（三人合作設計教案，教學時，由一位主教學，一位製作及放映教學媒體，另一位在旁邊隨時輔助主教學老師需要的協助）；(3)教學鑑賞者：其他對自然與生活科技領域教學學習有心無力的實習教師（新制）則扮演教學評鑑者的角色（兩位是以主修英語教學為實習重點的老師，一位是選擇音樂教學為實習重點的實習教師，一位是跟班學習的實習教師），學習如何看別人的教學，並提出教學觀及建議；(4)實習教師與輔導教師的共同教學中，核心與周邊角色互換的實習教師之教學表現。

3. 實習心得寫作：問卷（由實習初至結業期間，共分為前中後三次施測）及實習心得。

4. 數位學習互動教學平臺（實習教師與實習輔導教師的網路寫作）：數位學習是該校教師專業成長重要的方式，開發互動式的數位學習專區，增加實習與輔導教師接觸的機會，包括實習教師學習札記、實習輔導教師討論區、阿福校長咖啡館、小白愛自然等，藉以拓寬教學認知以及感情交流的渠道。

5. 實習輔導教師帶領實習教師指導學生參加中區的科技創作比賽及學校旁雙溪的公民行動課程研究計畫。

# 肆、學校實習輔導工作行政之主委執行者——雯組長

關於學校實習輔導的業務，學校裡會安排一位主管行政的老師做總負責，

有些學校是由教務主任，有些是輔導室主任（孫志麟，2005）來處理行政業務，以及進修的方式。雯組長已經有六年的教學經驗，兩年前獲得某科學教育研究所的碩士學位，論文主題是有關批判思考的教學，這一年，阿福校長引介她進入臺北市自然與生活科技輔導團的輔導團員。學校裡有關實習教師實習事宜是由她來控管，包括對計畫的撰稿、執行時間的管理、實習教師的觀摩、實習教師的指導教師來訪，以及實習成績的繳送等工作都是由她來承擔。學校裡的自然教師共有三位，而這學期來的二十三位實習教師，與自然科專業背景有關的僅有兩位，其他二十一位都是非自然科系畢業的學士或碩士；其中有些曾在師資培育機構學過自然與生活科技教材教法，但是沒有實際操練的機會。雯組長說二十三位中大約有八位實習教師曾觀摩她的教學，但是無法讓所有實習教師上臺試教，只有一次讓六位實習教師共同做一場觀摩，三位主要教學設計，另三位是做教學評鑑。

　　我晤談她的時候，談到學校本位的實習輔導制度，拿出歐洲經濟合作發展組織的學校本位課程發展程序（八角圖含有：(1)分析學生；(2)分析資源與限制；(3)訂定一般目標；(4)訂定特殊目標；(5)確立方法與工具；(6)評鑑學生的學習；(7)分配時間設備與人員；(8)實施評鑑與修正）跟她討論，我將「分析學生」改為「分析實習教師」，詢問雯組長的意見，對於「分析實習教師」這一項，她馬上說道：「……我覺得這樣失去了他們來的意義，他們來不只是學習，我們跟他們是共同成長，所以分析實習教師，我覺得不如改為認識實習教師，分析他們的背景，找出合適的成長計畫，共擬成長計畫，我覺得分析這兩個字好像把他們當做是實驗的對象……」關於訂定特殊目標，雯組長說：「他們的需求多半是在師院裡面可能比較沒有音樂專長，他就希望來國小把這個部分的專長補強，或者是過去在學校學過英文戲劇，就希望能在此方面帶小朋友成長……。」

　　我接著問：「針對二十三位實習教師，學校有沒有為其自然領域方面定下特殊的學習目標？」雯老師：「喔，第一個就是說可能是有些人背景不是自然科學的，他們會需要認識有關自然與生活科技教材教法，第二個就是沒有自然

科背景的人,可能就要參考老師去學習怎樣做小實驗,怎樣做一些比較有趣的活動來引起學生的注意,而第三個就是想學學科學玩具、科學遊戲的帶領方法……。」

我問道:「有多少人會提出想學習自然科的教學這個需求?」雯老師說:「很少。」在我的訪問中,我很訝異雯組長正在研讀 2004 Education Development Center, Inc 的 EDC Middle-Grades Science Mentoring Program(Science Mentor Teacher Practice Continuum),基本面向依序是:(1)關係(relationship);(2)機制化(mechanics);(3)探究歷程(inquiry process);以及(4)評量(assessment)。同時,雯組長看著阿福校長遞送過來的阿福招牌咖啡上面螺旋形的奶油,順手將在學校執行的實習輔導行政工作流程畫了出來(圖 4-1),由①的座談,順時鐘方向到⑥實習教師變換實習班級及科任教學之加強,逆時鐘由⑦進行下學期的實習到⑨終止實習,這是為參與一年的在校教育實習的實習教師的行政協助藍圖。由圖 4-1 可以瞭解學校為實習教師安排的實習教育環境及內

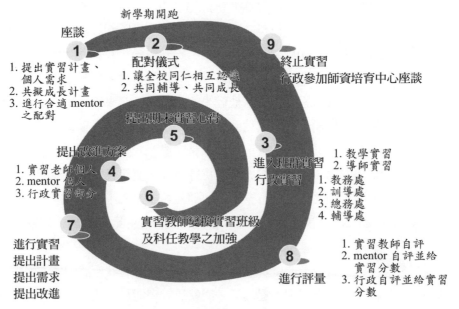

圖 4-1　阿福校長學校本位教育實習及輔導方案機制

容，是以學習內容的整體觀之，而且全校的經驗教師幾乎都要或多或少的協助這個工作的執行。

## 伍、擔任自然領域教學觀摩的實習學生——敏

對於學校輔導成效的探究，我依照慣有的方式，觀察一位實習教師的自然領域教學現場，而後再透過與實習教師及輔導教師的會談來蒐集研究資料。我和敏老師在阿福校長的學校正式見面時，是因為在會場上我看到一位似曾相識的實習教師，戴眼鏡、頭髮少年白、很斯文的男生，我問他是否我們認識？他笑言：「老師，我參加了您暑假為老師們辦的海洋生物多樣性人才培育研習會！」我繼續請問他的學歷背景，他在完成微生物研究所碩士後，到北部一所師院唸師資班，修過自然與生活科技教材教法的課。

我在阿福校長學校網站的數位學習區閱讀到敏在科學區寫道：「風箏原本是五年級綜合課裡面要上的主題課程，我們想把其中有關『風箏飛行原理』的那個部分以自然課程的方式呈現……。」阿福校長安排每位實習教師的直接輔導教師至少兩位，敏的兩位輔導教師其一是五年級的班導，學習班級經營的能力，另一位是自然領域科任教師芬老師，敏說：「一個開放、一個嚴謹，各有優點，我要試才知道效果！」敏的教學觀摩主題是光的單元，曾問我有些攤販會掛著裝水的透明塑膠袋，聽說是用來趕蒼蠅的，有沒有什麼道理可解釋？可以深刻感覺到敏的教學會試著和實際生活做聯繫。

## 陸、Solo 獨奏演出——敏的教學觀摩日

依約定時間，我來到這所學校，首先映入眼簾的是學校的科學、人性、心靈的設施，為孩子布置了充滿了無限發揮的可能環境。進入敏的教室，卻發現觀摩他教學的師長同仁已有二十多位，原來除了學校的實習教師之外，還有他在某師院師資班的同學，大學的指導老師永恆教授也到場。敏的自然科輔導教

師是芬老師，是植物系的國立大學畢業生，修過一年的師資班課程，從她教育實習以來、去年代課到今年來，這所學校教自然，真正的教書經驗將近兩年半，個性沉穩、內斂、略帶嚴肅。敏教學前，她忙著在講臺前協助他做些教具放置的準備。

## 一、敏選擇的教學單元之教案呈現及教學表現

敏教的是五年級的單元「戴眼鏡為什麼可以矯正視力」，他參考奇摩知識、科學小芽子、某書局的網站及其他版本第五冊（三年級），撰寫出相當豐富的教材分析，本活動的主要目的是理解鏡片可以調整聚焦的位置，矯正視力。一進教室，可以發現他準備不少東西，除了標準化的凸透鏡、凹透鏡，還有近視、老花眼鏡片、光線直進盒，另外資訊科技時代的老師該準備的筆記型電腦、單槍投影機也在這一場教學裡沒有缺席。他還準備了加分板及電子琴。

敏一開始就以綠油精的調子，以電子琴伴奏帶著學生唱：

「近視戴－凹透鏡－中薄縮小會散光」
「老花戴－凸透鏡－中厚放大會聚光」

這是他希望這個教學活動學生能達成的概念或是記憶，他將這歸屬於「引起動機」的部分。接著讓學生以眼睛的觀察及觸摸，讓學生辨識近視眼鏡和老花眼鏡的不同，接著他很強調凸透鏡與凹透鏡的定義。他又用投影機為光源，利用光線直射進入盒來檢視光線通過近視和老花眼鏡後，其行進路線的現象，並觀察光線發散和聚合的現象，到最後為了強調九年一貫課程綱要的「生活化」，他用「為什麼有些水果攤前面會掛水袋？有什麼作用？」讓學生自由發表看法。（2005.12 obs.）

後來，我讀到他在網站的留言，標題是「實際上場修練心得（還真的像戰場）」：

「……嗚嗚 T_T，我今天實際上場修練了兩節自然課，結果只有一個字『慘』，可能平時和學生相處久了，學生覺得我是一個彈性很大的老師，也是一個脾氣好的大哥哥，也可能學生覺得實習老師的課可以比較放鬆，結果呢？上課時不斷跟我哈啦，感覺全班鬧哄哄的，如果依據『好的班級經營可以從學生在課堂中真正從事於學習的時間』來判斷的話，那我真的是不及格，因為我花太多時間在管理學生的秩序和常規，實習老師和學生的角色關係一直是我很困惑也很難取得平衡點的問題，該『作之師』？『作之友』？還是『亦師亦友』？今天更是讓我好好反省這個問題！記得指導教授曾在他的文章中寫到：國外學者 Schwebel 等人曾在《實習教師手冊》中提到 "A teacher is not a friend"，他們認為實習教師與學生成為親密的朋友是與教師角色本身相衝突的，『既是老師，就不是朋友』，如果實習老師為了要『贏得』學生的『喜愛』而作之友，那們他將會發現他根本無法管理他的班級，或許一個比較折衷的策略是『先師後友』，或是『在責任與權利上作之師，在情感與態度上作之友』，我就是作了『先友後師』，結果現在發現學生會一直試探我的忍耐極限，觀摩和自己實際上場真的不一樣，看來我要學的還多著呢，我要加油、加油、加油！福氣啦！」（2006.01 web）

我比對 2005 年 12 月我對他教學的觀察日誌以及 2006 年 1 月看到敏在網路的書寫，猛然發覺我的觀察角度是著重敏老師在自然與生活科技的教學準備及教學表現，然而在他的反思日誌，這些文字卻並不顯著，反而是隱藏在他教學表現之下內心深處徬徨的「教師角色認同」的問題，尤其他提到「既是老師，就不是朋友」，他認為「要『贏得』學生的『喜愛』而作之友，那將會無法管理班級」。

我卻在整堂課下來以及回來反覆看錄影帶，一位科學教育研究者，渾然沒感覺學生秩序的不好、言語的不妥當，當然也沒知覺到敏老師內心的「教師角

色」及「教室管理」交戰！我感覺他的教學已相當符合我們教師表現的基準，例如：事前準備周詳、教學資源多元化、教學策略多元、善用資訊科技輔助教學等。可是一位實習教師對於他成為科學老師的深沉憂慮，卻是在什麼是「老師」？什麼是「朋友」？能夠在學生心目中的角色定位有極大的擺盪。

## 二、觀摩敏教學及回饋的現場貴人

### (一)敏心中通往教師歷程的重要北極星——永恆老師

敏對我說，很多問題他還是會問師資培育機構的永恆老師，因為他感覺他的理念比較貼近永恆老師。對永恆老師我並不陌生，過去我在某一所小學進行建構式教學環境的研究，就知道這學校有位剛拿到國內教育博士的老師，之後他轉到我現在服務的學校，因為我們不同系，所以我對他的瞭解有限。不過在我得知他是敏教育實習的指導教授，在這教學觀摩前，我先寫了 e-mail 告知永恆老師，我是以研究目的觀察敏的教學。永恆老師雖然是帶教育實習，但是他認為這個經驗可以透過研究成為公眾知識，所以他正進行個人教育實習課的行動研究，他規定這個班的實習生，都要到各校觀摩同儕的教學觀摩並提出建議，他將應該在大學師資培育課的地點放在各個學校，這也是一位大學教授思考的趨近於學校本位師資培育的策略。

敏教學完畢，依慣例會有檢討會，我們到校長室旁邊的會議室進行討論會。首先校長做了個開場白，接著將主持權交給了永恆老師。敏老師先報告自己的教案構思以及感覺尷尬的事，接著敏的輔導老師芬老師先給敏一些讚美及鼓勵，學校的教學組長、教務主任以及校長，也都給了些建議，接著永恆老師指名敏在師資班的其他同學，每一位都要提出看法及建議，這場對話很精采，有一位實習教師直言敏進步很多，因為回首敏的首次教學，只能用「慘不忍睹」四字來形容，這一次看他的教學有條有理，且多才多藝，能彈電子琴、編歌，引領學生記住活動的科學概念，覺得他已漸漸成為學生群中的「科學王」了。

永恆老師針對敏教學觀摩所進行的討論會持續了約有兩個小時，中餐之後

又繼續和這些實習教師討論另三位實習教師的教案，有數學、有國語，他們大概在 12 月、1 月要陸續完成類似的觀摩教學，這些學生屬於新制半年實習，永恆老師告訴我大概每個禮拜他至少花一天的時間在不同小學的辦公室進行這樣類似的教案及教學表現的討論，這些學生提出討論的教案，據說事前還曾與學校輔導教師討論過，可是幾乎每一位學生說完他的教案，其中的矛盾或者不合邏輯的部分還處處顯露，所以當場這些同儕提出質疑：「你這樣做會怎麼樣？」寫教案的同學便開始解釋、重構教學思路，永恆指導教授話說得不多，然而這一群實習教師的討論充滿熱絡、有意義的教學思考。

　　這個過程使我回想曾提出的實習輔導的金三角，這三點就是實習教師、實習輔導教師和實習指導教師的論點（熊召弟、譚寧君，1999；Hsiung & Tan, 1999），然而這一次我看到的現象，讓我聯想到星空中的大三角之外，浩瀚夜空尚有數不清的星星，敏的同儕就像其他的小星星，不斷閃爍、相互輝映，使得敏的教學成長更加耀亮。永恆教授提出了 Howe 和 Stubbs（2003）的實務社群（community of practice），他說 community（社群）是要集結不同領域專長的人一起參與，共同討論教學問題，共同思索教學困境的解決方法。

　　永恆老師說他的方式是以認知情境的角度來思考，力行實務性實踐，而且就業是常要重新學習，學校理論不夠運用到現實生活，學校本位課程的影響（以學校為中心）理論者也一定要有這想法，實務者也一定要有理論，才能溝通。我們談到「實習一年制、半年制」的問題，他當時說了幾句令所有師資培育者深思的話語：「我們的實習制度到底有沒有發揮功能？」、「如果師資培育並沒有做得好到了一個水準，在傳統學校也學不到什麼！」、「師資培育機構與小學老師的生態系統各自可生存，但是要解決的困難就是彼此之間的協調與溝通！」

## ㈡敏的同伴──阿福校長學校的其他正式老師

　　透過阿福校長的協同教學概念和永恆教授提及的實務社群概念，我發現在學校現場，生手教師的專業成長，是受多方教師的影響，每位教師都盡責扮演，

如歐用生（1996）提出：「……實習輔導教師是實習學生的師傅，扮演著教練、顧問、諮商者、視導者、合作學習者和專業促進者等多種角色……。」我閱讀學校特別為他們開闢的網路對話，對於敏最關心的是學生沒大沒小，上課秩序不理想，學生心目中他的地位一事，輔導老師上網鼓勵他：

> 「……別難過！你的經歷我也遭遇過了，有機會可以一起討論看看『如何以實習老師身分成功扮演好班級經營者與教學者的角色』，這真的不容易！但……這也是我們會在這裡的原因，所以……一起努力吧！」
>
> 「昨天上四樓拿東西時，路經自然科教室，注意到正在授課的你。當時教學現場狀況應該還算穩定，看你還面帶微笑努力講課中。小朋友都是擁有一張天使的臉孔，內心卻充滿著魔鬼的慾望，可不要讓他們輕易試探你忍耐的極限，否則到時氣急敗壞的是自己。記得訂好上課遊戲規則，溫柔的堅持與執行，而且要前後一致。正式教書四年了，也還一直擺盪在『作之師』與『作之友』之間，所以我自己也要多加點油！」

敏學習班級經營的正式實習輔導老師回應的標題是：「越磨越亮喔！」

> 「……我算是比較瞭解你帶班級的人，我們班真的比較活潑，所以讓你花了很多時間在管理秩序上，試著換個方式來帶他們，嚴肅些面對上課的學生，他們就能比較清楚分辨上課的老師和下課的老師是不一樣的，很難在教學者和班級經營上做到一個平衡！因為我們都在摸索……咱們面對的都是同一個班級，可以彼此交流，期許一起挑戰成功喔！」

還有位行政主管，也寫著：

「……“Don't smile until Christmas!”」，以前我的學姊傳給我的班級經營口訣，老師最好板著臉度過前幾個月，等孩子的天線都拉起來，能隨時正確接你的訊息，再慢慢地給予彈性，……各位實習老師：不斷的嘗試，就會找出適合自己的方式！……」

「……教孩子『區分在什麼時間就要做什麼事』也是很重要的吧！或許亦師亦友的『衝突』就會稍緩吧！在教學前充分準備，教學時清楚下指令，讓孩子知道老師的期望，再依孩子喜愛的口味，加上投其所好的調味料，抓住他們的心，自然而然孩子在你的課堂中就會感受到有『敏老師的味道』！……」

還有位老師寫的標題是「教學有法？」

「……最近在書上看到這麼一段話，『教學有法……而無定法……一法為主……多法相助』，在唸教學原理的時候，書本寫了好幾種教學法：如講述教學法、編序教學法、合作學習法等，加一加應該有幾十種，每種教學法都各有其優缺點和適合使用的時機，這讓我想到很久以前的老師們，或許沒K那麼多的書，但不也造就出不少優秀人才？現在的師資培育制度下，要修教育學分必須苦讀一堆教育原理，但真正會學以致用在教學裡面還真的蠻難的，這或許是學術理論和現場教學的距離，也是我們來學校實習的原因吧^^……。」

敏的回應是：

「……“Don't smile until Christmas!” 這個一定要記起來，感謝傳說中的小南老師熱情指導，現在的我正嘗試收起笑容，要讓小朋友知道老師上課和下課是不同的！當然有老師提到的『訂好上課遊戲規則，溫柔的堅持與執行，而且要前後一致』，也是發人省思的金玉良

言，今天是我第二次上課，感覺起來好像比第一次得心應手多了，雖然班級依然很吵，但分貝數已經有降低了，記得剛開始上課的時候，覺得很緊張外，加上滿頭大汗！臺下一片鬧哄哄。現在比較沒那麼緊張了，反而可以注意到小朋友的一些反應，從臺上一眼望下去可以看到有些小朋友聚精會神的在聽講（感覺粉爽^^），而有些不會吵，但在做自己的事（覺得有點挫折，老師上課無聊嗎？），但有些則是會跟旁邊的玩起來（很想開罵>.<），三種情緒一起在心中浮現，真像在洗三溫暖一樣@@唉！看來除了好的班級經營，也得想些辦法讓大家都能注意聽課！……」

敏的級任實習輔導教師又在網路上記錄：

「……其實在真正教學的時候，不會想到很多教學的理論，只是有時在書上看到可行的方法，會把小朋友拿來當白老鼠實驗一番吧……，這幾天非常感謝敏老師的『聲援』＋『身援』，激勵起本班的士氣，猛力的獲得拔河比賽第一名，有敏老師在，全班真的會變得很興奮，不管男生、女生，眼睛都發亮了，大家都超拼的啦！難怪螞蟻雄兵（註：少年科技競賽）也會全國第一，這種意料之外的教學法，書上好像沒有寫喔……。」

透過網路聊天室的對話，深刻感覺教學專業成長是一輩子的路，不管是敏這麼一位生嫩的實習教師或是其他有多年經驗的學校老師，在教學的歷程中會著重與孩子之間互動以及兩者位置高低的適切性做不斷的試練與調整，當贏得相互間的信任與尊敬時，期望的學習氣氛或成就表現自然蘊生。

# 柒、芬老師很想做個優質的 mentor

看完敏的現場教學後，回來又看了他的教學錄影帶，還有芬老師在網版上鼓勵敏的話語，標題是「您真內行！」，其實這個標題是敏教學時，對一位學生回應的立即回饋，曾引起在旁觀察教學的人一陣會意的笑聲。芬老師說：

> 「……其實我也沒幫上什麼忙啦……，之前最多也只能多給你鼓勵鼓勵，看你之前在教學內容及相關準備上花了很多時間，我一直覺得你一定有辦法過這一關的，最後，終於端出這麼生動、越見高潮的菜出來，讓我不禁想說：『您真內行！』當天的檢討會，相信你的收穫很大，這些意見必定會讓你大有進步的喔……。」
>
> 「……其實你準備得很充分也教得很精采喔！最重要的是可感受到你的親和力與認真的態度，讓學生樂於與你相處、學習，那可是難能可貴的特質呢！……」

我想在 mentoring 的路上，研究主角不該忘了自然科的輔導老師芬老師，藉由敏的引介，我們三人在校長室見面。芬老師畢業於某大學的植物系，對自然科學有興趣而且教學也有信心，父母都是國小老師，也是促使她想成為小學教師的主因。對於過去在師資班選課狀況是彈性不大，教材教法的選修科目是由全班表決，因為她聽過某自然系老師的通識課程，深受感動，發現開自然與生活科技的老師居然就是他，所以鼓吹全班同學修這門自然與生活科技教材教法的課，我問芬老師：「在師資班，自然科教材教法的老師教了什麼？」她說：「例如課程總綱82年及九年一貫教材的差別比較……。」我問：「在教學專業成長學到什麼？」她的回答是：「對於比較，我想不是那麼重要，只是想瞭解教材的部分，有個準則，版本再變也無關係！」「一年的時間很短，我覺得是不足的，沒有自然科學概論、沒有環境教育，關於自然領域的師資培育課

程是很不足的。」她是自然相關的學士,卻仍然覺得科學知識之不足,遑論科學教學知識的建構。

芬老師一直強調「缺乏教學經驗」是影響教學的最重要環節,我問她需要什麼教學經驗?她說:

「教學經驗是要帶給孩子理解教學的內容,是要琢磨,要有實戰經驗、臨場感,這種經驗非語言能傳遞。」

「經過這些年的經驗,我的準則還是依照總綱、教科書、教師手冊、習作本;我去年教的年級和今年一樣,所以教過的內容,今年覺得比較順利!」

「五年級孩子還好,六年級在轉變,六年級的孩子很有主見,所以老師一定要建立信心,充分準備,抓住孩子的心,就可以教得很好;還有六年級的孩子建議給他們多一點自由發揮,開放時間,做主題報告、實驗操作,所以在設計及引導的時候,不要把重點講出來……。」

「至於敏的實習,我是以過來人的身分,前年實習的感覺印象還是很深的,實習教師應該很確定那個時間他可以完全主導,他應該要有空間開放教學,由某個角度來看,教學還是很主觀的,要有一段完整的教學做個省思,而我只能提供資源或藉由討論協助他對自己的教學有信心!」

當在我們談話幾乎要結束的時候,芬老師對我說:「我很希望有個很清楚的規劃,大概什麼時候可以教實習教師什麼東西。」我回答:「太好了!這就是我這個研究,想要從學校的現況,思考發展出校本的實習輔導教師課程及方案,妳可以藉由經歷告訴我妳的假想嗎?」兩天之後她就寄給我她的方案,她對教育實習的認知是:「建立教師對學校運作之概念,並驗證教育理論及實務,以增加、培養教育專業素養及經驗。」對於輔導教師她認為:(1)輔導教師應要

受訓的：輔導教師對於實習教師之間最重要的就是經驗分享、傳承的部分，所以，如何**有系統的先建立自我對教學經驗分享之內涵**（underline 是芬老師特別畫的），大概就是關鍵，輔導教師應該是需要受訓的。(2)透過專業對話，輔導教師亦會不斷地內省，此過程也是能和實習教師共同成長的最佳寫照。

　　歐用生（1996）提出實習輔導教師是實習學生的師傅、更扮演著教練、顧問、諮商者、視導者、合作學習者和專業促進者等多種角色，在這所學校現場，呈現出的是不管是生手老師或是經驗教師，大家營造的教學成長是需要在合作學習教學的文化互動中醞釀形成。

## 捌、敏試練科學教學專業的其他機會

　　學校請芬老師帶領高年級學生參與「少年科技競賽」，敏也協助這個競賽的培訓及參賽，敏記錄：

> 「……我們的彩虹蟻隊居然是北中南區第一，也就是全國第一啦@@！可喜可賀！可喜可賀~T_T~，這次是喜極而泣的啦！記得在指導彩虹蟻隊的時候，她們一下齒輪裝錯，一下電線裝錯，表演前一再的叮嚀外加恐嚇，『比賽的時候老師就沒辦法幫妳們拆齒輪了，看清楚呀！別裝錯。』讓我在初賽時替她們小擔心了一下，最後總算為學校爭了光！」

> 「……今天學生還問我說：『老師，你對我們有信心嗎？我們對決賽沒信心耶！』我也只能說：『嗯，老師對妳們有信心，盡力就好，過程才是最重要的。』真怕她們得失心太重，加油吧！老師會為妳們開壇祈福的……。」

敏帶完科技競賽後，在網版上寫了：

「……只有一個字『虛』，去重量訓練的時候，感覺身體都軟掉了！原本的重量都舉不太起來！不過還是很感謝家長們的大力幫忙，有關造型的部分家長都很用心去做，有時候看到家長和老師們比學生還緊張，學生卻不夠用心，就會覺得有點心寒……。」

敏在網版上寫了新標題：「新的一年即將倒數。」

「……時間過得真快，過幾天就是新的一年了，在這學校實習的日子也只剩一個月，聽說五年級班群的老師要幫我辦歡送會，真是讓我感動，其實我在班群的時間不多，大部分時間都在自然教室，不過一日五年級，終生五年級，我愛五年級班群^^……。」

又出現新的標題：「半年的實習結束囉！」

「……心中雖然很高興順利的完成實習，但想到以後就不能天天見到學校的實習夥伴和老師們，不禁有一種失落和孤獨感，現在能做的就是好好把書唸完，考上教師檢定和教師甄試，看來走上教師之路還真的是一件考驗體力和耐力的任務……。」

我由師資培育機構來到學校現場想進行深化的探究（in-depth inquiry），有種感覺和陳怡君（2005）說的類似，也就是在基本認知層面上，針對「掌握教育脈動與政策需求」向度，學校的主任組長及實習輔導教師要比師資培育機構實習指導教師的回應要高，可見學校現場的人員對於「掌握教育脈動與政策需求」更為注重。至於教學專業知識層面中關於多種教學模式之知能，如探究式教學、合作學習、概念改變教學、問題解決教學等，實習輔導教師雖然不會以專門術語對話，然而在教學實踐中依稀可見，只是沒有太系統化的顯現出來。還有在實習輔導對於實習教師的專業成長之三種熟悉的模式中，即能力本位的

輔導模式（competency-based model）最顯現不出來，雖然有評鑑準則，卻也是一般性或籠統，最為多見的是師徒制（apprenticeship-based model），先是坐在教室後面，觀察輔導教師的教學，或協助教材教具的準備，之後才是偶爾的上臺教學，學校設立的網版，是個促使實習教師及學校老師共同成長的反思模式（reflection-based model）的園地。

## 玖、大家有緣來作伙之一——關係的再思：集體責任意識的共識

　　阿福校長學校二十多位的實習教師來自三所師範系統的學校及三所有師資培育中心的學校，各校不同的指導教授、不同的指導策略，還有每位實習教師（學生）的實習計畫各有獨特需求，學校很難強制一套做法。前兩個禮拜，為了半年就完成實習的學生要找出時間來示範自然領域的教學，最後是六年級三位實習教師（班群）共同寫教案（數學背景的實習學生主導），一位畢業於科技教育研究所的實習教師負責製作資訊教材及放映，還有一位想培養自己上臺經驗的科技教育系實習教師上場教學，這是有關摩擦力的科學活動，他們三位都沒有選修過自然與生活科技教材教法，另外還有三位實習教師反而是在師資機構修過自然與生活科技教材教法，且分散於不同年級擔任主要教學評鑑者，敏負責拍攝教學錄影帶以及教學鼓勵，敏說：「沒有科學框架思維，有時更容易看到兒童生活中可以喜悅的科學活動。」芬老師仍然是這一群實習教師的自然領域實習輔導教師。

　　在阿福校長的學校認識永恆老師、芬老師及敏等的場景，我還在想永恆老師說的 "community of practice"，中譯是可以琅琅上口的「實務社群」，但是要怎麼做，才是過去所說的生命共同體？這個社群不是人的組合而已，重要的就應該如敏關心的 "relationships"，不管是一般所言的黃金三角實習輔導，或永恆老師的實務社群的概念，我感覺這之間的化學鍵有些是共價鍵，有些是凡德瓦爾力。

說到 "mentor"，大家會拿下面的神話讓我們思考他的神聖使命：

> 一則希臘神話故事，出現在詩人荷馬（Homer）的著名史詩《奧德賽》之中，描述西元前八百年伊色嘉（Ithaca）國王奧德賽（Odyssey）在特洛伊戰爭（Trojan Wars）爆發之前，將產業及兒子泰雷馬可士（Telemachus）交由一位忠實、可信任的朋友曼托（Mentor），希望曼托能教育並輔佐兒子成為一位有智慧且善良的統治者，同時在適當時機繼承其王位。由於曼托忠實地教養、輔助奧德賽的兒子，使其由純真男孩變成卓越的男人。

我想到若是敏相當於Telemachus，可信任的朋友mentor應該有芬老師、阿福校長等之外，永恆教授更是mentor。角色又開始多重了，在二十一世紀推動西元前八百年的想法，本來就應該有各種轉換意義的可能性。在此，我為這個「關係」提出這個建議就是「以實習教師（實習學生）為核心的實習輔導機制及主要代理人（agent）的網絡系統確實建立，並力行集體責任（collective responsibility）的觀念」，實習教師（實習學生）在教育實習（internship）期間，他的實務教學專業成長，最核心的責任還是在於個人對教育實習這件事的看待以及對實習教師角色的認同，然而要如何實踐這期望，周邊的支援系統（support system）以及影響此系統發展的所有人（agents）都是營造這觀念正向或負面的重要關鍵人，因此建立符合成人發展理論及集體責任意識的綿密聯絡網，其重要性不言而喻。

## 拾、大家有緣來作伙之二——各關係人之實習輔導歷程的世界觀之互動與交融

文化人類學家探討不同族裔的世界觀（world view），想探究為什麼某一群人以某種模式行動及思考，另一群人卻以不同的模式行動及思考，藉以瞭解

不同族群的人及他們的文化（張文華，2007；Cobern, 1991），這段話對我的意義警覺是在我觀看敏教學之後，順手記錄我的看見，可是當我閱讀敏在網站的留言標題是「實際上場修練心得（還真的像戰場）」，我發現我和他關注的焦點不同：

「……嗚嗚 T_T，我今天就實際上場修練了兩節自然課，結果只有一個字『慘』，可能平時和學生相處久了，學生覺得我是一個彈性很大的老師，也是一個脾氣好的大哥哥，也可能學生覺得實習老師的課可以比較放鬆，結果呢？上課時不斷跟我哈啦，感覺全班鬧烘烘的，如果依據『好的班級經營可以從學生在課堂中真正從事於學習的時間』來判斷的話，那我真的是不及格，因為我花太多時間在管理學生的秩序和常規，實習老師和學生的角色關係一直是我很困惑也很難取得平衡點的問題，該『作之師』？『作之友』？還是『亦師亦友』？今天更是讓我好好反省這個問題！記得指導教授曾在他的文章中寫到：國外學者 Schwebel 等人曾在《實習教師手冊》中提到 "A teacher is not a friend"，他們認為實習教師與學生成為親密的朋友是與教師角色本身相衝突的，『既是老師，就不是朋友』，如果實習老師為了要『贏得』學生的『喜愛』而作之友，那麼他將會發現他根本無法管理他的班級，或許一個比較折衷的策略是『先師後友』，或是『在責任與權利上作之師，在情感與態度上作之友』，我就是作了『先友後師』，結果現在發現學生會一直試探我的忍耐極限，觀摩和自己實際上場真的不一樣，看來我要學的還多著呢，我要加油、加油、加油！福氣啦！」

我猛然發現我的觀察角度是著重敏老師在自然與生活科技的教學準備及以教師為中心的教學表現，然而在敏的反思日誌，卻看不出這些文字，反而是他在學生面前的教師角色的定位，尤其他提到「既是老師，就不是朋友」，他認

為「要『贏得』學生的『喜愛』而作之友，那將會無法管理班級」，然而我在整堂課下來以及回來反覆看的錄影帶，我——一位科學教育研究者，渾然沒感覺學生秩序的不好、言語的不妥當，當然也沒感覺到敏老師內心的「教室管理」交戰！我只是覺得他的教學相當符合我們的教師表現的基準，例如：事前準備周詳，教學資源多元化，教學策略多元，善用資訊科技輔助教學等。可是一位實習學生對於他成為科學老師的深沉憂慮，卻是在什麼是「老師」？什麼是「朋友」？能夠在學生心目中的角色定位有極大的震撼。這使我想起多年前讀的Grundy（1987）一書，以哈伯瑪斯的知識組成旨趣（interests of knowledge）提出：(1)在行為主義潮流下建立的技術性旨趣思考；(2)重視過程模式的實務性知識旨趣思考；(3)重視經驗、實踐的解放性旨趣知識，強調參與者在思想交流及群體省思的自我意識的建構。Bowen（1993）依此準則提出教室教學六個向度：目標發展、權勢關係、課程教案、教案實施、內容知識、評量目的，我發現我對敏的觀察紀錄，著重在課程教案、教案的實施及內容知識；可是他在一場教學之後最想精進的是「權勢關係」，他認為教師對班級學習的行為應負重要責任。我對應我和他的兩個不同關照點，想到張文華（2007）一文，她藉由世界觀的論點詮釋所發現的實習教師、實習輔導教師、實習指導教師三者之間對於教學核心活動觀點不同引發的衝擊以及衝擊的有效突破的可能途徑一文，點醒教育實習（internship）方案內容是要關心到所有關係人的世界觀，只有在互動、對話、磋商、理解下，才可交織出具實踐性的教育實習方案（internship）。因此我提出第二個想法，就是為實習教師（實習學生）安排的實習輔導方案，應以三角整合（triangulation）的方式，平衡各關係人對實習輔導歷程的世界觀（world view），形成對實習教師（實習學生）及他未來的學生最佳的教學專業成長課程。

## 拾壹、大家有緣來作伙之三——共同教學與共同產生的對話（co-generative dialogue）的運用

關於「協同教學」這個教育上的名詞，確實耳熟能詳，我們鼓勵合作學習，所以會覺得實習學生和輔導老師確實或共同完成教案，共同教學或共同做評量。可是仔細觀察，多半是實習學生將要上臺教學的構想先寫好，再請輔導老師修正或提供意見，而後再做最後的修正。至於教學，多半還是先觀察輔導教師的教學，而後必須做觀摩的時候，實習學生才會上臺教學，其實這並不是真正的「一起做教案，一起教學」，甚而對話之間，並不是非常均等地位的分享觀點，創造對實習學生或輔導老師兩方面都是新的觀念，因此，我提出另一個觀點，就是自然領域實習輔導教師的輔導策略培訓課程，可以由臺灣傳統思考的分工式、接棒式的協同教學概念，進展至 Tobin（2006）提出的共同教學（co-teaching）的概念，一切依歸是以班上孩子能獲得最佳的學習為考量的共同教學方式來學習教學。

## 拾貳、大家有緣來作伙之四——教學專業發展學校的實踐

Roehrig 和 Luft（2006）的研究是針對來自四個不同以中學科學師資培育為主的方案，發現導入方案並非能一式通用（one size fit all），這還是指中學科學師資培育都會面臨要因時制宜、因地制宜、因人制宜的限制，所以若是如本文的小學科學教師的培育，在臺灣小學教師應有通才教學能力環境下，要使實習輔導工作或教師持續專業成長，「專業發展學校」（Professional Developmental Schools, PDS）的概念，是可以思考實踐的。「專業發展學校」的想法，是美國教育改革運動的結果，主要目的是在改善教學實踐，試圖改變學生的學習，這種構想逐漸在臺灣擴散且受到重視。早在 1986 年 Holmes group 在「明日的

教師」報告中提出「專業發展學校」的概念,重建大學和中小學實質合作。就是一個與師資培育機構有緊密深切夥伴關係的學校,強調理論、研究與實務的整合,共同致力於教育改革、實驗、探究與創新。專業化實務團體(profes-sional practical community, PPC)方案的構想就是一個從事專業發展的機構,應該是新手教師和經驗教師互相學習的模範場所,是達成中小學教師共同藉由研究促使教育革新的場所。當今科學師資培育革新之道,不能仍滯留於技術性取向的訓練方式,應該視教學本身為一種有意義的學習,使師資培育的所有參與者互相學習,以使教學理論和現場實務能互相契合,以達到師資培育的實質功效。「專業發展學校」是能與師資培育機構有緊密夥伴關係的學校,強調理論、研究與實務的整合,共同致力於教育改革、實驗、探究與創新,以增進實習教師及在職教師的專業發展,從而提升學生的學習成就,以利同時改造師資教育與中小學教育的思考,是否朝向專業發展學校的思考,進一步建立學校本位的實習輔導教師培育制度、課程、方案有其實際的必要性。

## 拾參、結語

本文由研究者過去曾是中學教師的經驗,回憶一路上學校裡年長或年輕同事的協助或合作,所以培養出不少傑出的學生或社會菁英,所以基本上我認為在臺灣的學校場域有許多教師的智慧及行動,是大學裡師資培育內容無法取代的精華,然而這些精華卻是自發的、散發式的,因為沒有具體的研究證據累積,因此無法讓它成為系統的、可理解的、進一步可推動的實踐知識,因此大學與小學的合作對師資永續成長的積極面有絕對必要的功能,但是兩者之間應該是平等立場,不斷的藉由共同產出的對話這概念,揉和出如何使中小學生有最大獲利的學習總目標,進而共同思考個別的立場該如何做可以對達到此目標有催化的效能,有這個想法,才能導引出正確的教師專業成長的觀念。

成為一位自己覺得有成就感的科學教師之歷程是很漫長的,然而,在初始的實習輔導階段接受適切的輔導,對成為教師的角色持著正向看法,有助於對

未來教學生涯的肯定，更能為國家未來的主人翁安排最適切的學習環境，種種成就的反映，是促進個人教學專業永續發展的催化劑。教學這段歷程和別的生涯一樣，一路上會遇及許多貴人，而且自己也可能會成為他人的貴人，更可貴的是為社會國家培育菁英、社會中堅分子，所以這條路是值得開拓的！

## 誌謝

本論文主要架構修訂自作者國科會科教處政策導向科學教育研究計畫（計畫編號：NSC 93-2522-S-152-001-，NSC 94-2522-S-152-001-，NSC 95-2522-S-152-001-）之研究計畫資料，在此感謝國科會之經費支助，同時要謝謝我的研究夥伴朱惠芳教授、孫志麟教授、吳麗君教授、譚寧君教授、蕭福生校長以及總計畫的熊同鑫教授、子計畫一張文華教授、子計畫二古智雄教授、子計畫二王美芬教授的指導。

## 參考文獻

吳信如（譯）（2005）。**故事，讓願景鮮活——最有魅力的領導方式**。臺北：商周。

吳麗君（2000）。**新制實習拼圖——一座橋還是一堵牆**。論文發表於國立臺北師範學院舉辦之「八十八學年度師範學院論文發表會」，臺北市。

李惠婷（2006）。**學校本位實習教師輔導制度**。國立臺北教育大學國民教育學系碩士論文，未出版，臺北市。

李雅婷（1998）。**我國國小實習輔導教師培訓方案之規劃研究**。國立臺灣師範大學教育學系碩士論文，未出版，臺北市。

林益興（2002）。**建構式領導成長團體動力研究——以生態教材園課程發展為例**。國立臺北師範學院碩士論文，未出版，臺北市。

夏林清（1994）。**從研究者的自我反映探討研究關係之意涵——兩種不同研究**

**方法之比較**。論文發表於中央研究院民族學研究所舉辦之「社會科學研究方法檢討與前瞻第二次科技研討會」，臺北市。

孫志麟（2005）。**實習教師自我效能的轉變——上升或下降**。論文發表於世新大學師資培育中心主辦之「師資培育機構制度的變革與教師專業發展學術研討會論文發表」，臺北市。

孫志麟（2005）。**實習輔導教師培訓方案的設計——師資培育機構與實習學校的行動指引**，載於輔仁大學師資培育中心舉辦之「教師專業發展與規劃學術研討會」論文集（頁 89-109），臺北市。

張文華（2007）。三個世界觀的互動與交融。載於郭重吉（主編），**科學教師之路——由實習輔導到專業成長**（頁 137-166）。臺北：心理。

陳秀娟（1996）。**小學自然科學教師教學表徵與學生科學學習有關的態度之探討研究**。國立臺北師範學院國民教育研究所碩士論文，未出版，臺北市。

陳怡君（2005）。**國民小學實習輔導教師專業能力指標之建構**。國立臺東大學教育研究所碩士論文，未出版，臺東市。

黃淑玲（1997）。實習輔導教師制度之探討。**研習資訊**，**14**，86-96。

楊深坑、劉文惠（1994）。我國實習教師制度之規劃研究。**教育研究資訊**，**2**（4），1-15。

熊召弟（2006）。**以國民小學機構為本位之自然領域輔導教師培育研究**。載於「科學師資專業知能發展國際研討會——由教育實習輔導機制觀點論述」（北區研討會）（頁 120-150）。

熊召弟、熊同鑫、張文華、古智雄、朱惠芳（2006）。**成為科學教師——從曼特寧到專業發展**。論文發表於國立屏東教育大學舉辦之「優質數理師資培育國際學術研討會」，屏東市。

熊召弟、譚寧君（1999）。應用「遠距輔導熱線」進行國小初任教師自然科教學輔導。**臺北師院學報**，**12**，383-405。

Bowen, C. W. (1993). *But I came here to learn: Students' interpretation of their experiences in college chemistry for non-science majors*. Unpublished dissertation,

Florida State University.

Chen, S. J. (1996). *A case study of the elementary science teacher's instructional re-presentations and their relationship to students' attitude about science learning.* An unpublished thesis, National Taipei Teachers College, Taiwan.

Cobern, W. W. (1991). World view theory and science education research. *NARST monograph, 1.*

Doecke, B. (2004). Professional identity and educational reform: Confroting my habitual practices as a teacher educator. *Teaching and Teacher Education, 20,* 203-215.

Furlong, J., & Maynard, T. (1995). *Mentoring student teachers: The growth of professional knowledge.* London: Routledge.

Grundy, S. (1987). *Curriculum, product, or praxis?* London: Falmer Press.

Howe, A. C., & Stubbs, H. S. (2003). From science teacher to teacher leader: Leadership development as meaning making in a community of practice. *Science Educaiton, 87*(2), 281-297.

Hsiung, C. T., & Tan, N. J. (1999, 3). A study of creating a Distance Supervision Hot Line (DSHL). Poster presented at 1999 NARST, Boston, Massachusetts, U.S.A. (ED 445 902).

Roehrig, G. H., & Luft, J. A. (2006). Does one size fit all? The induction experience of beginning science teachers from different teacher-preparation programs. *Journal of Research in Science Teaching, 43*(9), 963-985.

第 5 章

# 三個世界觀的互動與交融

作者：張文華、熊同鑫、張若涵
審稿：王美芬

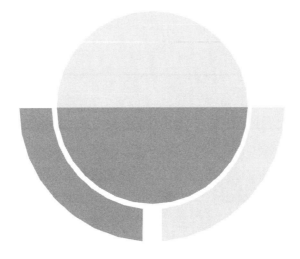

本文基於訪談及問卷調查結果，依據世界觀理論詮釋現有實習制度下，不同關係人對於國小實習輔導教師專業內涵、自己與他人的權利義務分野、學校教育的功能、及實習制度的看法之間的異同，由此鋪陳實習輔導歷程中，實習教師、實習輔導教師、實習指導教師三者間對於教學核心活動觀點不同而引發的衝擊，並討論這樣的衝擊對於自然科背景實習教師專業社會化的影響，以及建議轉移關注焦點來融合不同觀點。

**關鍵字詞** 世界觀、實習輔導

教材教法課，大四學生到鄰近的學校去密集試教，週末聚會中，學生分享自己在學校教學的過程與心得。看到學生顯現出逐漸更加瞭解學生、科學課程、科學教學，與學校學習環境，這樣的歷程總是讓人愉悅，覺得未來的教師們願意這樣努力學習教學實務中的點點滴滴，展現了生命的無限可能——教育的領域中，不論對象是教師還是學生，什麼比一個渴切學習的心靈更可貴呢？但是這樣的滿足感，有一天，被一位學生私下的提問給擊破了。他疑惑地問：「老師，科教領域有什麼新知識？欣欣國中的林老師問我呢！」我舉出一些密集試教前介紹給大家的教學模式及理論來回答，並且主動拿了幾本近期的科學教育學刊，請該位同學帶給他的輔導老師。這位同學接著冷不防地冒出一句：「好奇怪喔，林老師好喜歡學習，當老師了還希望知道科學教育的新知識！」頓時，我也滿頭問號：「老師好學奇怪嗎？你覺得當了老師以後好學是很奇怪的，對我也是一件奇怪的事呢！」

　　帶領教學實習及教育實習歷程中，有多次類似前述的經驗後，慢慢的發現似乎實習指導教師、輔導教師、實習教師間，不可避免的總是會浮現這樣觀點上的衝突，最後有些會順利化解，無法化解的觀點衝突，小則影響個人情緒，大則涉及法律責任糾纏不清。在職前師資培育過程中，課程架構及內涵通常聚焦在教學理論、學科內容及學科教學技巧的培育，師資生到了教學現場面臨到截然不同的情境，不一定能發揮之前在師資培育機構中所學到的。而且，師資培育的成效無法彰顯於教學現場，影響所及並非只有實習教師，現場在職教師也等於失去了一種成長的途徑——無法由經驗傳承的人際互動及省思過程中獲得個人、專業及社會面向的發展。

　　這樣的關切，觸發我們去思考各種不同的觀點，並嘗試尋找協商的切入點，希望創造可能的專業發展契機。William Cobern 在他的著作《世界觀理論與科學教育研究》一書中（Cobern, 1991），以自己在奈及利亞教書時的親身經歷現身說法。Cobern 教授教學時常用一個道德兩難的問題問學生：

你和你的配偶、父母親之一，以及你的兒子或女兒到湖裡泛舟，四個人裡面只有你會游泳，船上也沒有救生用具。天氣乍時轉變，船劇烈搖晃之後傾倒，四人都掉入水中。你估算了一下離岸邊的距離，發現你只能救起一個人，這個情況之下，你會救誰呢？

　　Cobern 教授發現，對於這個難以抉擇的情境問題，奈及利亞學生會有一致的答案——救父母。用同樣的難題問美國學生，美國學生也有一個一致的答案，但是他們選擇救兒女。兩個族裔的學生聽到對方的選擇，都覺得不可思議：「這是怎樣截然不同的世界觀呀？！」

## 壹、世界觀——認知主體的認知架構與限制

　　文化人類學家喜歡探討不同族裔的世界觀，想解答為什麼某一群人以某種模式行動及思考，另一群人卻以不同的模式行動及思考，文化人類學家由此瞭解不同族群的人及他們的文化。

　　對教育從業者而言，學習者的世界觀也很重要，因為教育從業者通常認為要瞭解行為應該要理解行為背後的思維，亦即思維對於行為有重大的影響。例如瞭解學生的世界觀，等於對於學生的概念結構有更完整的瞭解，這將有助於研究者瞭解學習過程中的概念改變。

　　由認知科學的觀點來看，人的心智有如物理符號系統，符號與符號間相互聯結組織成架構，協助人由孩童時期開始運用感官與周遭的物理環境及社會環境互動展現為行為。認知主體並經由這些互動，潛移默化地形成世界觀的假設（presuppositions），這些世界觀假設，又回饋形成基礎，促使學習者在學習過程中釐清感官知覺的順序及系統，建立出認知架構。因為人類在自己的世界觀中感受及行動，因此自己並不容易覺察自己的世界觀，如果不經過徹底的自我省思，就不知道自己的感受及行動中隱涵著怎樣的世界觀。

　　這樣描述的世界觀模式看起來有些複雜，Cobern 教授修改 Kearney 提出的

圖（Kearney, 1984: 45）來示例世界觀（圖 5-1），這有助於我們認識「世界觀」這概念。

　　世界觀是隱含不易見的，讓一個人在感官與認知的辨證互動過程中，建構形成自我與非自我（或者是我以外的其他人事物）的觀念，形塑此人對於宇宙及時空的觀點，以及事物間的關係、分類與因果，由此整合此人的感官知覺。世界觀可以協助釐清順序及系統、概念化現實情境。主體在對於時空關係之認知的參考架構下，對於自我和非自我以及兩者之間的互動關係導生因果判知，並據以瞭解及詮釋在此架構中日復一日發生的事情，因而影響了此人遵循的常規及抱持的價值觀（圖 5-2）。

　　任何世界觀都是對真實的一種片面或不正確的意象，讓主體能夠解釋遭遇的人事物為何發生、如何發生、且持續呈現自己所感知的樣子，因此能在主體

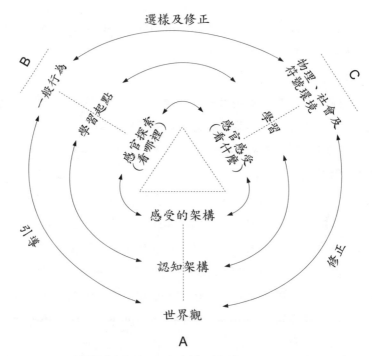

圖 5-1　世界觀的辯證發展及演變（譯自 Cobern, 1991: 22）

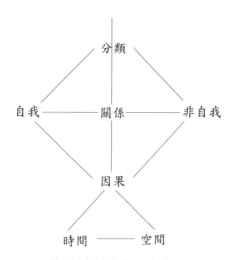

圖 5-2　Kearney 的世界觀模式（取自 Kearney, 1984: 106）

焦慮時提供他／她安全感和支持系統。也就是說，類似像奈及利亞學生與美國學生對比的截然不同選擇，並不只出現在兩個不同族裔之間，在日常生活或教育系統中也可以看得到這樣的價值差異，因為這呈顯出某個社會中的目的、價值、活動和態度。

　　世界觀是內隱的，必須透過自省才能覺察自己抱持的世界觀。世界觀也不是個人的抉擇，而是系統地展現為信念，讓一群人基於某些對於世界的假定來進行思考及行動。

　　修習教育學程，選擇走上成為教師之路，師資生多少對於教育實況有些憧憬，想像過未來教育實習的狀況，或者請教過學長姊分享實習經驗。有位夥伴在定期研究聚會中曾分享一項調查結果。讀讀以下的問題，想想看你期望聽到什麼答案。


1. 如何遴選實習輔導教師？
2. 實習輔導教師應具備哪些知能？
3. 實習教師實習期間應學習哪些知能？

4. 如果有一位自然科系的實習老師，如何安排他在自然專業上成長？

想好你的答案了嗎？比較一下，下列是在一個半正式的調查中，一些校長提供的答案（蕭福生，2004）：

1. 如何遴選實習輔導教師？
   (1)以老師意願為主，能力為輔。
   (2)考慮其他原則
   　a.考慮教學績效，例如學校績優導師為優先。
   　b.經由行政客觀的評選。例如教務處研擬名單，經由處室研討，呈請校長聘任。
   　c.上一年度擔任者盡量不重複。
   　d.各學年平均分配。

2. 實習輔導教師應具備哪些知能？
   (1)教育觀念正確。
   (2)處世態度誠懇。
   (3)誠懇熱心助人，如 EQ 高。
   (4)配合行政業務推動。
   (5)曾參加發展性教學輔導研習。
   (6)專業能力足夠（班級經營、課程設計、教學活動設計、輔導知能、電腦知能、資訊融入）。

3. 實習教師實習期間應學習哪些知能？
   教育熱忱、班級經營、教學活動設計、課程設計、團隊合作、學生輔導、人際相處、行政運作協調、親師溝通、教師形象形塑、資訊融入、行動研究、教學情境規劃布置。

4. 如果有一位自然科系的實習老師，如何安排他在自然專業上成長？
   (1)請自然科教師與級任教師共同擔任實習輔導教師，共同指導實習

教師，將實習內容時間分配編擬在實習計畫中。

(2)鼓勵參加有關自然領域的研習活動。

(3)委以任務，使能由工作中獲得學習機會，例如科學社團活動、科學展覽、校園步道。

　　以上的答案，與你心中的答案吻合度如何呢？有沒有發現和自己一起修學程的同學們有些共同的想法，而且這些共同的想法和校長們的想法是有差異的？

　　學校機構裡，大家有長久以來慣用的行動及思考模式，不是身歷其境者可以瞭解的，如果心中的答案與前述所列不同，其實也不意外。比如我們訪談一位實習教師時，該位實習教師表示自己因為是公費生，不必擔心教師甄試的壓力，與其他實習教師相較之下，心情輕鬆很多。到實習學校後，跟隨一位導師學習帶班以及見習國語數學社會等科目的教學，也同時擔任自然科教師。也因為職前訓練課程及教學相關經驗豐富，開學前學校交派協助處理綜合課程送交評鑑，以及撰寫教育部專案計畫等任務，並不會覺得困難，但是等到學期開始，實際施行時，教學時間變得急迫，以及許多見習的課都無法如願去學習，等到代課時直接要上場面對學生，會覺得「心驚膽顫」。這位實習老師吐露心聲：

　　　　很多時候都沒有時間準備。以前各科都有修過，但是很久沒有碰，會覺得不曉得如何開始。我覺得數學啦，數學不好教。數學有些概念的東西，看課本比較模糊，比如說概念部分，會不曉得它主要概念在哪裡。變成要自己去想像一下，因為數學這部分沒有碰，也不曉得在這年段的主題有哪些東西。我是拿到課本的時候，就去代課，老師把課本給我，指引也沒有給我，我就不曉得最重要的概念是在哪個地方。我就拿著課本在揣測，這地方到底重點是在什麼，然後我就去上。……

　　不同學校有不同處理原則，但是大部分學校不會直接針對科學教學來規劃

實習內容。規劃的實習重點常常是一般的教學以及行政實習。

> 我們在實習中有課程和行政實習嘛,那通常學校不會分的很清
> 楚,以我們學校而言,他們不會分的很清楚,就是說你什麼時間應該
> 在級務、什麼時間應該在行政。關於這一點,我知道別的學校有比較
> 好的做法就是說他會分上午和下午,你上午在班級,下午在行政裡
> 面,那我們可以自由到各處室去學。……

師資培育機構的各系所中心,從職前培育階段,就完善規劃教育學程,希
望培育出的師資能兼具專門與專業知識,並且能對於教學現場有一定程度的認
識。因此,我國的師資培育制度之下培育出的中小學教師,一般而言都具有特
定學科領域專長,比如自然科、生物科等等。多年沉浸於自然科教學的培育課
程中,很多自然科學教育系畢業的實習教師到小學進行教育實習之前,滿心期
望能向實習輔導教師多學習一些自然科的教學方法、帶科展的方法、瞭解科學
課程等等。然而由於在現有實習輔導制度下,相關實習法規(教育部,2006)
只規定學校邀請或選派「有意願、有熱忱、具三年以上教學經驗」的教師擔任
實習輔導教師,而沒有規定要依據系所畢業生,選派學科相符的輔導教師。雖
然教學實習包括行政實習、導師實習、教學實習,以及研習四大部分學習內容,
但是在小學的教師編制以及包班制度限制下,教學實習常與導師實習合併為一,
實習教師就跟著導師進行導師實習以及教學實習,有時行政實習還會反客為主,
導致實習教師有心學習教學卻力有不足。有位實習老師吐露心聲說:

> 我覺得自然課有很多實驗操作,跟一般的教學有點不太一樣,不
> 可能說老師講完一遍,學生就會做,這過程中要怎樣去做引導,或這
> 過程你要怎樣讓小朋友去知道他到底要怎樣去做,或怎麼樣引導小朋
> 友去做一些自己的思考,這東西我覺得反而是不容易的。……我們是
> 跟班嘛,可是班級老師是導師,她並不是自然科老師,對這方面她也

<u>不知道怎樣去教</u>。如果學校原本就有自然老師的話，可是她又有她自己的課，<u>除非我們變成跟兩個老師一起學習，一個是跟原本的老師，一個是跟科任老師。可是這樣子的話，可能會有點困難，因為時間上就是會有困難</u>。……

各小學機構普遍是以指派優秀的導師擔任實習輔導教師，而在小學教育領域中，「優秀」並不單指學科教學能力強。甚至，花蓮教育大學碩士生簡嘉伶（2006）以調查法探討國小科學教師專業能力，研究數據指出 1,114 位小學科學教師中，約有 65% 不具有自然相關科系專業背景；參與調查的這些科學教師中，只有大約 17% 的教師認為自己具有足夠的專業能力。滿懷期望能學習科學教學的實習教師到了學校，一開始常常無法適應理想與現實的落差，比如發現主任幫他規劃的或者在職教師期望他們學習的內容，是以「教育熱忱、班級經營、教學活動設計、課程設計、團隊合作、學生輔導、人際相處、行政運作協調、親師溝通、教師形象形塑、資訊融入、行動研究、教學情境規劃布置」等等看來與科學教學沒有直接關係的項目為主，將實習教師分派給一位優秀的「導師」，由觀察中學、由做中學，教育實習階段中，也因為時間有限，實習教師可以觀察自然課教學的機會不多，要上臺教自然課，也必須努力爭取；期望有現職科學教師帶著他一起，而主要「教導」實習教師科學教學的方式，是「委以任務，使能由工作中獲得學習機會」，與在大學及之前求學階段的學習經驗，相去何只千里？而針對學科教學實習輔導教師的專業知能進行大慧調查（Delphi Survey）的研究中，探討各方專家對於自然科背景的實習輔導教師在基本認知、人際溝通、教師專業成長、教育實習輔導知能及教學專業知識等五大向度的專業標準，也發現類似的有趣現象：對於實習輔導教師是否需要「主動參加教師成長團體或讀書會」，實習教師與實習輔導教師的回答結果達到顯著差異，實習教師顯著的低於實習輔導教師。顯然實習教師和輔導教師有不同的觀點。由此可推知，像紀錄片「夏夏的聯絡簿」中實習教師的觀點所引起的討論與關注，在多接觸學校現況之後，就知道並非特例現象。

多方觀點間的差異，即使師資培育機構盡心規劃培育課程，實習學校指派績優的導師擔任實習輔導教師，也無法完全避免或化解教學實習生活中的誤解與矛盾。跨越師資培育機構以及實習學校兩個場域的實習教師，同時扮演學生及教師雙重身分，如何才能在兩個場域、不同身分間順利轉換，以致順利獲得充分適切的成長呢？

　　實習機構的輔導教師、實習教師以及師資培育機構的指導教師三者間，其實有著共同的焦點——學習者、學習的活動以及進行學習的歷程。只是，指導教師、輔導教師和實習教師，不可避免的會基於經驗背景分別以不同的面向來觀照教育實習經驗，因而在面對學習者、學習活動以及進行學習歷程時，分別採用不同的互動或詮釋模式。由輔導教師、實習教師以及指導教師分別重視學校學習的哪些面向、如何判斷因果及決定重要程度、如何評估比較自己與他人的做法，可以很容易就看出三個不同的世界觀。

## 貳、觀看學校學習——活動理論

　　活動理論的基本理念是主體與客體間的關係並非單向的，主體本身有經由活動為中介來建構及結構周遭環境的能力。活動是一種集體過程，包括個別主體有目標導向的行動歷程，以及在物質條件以及可運用之工具限定下的心理運思（Chaiklin, Hedegaard, & Jensen, 1999）。每一個體都受到不同活動所主制。由學校教學系統來看，學校裡，教師每天的生活中必須小心處理許多必要的活動，才能平順地運作課室讓學生進行學習。教師的實際任務包括課室教學活動、學校及班級經營活動、學生課外活動、與學校其他工作人員互動的活動、與學校社區互動的活動、專業及個人發展的相關活動、與學校設備相關聯的活動等等（Ball & McDiarmid, 1990; Cruickshank & Metcalf, 1990）。這些日常的學校生活活動是文化的某個理想面向，必須長時間經由一系列的符號化過程，才會轉化形成個人的意識（Elkonin, 1999），教師就是經過數年學校教學之後，在參與學校核心活動的過程中慢慢地建立瞭解、賦予意義。然而，一位教師是否

可能以及如何能夠參與他人形成個人意識的過程，則仍是個疑問。由現實狀況來看，要達成這個目標，顯然並不是順理成章的，對於一位成功的級任教師（輔導教師），他的輔導策略，也有無法施展的時候。在一次長達三個半小時的訪談中，一位原本充滿熱忱的實習輔導教師無奈地訴說她的心情轉折：

> ……我很看重班級經營，還有孩子的人格教育，就是品德這些方面。如果實習老師來看，我都會告訴他們，學科他們都比我強，數學語文各方面，他們都比我強。但是在班級經營，像處理孩子的事，我會告訴他們為什麼我會用這樣的方式。可能跟他的個性、跟他犯的錯誤的點去指導。……我就跟他講我的班級經營理念是怎樣。可是沒想到，他不能瞭解，他也一派瀟灑的跟我說，不會啦，我一點都不在意……，所以我心裡就在想說，那我還要教你什麼？因為我覺得在我教學裡面非常重要的一個環節，他好像並不認為那是很重要的。……

　　觀看學習活動時，小學老師心中最重要的，或說最被看重的，不是學科知識的教學，而是學生人格品德的培育，進行教學活動時，也以班級經營為重心，因為在老師的信念中，班級的狀況是一切的基礎，班級風氣沒有帶出來，教學就難有成效；要帶出班級風氣，就必須瞭解學生，用適合特定學生的方式去和學生互動。沒有這個基礎，老師就會覺得自己身為教師的角色認同似乎失去了支架，其他方面都將無從發揮。晤談中的實習輔導教師因為班級經營博得同事讚賞，也因為這樣的好榜樣而被邀請成為實習輔導教師，因此她帶著以班級經營、人格陶冶為先的信念，凡事由此為思考及行動的出發點，熱切地分享她的信念，希望獲得實習教師的共鳴。當她愕然發現，對她引以為豪的優點，實習老師並沒有以深有同感的話語來回應她時，自己用來架設自己教師生活的支架似乎消失了。在評估比較自己與實習教師的做法後，因為沒有不同的觀點面向可以借用來觀照現實，更缺乏轉換觀點的技巧，這位實習輔導教師在後續與實習教師的互動過程中，一直不斷地說明及辯護自己的觀點，她說：

⋯⋯他們換了外掃區的指導老師的時候，孩子其實不知道他講的語言有去傷到老師，我也不知道，只是他們知道我在帶孩子的規矩方面很嚴謹，就有老師來告訴我說，你們班掃外掃區的時候，看到某一個班級的老師的實習老師，就說：「老師，你是誰？」實習老師就說：「我是實習老師。」他們下意識就講：「啊，實習老師也要來看掃地喔？」我跟孩子溝通之下，他們才告訴我說，其實他們的意思是說，以前來看我們掃地的是一個正式老師，是一個男老師。那以前根本我實習的上一屆，那個有書法專長的女老師，她也沒有外掃區的指導工作，那為什麼你會來？他疑惑，可是他語言用得不是很恰當。那個老師解讀，包括其他老師聽到都像說：「啊，你一個實習老師，你也來看我們掃地喔。」這過程是有誤解，那我就把孩子叫來。我這個人非常重視孩子品格，包括他們待人處世、還有他們的禮貌、他們的衣服穿著各方面，說實在我覺得自己有一點傳統。⋯⋯事後我就跟孩子說，老師覺得如果你今天造成別人的誤會，或者讓老師，不管他是實習老師，他是正式老師，你造成老師在這一方面解讀不一樣，造成他的傷心傷感，那你應該要怎麼做？我都會提醒他們，他們就說：「我們要去跟老師道歉。」這兩個大男生就下去樓下的辦公室。針對這件事的處理過程，我就一直覺得說，如果跟著我實習，我最大的可以教給你的工夫，就是我怎樣去經營一個班級，所有的脈絡，我怎樣去跟家長親師溝通，我怎樣去教他們的生命教育、品格教育、兩性教育，這一些東西。⋯⋯我跟他溝通的時候我都很喪氣。包括那次孩子跟實習老師講的話，我跟他說，某老師，我今天為什麼會對孩子這麼兇，是因為我覺得孩子的禮貌要教。他很輕鬆瀟灑的跟我說，不會啊，如果那孩子來跟我講這樣，我也是笑笑的。我說可是，畢竟不是每個人都像你，只要尺度他沒有拿好，他以後對每個科任老師都會這樣。⋯⋯

　　或許有讀者認為這位輔導老師的專業背景不是自然科，也並非畢業自師範院校，所以觀看學校學習活動時，會由非學科教學的觀點，如班級經營、親師溝通來切入，所以造成與實習教師觀點上的衝突。但是，顯然這兩者並不是最重要的影響因素，因為，另一位實習輔導教師具有師範院校數理教育系學歷，談到實習輔導的經驗，她也有類似的評論與無奈：

　　　　我之前請假時，有一位小朋友的頭撞傷了，撞到水泥臺階尖銳的部分，傷口很深，縫了八針，那時雖然是別的老師在上課，但她有在現場，她也協助老師做了處理。但是我請她代我的導師班，便是希望雖然我不在學校但我也能知道我的學生發生什麼狀況，最後她也打電話請家長接小朋友回去了，她覺得她都有做了處理，事後就沒有告訴我，因為她覺得小朋友安全了，就沒打電話跟我說，而等到疑似肇事同學的家長打來告訴我事情發生的始末我才知道。這件事由這樣的方式知道時覺得很震撼。……後來我打電話給她（實習老師），問她小朋友縫了幾針，她說不知道，她說送醫後處理完就走了，家長帶小孩回家就沒下文了。我覺得是因為我們當老師事後沒有做好善後的事，家長才會那麼生氣。事後我有找她一起討論，她覺得為什麼要這麼麻煩？因為她之前都不必與家長有互動。雖然那件事會讓我們不愉快，但是我想就趁機讓她多瞭解這種事情，要如何做好一件事情的完整程序。事實上我也沒有理由去斥責她，因為她也做了處理，她只是沒有去注意到我們去做一件事情該有的完整程序，事實上，很多事都必須做到這樣，像我們處罰小孩都要在聯絡簿上告知家長，或者是打電話告知，說明事情發生的經過。類似像這種和家長互動的過程，我其實有機會就和他們聊，這種雖然不會常發生，但是發生了就是一天之中很嚴重的事，只要有機會我都會和他們說，因為我認為實習，學科內容並不是那麼困難，最主要是你怎樣把一個班級帶得好，小朋友整治好，我的意思是說一個班級能有一個班級的風格和氣氛……。

這位老師舉出其他例子，說明她心目中的教師的角色：

> 譬如說，和家長的互動，像之前發生一位小朋友他放學沒回家，我那天好像就是去上課，他幫我放學。後來家長來學校找的時候，他也在學校，他卻覺得這不關他的事，因為已經放學了，他不用花時間去協助家長把孩子找出來，還是主任打電話給我，然後我衝回去教室找。我後來跟他討論時，他說：「可是我已經把他安全放回家了啊。」他認為小孩放學了，我們的責任了了，不關我們的事了。我跟他說之前我一個小朋友他晚上沒回家，他媽媽打電話給我，我那時洗頭到一半，我就趕快把頭擦一擦，趕快陪他去找。我們校長說老師的時間是二十四小時的……

實習輔導教師在與實習教師互動之後，會在許多面向比較自己與實習教師的不同。實習輔導教師大多認可實習教師在師資培育機構所受到的學科教學訓練並不亞於自己，也很快就能瞭解實習教師的培育過程中，對於擔任學校教師必須要關心到的情境脈絡與社會期望，相當缺乏體認。就如這位實習輔導教師，雖然具有數理教育背景，擔任導師時也同時教導該班的自然科，她在訪談中強調表達的也是重視班級經營，而且認為擔任小學教師照顧或教導學校中的學生，並不是只有照顧學生這一群人，同時還要照應學生背後的家長，以及考慮學校這個大情境脈絡的制度與文化。

由引述的內容可以知道，實習輔導教師能敏銳的覺知實習教師缺乏的，是對於在學校學習環境中，家長與校長的期望的重要性，以及他們要求的面向。即使知道這一點，因為缺乏實習輔導專業知能，再加上眼光專注焦點是由班級經營切入，常常要在遇到事情發生時才能機會教育，偶爾針對事件中的非學科甚或學科部分加以討論，完全無法事先系統規劃，導致實習輔導教師通常只能期望實習教師「自己看」及「自己反思如何做更好」，而不是有自覺地規劃明確的輔導過程及策略。

　　目前為止我覺得他們是什麼樣學科背景並沒有占很大的關聯因素，我們小學教育是要確保每個科目老師都必須學習過，而且有基本的學科概念。在現場教學的時候，初任教師基本上一定都會非常倚重指引的協助，很注重課程內容的程序或安排，你必須要進入現場熟悉整個班級的運轉，呈現自己的方式後才有可能去設計自己的課程。你要把你自己的想法，或是你想把你自己想呈現給孩子的額外東西加起來，甚至是後來你可以自己設計課程，都是要累積一些經驗之後才比較容易做到。他們當然會帶著他們已經有的學科背景進來，而這可能會隱含在不同的領域中，如果今天她看到的是她的專門領域，那她可以反思如果是自己來做教學呈現，可以怎麼做會更好，甚至可以協助輔導老師充實專業知能；那如果觀摩到的正好是她不精熟的領域，那正好可以增加學習的機會。但不論如何，我覺得要看的是老師通常是怎麼呈現，而學生的反應如何，然後老師要怎樣修正的循環模式。

　　她要很能夠察言觀色，要很敏銳的去學習，比如說，我這樣子對她而言不適合，也是一種學習。除了我們這個班級外，她也要能去關心學校整個狀況生態，我蠻希望他們能夠去學習體察人心，雖然我覺得那不是很好，但那很重要，因為這是社會化的過程，這是在情感部分。在教學部分，就是她必須要去 handle 一個班級，去把課程教給學生，從學生的反應去修正加強她自己的教學，這他們比較不會去注重。因為有時候在教學生時，無法一次就知道該教到怎樣的程度，或學生可不可以學好，所以你一定得從他們呈現出來的結果，去看說哪一部分要再加強，可是我的經驗是他們有時候不會去在意這追溯的部分，教完了就沒了……我們有時候教到後面都會想到前面，必須要自己去連結，有時候小朋友沒辦法做到這樣，我們就必須去協助他們，而實習老師在這部分確實需要多加強。

由文獻可知，實習輔導教師應該扮演的輔導角色很多元，由朋友到指導者

或訓練者（Sampson & Yeomans, 1994a），然而實習輔導教師大多採用類似「體察人心」的自省自學方式，與實習制度的美意，不可諱言是有落差的。對於實習學校現場有這樣的矛盾景況與實習輔導知能培訓方面的需求，師資培育機構的實習指導教師也清楚明白，然而，對於現況中實習輔導培訓應該有何內容？如何實施？卻是非常缺乏基礎。一位實習指導教師不免感嘆：

> 　　每個學校的狀況會差異很大，如果那是很大的學校，她也許有很多 mentors，如果也有很多小型的非正式組織，有很多機會交換說想要怎樣的知能，希望怎樣規劃，可能自己要成長比較容易。<u>如果是小型或中型的學校，只有一兩個 mentors，沒有太多互動的話，要規劃自己的進修，就不是那樣方便</u>。即使說都沒有 mentor training program 在學校進行，即使在其他進修方案，她用非正式的方式，其實也能夠對於 mentor 的素質有影響。……但是<u>到目前為止，我倒是還沒有聽說過，有哪一個大型的學校，她們的 mentor 組織起來，來辦一些訓練的，不知道，我還沒聽說</u>。……

另一位師資培育機構的指導教師，則有更根本的建議，認為所謂的好老師、勝任的老師，會因為哲學觀點取向而改變定義，所以建議應該要回頭去挖掘優良實習輔導教師個案，探討成功實習輔導教師的特質以及如何對於實習教師產生影響，有了這些豐富的瞭解，才來思考如何規劃培訓實習輔導知能。指導教師認為理想的互動方式是「對話」：

> 　　……怎樣透過比較 liberal 的方式，透過對話的方式，讓大家可以悅納，而不是被 impose 要做哪一些事情，然後透過論述的方式去影響。然後這樣的想法，無形之中，好像也不需要怎樣的規定，可是大家知道，好像如果我具備什麼樣的知能的話，我就可以把實習老師帶得更好。比如如果自己會做行動研究的話，可能會把實習老師帶得更

好，如果我更清楚我自己的 practical knowledge 有哪些，我可以有反思的能力的話，也許我就可以把實習老師帶得更好，讓這些 information 至少可以更 solid 的滲透到實務界，那目前，說真的，我們在學術界做的很多東西，第一個不太清楚，然後我們的語言對他們來講，也實在看不下去喔。所以，我不知道，我會覺得假如是我，我會希望是用更 soft 的方式，比方說，有比較多的 workshop，讓他們也表達他們的意見，也知道做出來是這樣的方式，也許就把機制埋到研究過程裡頭，然後在研究過程，其實他不只是一個研究，也是一個教育現場老師的機會。……

只是在權力不對稱的情形下，師資培育機構與實習機構間，以及實習教師與輔導教師間的對話應該以什麼方式呈現才能「雙贏」？而不是讓實習機構變成師資培育機構的變形空間擴展，或讓實習教師變成實習機構的額外人力，在教育實習階段就飽嘗不足為外人道的黑暗面。

## 參、教師專業社會化的途徑 —— 交融的契機

沒有，並不代表它沒有希望或沒有可能性。

師資培育開放之後，培育的師資供過於求，礙於小學包班制教師未能專業分科的現有制度下，不僅自然科背景的實習教師面臨就業的嚴苛考驗，小學科學師資如何維持品質，也成為師資培育機構的隱憂，深深瞭解必須正視這樣的現況、詳實規劃，才能保障培育出師資的品質，實習期由一年改為半年，在輔導教師的眼中，實習教師的角色為何呢？一位指導教師分享他的想法：

其實我們原來的實習輔導制度是以學校為主軸的，把它當成一個制度來進行，可是現在變成半年之後，我會認為它是變成一個課程的

概念，簡單說就是說，以前實習老師的定位不是很清楚，畢竟不是學生，就是實習老師，他的身分是在實習老師跟正式老師的兩難處境之中，可是，現在他其實不是喔，改成半年之後，很明確的，他就是一個學生的身分。那師資培育機構裡面是要把它當成一個課程來設計。我最近也都一直在想這樣的東西，如果教育實習是一種課程，是學生的身分，我認為師資培育機構要負比較多的責任，去處理這個問題，但是如果過去一年制的，學生畢業之後，到現場實習，他有一點是夾在學生跟老師之間的實習老師，我認為可能很多的部分，實習學校或實習輔導老師這邊對他的影響會比較大一點。所以我講說，以現在來看，可能應該要慢慢去思索說當作課程或當成學生這個身分角色的時候，師資培育機構應該要對他的一些輔導，或是協助，應該要比以前更多。……

實習輔導教師向來被賦予多重任務，包括擔任計畫者、組織者、協商者、引導者、朋友、諮商者、教育者、訓練者及評量者（Sampson & Yeomans, 1994a），因此實習輔導教師必須要學習如何協商訊息、閒聊、鼓勵、讚賞、示範、提供諮詢、教練、講述、解釋、討論、擔任模範、促成反思、發問、觀察、溝通等等（Sampson & Yeomans, 1994b），要增長這樣多元的知能，學者因而認為學習擔任輔導教師也是一種很好的專業成長方式（Elliott & Calderhead, 1993; Stallings & Kowalski, 1990）。一位自然科背景的實習輔導教師表示自己習慣也喜歡經由這樣的方式獲得成長，但也坦承並不是所有的輔導教師都有相同的感受：

　　……我覺得我習慣被看教學，對某些教授或學生、觀察者來講，他們覺得可以看到一個資深老師的一些內涵或精神之類的，或對學生的態度，可是對我本身來講，我反而覺得受益最大的是我，尤其妳對我有回饋的話，因為老實說，教這樣子十幾年來，已經十五年了，每

次人家一聽到，喔，妳是自然科輔導員，妳已經教十五年了，就算妳教學現場裡面有些什麼讓人家覺得怪怪的，或覺得有說不出來的該改進的地方，人家也不見得會提出來。可是我覺得大學生跟實習老師，大概他們的年紀，個性上單純，我就覺得我蠻喜歡這樣的。反而我們學校的同事來看我教學，他們都還不太能夠談到這個部分……。

　　自然科學的知識體強調的是理論、方法及現象三者之間不斷的交互創生發展，自然科教學則講求學習者除了與累積的科學知識互動之外，還需要與自然現象互動，藉此檢驗知識，體驗科學知識產生過程中理論、方法與現象間的往返交互呼應與檢驗。一位研究生訪談實習教師在實習階段的科學教學經驗，並撰寫成小故事（附錄），文中呈現出實習教師進行小學自然科教學時，必須在理想與現實、理論與實務間反覆辯證，慢慢地由一次次實驗室教學以及與學生的互動經驗中建立起自己身為「小學科學教師」應具有的多面向知能，以及應該抱持何種期望的認同感。這樣的歷程，不是觀摩其他學科的教學能夠取代的。然而實習教師自己，在情境當下對於這樣的歷程心中的生氣、無奈與失敗感，實習輔導老師及指導老師能夠怎麼應對呢？
　　在實習制度現況中，自然科學科教學知識的獲取，除了師資過多、小學包班制度這兩個影響因素之外，實習教師在小學階段學校教育脈絡中，還要面對實習輔導教師不是自然科教師，或者自然科教師不具自然科教育系背景的難題。自然科背景的輔導教師明確指出擔任自然教師應該有的基本知能以及對於自然科教學的堅持，但是這些在目前的實習輔導制度下要達成，顯然有些困難：

　　　　在大學校來講，很多大學校的老師他都是跟著班級的話，那自然科可能對這一班來講是科任，可能導師就會要求說，妳這段時間幫我改作業簿，妳就不用去看科任，所以自然科老師就很難被看，或者說有輔導到實習老師的機會。時間短促情況下，當然尤其如果改成半年，那就更難說可以輔導到些什麼，所以我覺得很有必要的就是，一

個實習老師他應該有的自然科教學技巧，還有他對教材的瞭解，教材的瞭解很重要，甚至包括這個教材為什麼要被這樣子改，從64年版到82年版，他背後的精髓在哪裡，如果他瞭解背後的精髓的話，短時間之內的實習輔導，至少可以讓他知道課程就是這樣子改的，要傾向於生活化，要傾向於接近兒童本位的部分，所以，也許我沒那麼多時間去看自然科老師，但是我要知道這個精髓在，所以，教學方法教學策略之外，對教材的演替，還有教材不管怎樣改，你怎樣利用那個資源，這部分我是覺得蠻重要的。所以實習老師本身要很清楚說不管怎麼樣，自然科在所有領域是算蠻弱勢的，他的課蠻少的，可是他至少知道這三大點的話，策略之外，教材，還有他怎樣去運用這些資源，我是覺得蠻有必要的。……讓實習老師知道說，自然領域是蠻重要的，他不能夠被任何一個領域分割掉，不能夠因為學校有重大活動，要辦運動會或什麼東西就拿掉了。我覺得這部分蠻重要的，因為在這個領域裡面是別的領域很難去，像設計應用，可能有啦，藝術與人文什麼的，這個部分可能已經有了，可是像科學本質跟科學態度，除非說數學科或者是社會領域，或者是綜合活動，學校有刻意的安排一些課程，讓學生真的去學到所謂的科學態度或者是所謂的有關於設計應用，或思考智能的東西。……

　　前面這位實習輔導教師認為實習教師在科學教學方面應該在教材、策略、資源運用三個面向，以及對於科學教學的態度信念應多加強。針對如何規劃輔導時教師的輔導內涵及模式，Tomlinson（1995）提出一個模式來說明規劃實習輔導教師的學習應該採「俄羅斯娃娃」（圖 5-3）的融入式觀點，讓實習輔導教師專業知能的培訓能夠藉由一種反思教練似的歷程。這個模式的基本構想是：如果期望實習輔導教師能夠幫助實習教師達成一些有價值的專業學習，實習輔導教師就必須要知道實習教師如何才能習得每個特定的學科知識及技能，並且需要瞭解實習教師協助學生學習之行動的意圖，學生如何才可能習得，以及知

**圖 5-3　「俄羅斯娃娃」式的融入式輔導培訓觀點**
（修改自 Tomlinson, 1995）

曉學生需要習得的基本能力學科技巧及知識的本質。

　　一對關係良好的自然科背景的實習教師及實習輔導教師分別接受訪談時，回顧對彼此互動的看法，展現出自然科實習輔導的歷程和教學一樣，具有由實踐中習得（praxis）的本質，就有如自然知識的本質，是想法和測試間交互反饋後形成的珍貴結晶。實習教師經由觀摩輔導教師的教學，得到一些進行教學的想法，再由學生的回應或學習成果來調整自己的想法，逐漸形成自己對於科學教學的想法：

　　　　自然科有看到上一個單元，老師她本身很有一套，她會把自己的頭比喻為燈泡，電線要怎麼黏，就會教學生用肢體語言比出來。我覺得小孩子只要比過，都不會忘記。那是我比較不會去做的。我比較不會把這轉化為肢體語言。我看過之後，我就會去學習。……我發現學生的反應還不錯，就會覺得不會太難的感覺，學生反應如果意興闌珊，老師做了就會覺得很挫折。學生有回饋，就會覺得還不錯。……

　　這位實習教師有機會看到多元多樣的科學教學，應歸功於實習輔導教師的

觀點與策略。她的實習輔導教師就強調觀摩合併解說的效果,並且分享進行實習輔導得到成長的感受:

> 有些(實習)老師就背下來,要學生背下來,因為她可能沒有辦法很周全的解釋,我相信是有的,包括像是電路的課啊,應該有人不是很懂。所以你說,要怎麼藉由輔導老師來輔導她,我覺得就是帶她做,解釋給她聽,讓她看我們的教學。……我都會覺得就算一直跟她講說要怎麼做怎麼做,講那些理論的東西或告訴他們我們的思考方式,我覺得她聽了未必能夠苟同,所以還是要參與才能真正融入並學習。……壓力會更大吧,但相對的,也會得到一些訓練跟學習的機會,對於有熱誠的輔導老師會是一個很好的學習機會,就像教書一樣,怎樣教得好,她會感受得到。……

對於小學實習教師夢想幻滅或實現的過程,師資培育的歷程扮演怎樣的角色?「重要他人」各自能做什麼、該做什麼,才能順利催生一位優質的未來自然科教師?就像在某個世界觀的氛圍中的成員永遠看不清自己的限制一樣,只單單由實習教師、實習輔導教師,或實習指導教師的面向來觀看以及尋求解決之道,永遠是片面而不足的。甚至融合創生這三個重要成員觀點的取向,也還是個簡化的方式,無法描繪出複雜的小學教師學習歷程。

許多文獻都由師資生經過師資培育課程洗禮之後踏入學校課室現場的實戰歷練,來檢視實習教師的專業社會化。然而對於教育實習階段的另外兩位重要關係人──實習輔導教師和實習指導教師而言,輔導／視導教育實習何嘗不是一個專業再度社會化的歷程,共同參與的三方主體,一起合作協助學生學習,共同建構及結構教育實習階段面對的人事物環境,讓教學理論再次經過擔任人師的實踐歷程展現新意。也就是說,如果實習教師、實習輔導教師和實習指導教師三者都能夠明瞭原來自己的觀點是有侷限性的,由形成世界觀的感官感受,轉為以檢視學生的科學學習為目標,協力一起思考如何協助學生在科學學習上

有所成長，由此共同學習的歷程重新形塑自己的世界觀。以這樣的理念為前導，當面對「科學實驗室裡的小孩」時，相信將會各自轉化並彙集為截然不同的觀點及行動，由生氣、無奈與失敗感中，找出學習的契機。

# 誌謝

本研究承行政院國科會科教處資助研究經費（NSC 94-2522-S-143-001-，NSC 94-2522-S-143-002-），以及所有子計畫研究夥伴協助進行資料蒐集，特此致謝。

# 參考文獻

教育部（2006）。**師資培育之大學辦理教育實習作業原則**。取自 http://www.edu. tw/EDU_WEB/EDU_MGT/HIGH-SCHOOL/EDU7273001/main/2_3x.htm, re-trieved 2006/8/1。

簡嘉伶（2006）。**國小科學教師專業能力調查研究**。花蓮教育大學科學教育研究所碩士論文，未出版，花蓮市。

蕭福生（2004）。自然領域輔導教師專業發展與培育計畫 2004/08/20 研究會議資料。

Ball, D. L., & McDiarmid, G. W. (1990). The subject-matter preparation of teachers. In W. R. Houston (Ed.), *Handbook of research on teacher education: A project of the association of teacher education*. New York: Macmillan.

Chaiklin, S., Hedegaard, M., & Jensen, U. J. (1999). *Activity theory and social practice: Cultural-historical approaches*. Oxford: Aarhus.

Cobern, W. W. (1991). *World view theory and science education research. NARST monograph, 1*.

Cruickshank, D. R., & Metcalf, K. K. (1990). Training within teacher preparation. In

W. R. Houston (Ed.), *Handbook of research on teacher education: A project of the association of teacher education*. New York: Macmillan.

De Mey, M. (1992). *The cognitive paradigm: An integrated understanding of scientific development*. Chicago: University of Chicago Press.

Elliott, B., & Calderhead, J. (1993). Mentoring for teacher development: Possibilities and caveats. In D. McIntyre, H. Hagger, & M. Wilkin (Eds.), *Mentoring: Perspectives on school-based teacher education*. London: Kogan Page.

Engestrom, Y., Miettinen, R., & Punamaki, R. (1999). *Perspectives on activity theory*. Cambridge: Cambridge University Press.

Hedegaard, M., Chaiklin, S., & Jensen, U. J. (1999). Activity theory and social practice: An introduction. In S. Chaiklin, M. Hedegaard, and U. J. Jensen (Eds.), *Activity theory and social practice: Cultural-historical approaches*. Oxford: Aarhus.

Kearney, M. (1984). *World view*. Novato, CA: Chandler & Sharp Publishers, Inc.

Sampson, R., & Yeomans, J. (1994a). Analyzing the work of mentors: The role. *In mentorship in the primary school*. London: Falmer.

Sampson, R., & Yeomans, J. (1994b). Analyzing the work of mentors: Strategies, skills and qualities. *In mentorship in the primary school*. London: Falmer.

Stallings, J. A., & Kowalski, T. (1990). Research on professional development schools. In W. R. Houston (Ed.), *Handbook of research on teacher education: A project of the association of teacher education*. New York: Macmillan.

Tomlinson, P. (1995). *Understanding mentoring: Reflective strategies for school-based teacher preparation*. Buckingham: Open University Press.

## 附錄　科學實驗室裡的小孩

我的聲音凝結在空氣中好一會兒了。

直到那兩個拿著抹布互丟的小孩慢慢發現到來自講臺冰冷的視線，我還是讓自己維持在一個寧靜的狀態，只有眼神流露出惡狠狠的兇光。如果可以的話，還是應該用小叮噹的縮小燈讓這兩個犯錯的孩子慢慢縮小吧！

「還不快點坐下，老師生氣了啦！」

呀！這兩個小孩果然迅速縮小。多可愛的班長，每當這個時候我總是愛死了她的難婆。

這是會發生在科學實驗室下課鈴響後，整個班級卻還沒下課的場景。熱鬧有趣的實驗揮手謝幕，剩下好幾個桌子的杯盤狼藉。教室外面是喧鬧的玩耍聲，教室裡面是做完科學實驗的孩子，焦急的收拾桌面。濕淋淋的實驗桌加上一團團的衛生紙，還有幾本課本與鉛筆盒整齊的堆疊在一起，形成強烈的對比。

只能說這是一個失敗的實驗課，因為科學教師沒有控制好教學時間，讓小朋友在打鐘後還收拾不完；因為科學教師忘記宣導實驗室的重要規矩，讓小朋友胡亂嬉鬧又沒分寸。而這可惡的科學教師就是我，我氣自己氣得牙癢癢，面對天真的小孩，說不出話，只能露出恐怖的兇光。

幸好這都只是過去小實習的惡夢，現在的我要衷心感謝我自己的選擇。

大四那年在極度缺錢的狀況下，我進入了國立科學教育館工讀。這一段經歷帶給我非常珍貴的工作經驗，比起一對一的家教生涯，讓我更快速揮別實習階段的不適應。

科教館開幕前一系列完整的培訓，讓我從樓層的解說員、定時語音導覽員、營隊小隊輔，一路考核到科教館實驗室講師。我從穿著黃綠色小背心，掛著攜帶式麥克風滿場跑，轉換到身穿白袍，控制四十人實驗室威風凜凜，每一個階段都不斷重新溫習著中小學的科學知識，透過不斷與小朋友的實際接觸，去驗證在口語表達科學方面，實際操作科學方面，實驗前置與設計方面，課程進行方面會有怎樣的困難。

於是，當我從科教館「畢業」，面對日後實習工作，少了生澀稚嫩的表現，卻也多了工作上的比較。

同樣教學內容的實驗課程，在學校實施與在外部機構（科教館）實施，就有很大的不同。

「老師，為什麼我不能把我的實驗作品帶回家？」宇梅有點失望的抬頭問我。

在學校的實驗室常會看到這樣失望的眼神。

「因為一組只有一份啊！如果大家都想帶回家，不是要搶破頭了。不過，宇梅，下次做葉脈書籤的實驗就可以帶回家喔！」

學校的資源不夠。這是鐵一般不可撼動的事實。當我在科教館進行實驗的時候，館方收了一大筆錢，不在乎為了滿足學生與家長的最大需求而闊氣的購買一人一份的實驗器材。學校的實驗課就大不相同，教師有購買教材（尤其是耗材）的壓力，特別是沒身分沒地位的實習教師。當你拿著發票到教務處換錢的時候，總難免聽到一邊數錢給你，一面叮嚀你要省一點的聲音。這種聲音聽一次就害怕，聽兩次會心律不整，於是臉皮薄的實習教師開始自掏腰包或者認真的思考這個實驗進行的可能性。尤其，一學期只能換一次錢，在考量學校會計做預算的時間成本下，要在學期初一次購買完本學期所有材料，最好祈禱沒有缺漏任何一樣物品，不然不是實驗開天窗就是荷包開天窗。

除此之外，學生的心態也大不相同。課後活動的社團課是自由選擇的課程，所以每次我都會花一點時間詢問孩子們理由。選修這門課的目的是什麼？我想要知道我究竟該給他們什麼樣的教學。

「我希望可以找到科展的題目。」

「我媽說我自然不好，最好加強一下。」

「因為其他課後活動都上過了。」

這是學校科學實驗室裡的學生給我的答案，令人啼笑皆非。

「我想要做像愛因斯坦那種會爆炸的實驗。」

「我要那種很好玩的，不無聊的。」

　　這是來科教館玩的學生會對我說的話，這種對科學充滿期待與幻想的語言總讓我的精神為之一振。

　　仔細想想，學生將學校裡的科學實驗視為一種課程，是要打分數的，要填充時間的課程。課程不會分為有趣與不有趣，只分為簡單或難。而科教館對於學生而言是玩耍的地方，所以那裡的科學也會充滿玩耍的意味，實驗要生動活潑又有趣，就像他們平常玩其他遊戲一樣。

　　科學教師也是孩子們遊戲中的一部分，而且正是主導著遊戲好不好玩的重要角色。在進入小朋友的科學實驗室之後，我從一位坐在臺下聽課的學生，搖身一變成為發號施令的老師。這樣一位老師的工作卻包羅萬象，不但要像節目主持人一樣帶動實驗室的氣氛，讓學生對於這個實驗充滿期待與興趣；也要像專職保母，隨時保定學生的安全，揪出那些不守規矩的小朋友；更要發揮教師的專業，言教身教加上問不倒的自然科學背景，讓學生探索科學世界的路上一片光明、鳥語花香。

　　這樣說也許很誇張，但是在真正成為獨當一面的教師後，內心的小孩會逐漸縮小。當內心的小孩對你發出宣言：

　　「這樣比較好玩。」「這樣比較刺激。」

　　你不再單方面的認同，而會考慮真正實現的可能性與危險性。我不否認實習教師的角色是有點壓抑，我們仍然積極的尋求其中的平衡點。當內心的小孩大聲吶喊，有時我忍不住拋下大人的外衣，想做一點新的嘗試，改變遊戲的規則。至於為什麼我還是無法完全成為一位「大人」，自己也交不出一個完整答案，我只能說這可能是成長過程中當事人的一個盲點，看不清楚，自己也不是那麼在意。

　　關上科學實驗室裡的所有大燈，伸手不見五指，品嘗著沒有小孩子陪伴的下班孤寂。一點放鬆，也有一點緊張，我正想辦法避開晚上六點準時在大門口守候的熱情家長。

　　也許，我也是科學實驗室裡的小孩，最晚放學的那一個。

# 第6章

# 自然領域實習輔導教師
# 培訓方案之多元專家觀點

作者：古智雄、陳虹樺
審稿：熊召弟

「師資培育法」通過後確立實習經歷在教師養成中占有重要地位，而如何有效提升實習輔導教師在自然科方面的輔導功能成為此一實習經歷成敗的重要關鍵，對輔導教師本身而言，亦是邁向卓越科學教師的重要過程。準此，作者於93學年度開始進行自然領域實習輔導教師培訓課程的調查研究，並且對於培訓課程做了規劃與實踐。本文為此一系列研究的初步成果，主要分析立基於焦點團體對培訓課程的進一步討論，本研究採用焦點團體座談法，立意選出自然領域教師、國小校長及主任與師培機構教授共七位，於2006年8月間進行一天半的議題討論，其議題乃基於先前的研究發現所研擬，焦點團體所得之結論將可作為進階培訓課程的依據，主要將從培訓課程向度、培訓課程內容及培訓課程實踐等三個面向探討自然領域實習輔導教師之培訓方案。

**關鍵字詞** 自然領域、培訓課程、實習輔導

# 壹、楔子

「一種現況」、「兩種危機」及「三角困境」。

一種現況：國內師範校院轉型為教育大學，一些原屬師資培育的系所面臨著未來發展方向的再思索。從 95 學年度開始，其中的自然科學教育學系紛紛改為專業的科學領域系所，培育國小專業自然科教師的管道形將消失。

兩種危機：根據教育理念，學科領域的地位應相同而平等，但在國小現場的老師及家長，自然而然的認定對學生學習表現上較不重要的領域為「副科」，因此自然、音樂、美術、體育等相對的淪為「副科」的地位；然而在教師選聘的過程中，音樂、美術及體育雖被認為是「副科」，但至少還被認為必須具備專業身分才能擔任，而自然領域為一專業的領域，在甄選教師或學校指派自然科教師時，專業往往不是考量的重點，使自然領域的專業性面臨雙重危機。

三角困境：在師資養成過程中，教育實習階段中的師資培育機構、實習輔導教師與實習教師三種角色間如何建立發展關係非常重要，目前的氛圍中，無法有效的建立三者間相互支持的夥伴關係，對於科學教師養成而言，加上前述的「一種現況」、「兩種危機」，顯得師資培育過程中面臨教師專業發展上的困境。

因此，面對上述「一種現況」、「兩種危機」及「三角困境」，如何尋找解決的策略，應有助於培育優秀的科學教師，而我們認為從科學實習輔導教師培訓著手，或可達到一些成效。

# 貳、研究背景及目的

「師資培育法」在 1994 年通過後，實習教師的實習經歷成為師資養成過程中不可或缺的階段，也說明了國小在師資培育上所占有的重要地位，尤其是與實習教師最為密切的國小實習輔導教師，其角色相對益發重要。同樣的，在自

然領域教師的養成方面，如何有效的發揮國小實習輔導教師的輔導功能，以提升教師的科學教學效能，當教師踏入教職時，能馬上將所學的科學知識傳授給學生並順利進行教學，這應是科學教師養成中極為關鍵的任務。

2004 年間，作者即開始進行自然領域實習輔導教師專業發展與培訓課程的調查分析，第一年透過晤談的方式，先後訪談國小教師、主任、校長及師培機構教授共十一位，取得教育實習現場不同角色、地位之專家提供對自然領域實習輔導教師培訓方案的意見（古智雄、陳虹樺，2005），並從訪談的資料整理分析之後，著手研擬自然領域實習輔導教師培訓課程。第二年則透過晤談的結果研擬問卷，一方面發展調查問卷，利用叢集取樣的方式調查全國國小自然科教師、國小行政人員與師培機構教授等共三百三十二位對培訓課程的觀點；另一方面選取十八位國小專家教師與十八位自然領域背景的師培教授利用德懷術的方式取得培訓課程意見的共識；另外，於 94 學年度下學期規劃了為期三週週末共六天的初步培訓課程，從理論知識、實務教學、實習輔導知能觀念及實習輔導支援體系等四方面進行科學實習輔導教師的培訓。

經由上述兩種問卷的方式所蒐集到的資料，可以發現位處不同角色地位、不同權力場時，對科學教師專業發展的意見就會有分歧的現象（邱麗雲，2006），而利用德懷術的方式雖然可以部分擺脫權威角色的影響，達到凝聚共識的作用，然而缺少質性資料的深入剖析，而使得問卷結果無法呈現較為多元的面向（古智雄、張瓊月，2006）。

初步培訓課程的實施，經過參與學員的問卷回饋及課程講師的晤談結果，大家對於初步的培訓課程有很高的評價，但是從學員回饋單中亦發現一些值得改進的地方，例如：實習輔導知能方面的課程稍嫌不足，時間的安排上對於學員參加及講師授課而言負荷較重等。為了統整前述的研究發現及形成共識、改進缺失，本研究將前兩年蒐集到的資料彙整出應再探討的議題，並邀請師資培育機構教授、國小行政人員（校長與主任）、國小自然領域專家教師等，進行面對面的討論，對話之主軸如下：(1)針對問卷當中培訓課程達到共識的部分是否就能納入培訓課程當中？(2)在統計上達顯著性差異的課程，各群專家的看法

為何？(3)若專家們都同意此課程的重要性極高，那為什麼不同類別專家間又會有差異性出現呢？

另一方面，培訓課程的實踐部分也是重要的議題，經過初步培訓課程的實施，我們瞭解舉辦的時間、課程的形式、講師的來源、協助辦理的單位……等，在在都是影響一個培訓課程能否順利進行的要素。

綜上所論，本文聚焦於上述培訓課程的面向、內容及實踐等三方面進行焦點論壇，以期在理論面及實務面兼顧的情形下，建立培訓課程的共識，而此一培訓課程，一方面引導科學教師的專業發展，另一方面亦能增進自然科實習輔導教師在帶領實習生時，能有系統的將本身的教學能力傳達給初任教師。

## 參、文獻探討

師資培育機構學生專業學習的重點以將來進入教學現場實習或成為正式教師前的準備為主，基於客觀條件，學習上以理論為主、經驗為輔，如此的課程設計期望奠定師資生日後專業發展的基礎。然而，令人氣餒的是，相關研究卻不斷指出，師資培育的成效一直無法令人滿意，理論在實際教學上的應用成效不彰。此種現象乃導致許多改革者重新檢討「學徒制」（model of apprenticeship）的做法，賦予「經驗本位」（experience-based）的師資培育途徑更高的價值，並在師資培育上更強調現場經驗的學習。透過理論引導思考與反省，並從經驗教師口授與實際演練，或與師資培育機構學生討論與合作的過程，教導師資培育機構學生學習更有效的教學策略，使師資培育機構學生從直接經驗中學習真實的專業知識，進而建構個人的專業實踐理論，發展實踐智慧（陳美玉，2000；Phelan, 1996）。

我們的看法是：理論與經驗對於師資培育機構學生的學習而言，任何一者都不應變成認知的唯一來源，二者皆是刺激師資培育機構學生不斷反省與充實專業的重要基礎，因此，師資培育機構學生確實極需要具有方向性的專業發展理論引導進行理論的學習，以及各種經驗的相互融合。因此，應如何幫助教室

現場的資深教師來協助實習生所面臨的挑戰呢？依照Vygotsky的建構論觀點：認知的發展，有賴與他人進行有效的社會互動，社會互動足以引導思考與概念的形成（Nicaise & Barnes, 1996）。

　　面對此一問題，需考量的應是如何讓大學教授、中小學校教師、師資培育機構學生、學校行政人員以及相關的資源人士之間，形成一個有教學實踐、議題討論、理論交流的團體。並針對許多道德的兩難或具爭議性的問題，以更應積極鼓勵的對話方式，交換彼此的教育學知識與觀念，或實施小團體諮商等方式，作為相互支持、評論與合作反省的媒介，以落實中小學與大學間的合作夥伴關係。

　　由此可知，未來的教師專業發展，應是一種夥伴合作的型態，學校被組織為一教與學的場所（Colvin, 1996），大學變成一開放的專業分享社群（shared community），如此一來，師資生便能擁有促進理論與實踐結合的豐富學習資源（Nicaise & Barnes, 1996）。

## 肆、研究方法

　　本研究於2004年8月起，以兩年的時間完成自然領域實習輔導教師培訓課程的研究與實踐，首先利用晤談的方式蒐集教育現場自然領域實習的現況及各方面專家對自然領域實習輔導教師培訓課程的建議，並研擬培訓課程內容的調查問卷，採用一般問卷調查及德懷術的問卷調查方式，獲得較具推論性的量化數據。但因問卷設計上題目數量較多，無法再加入開放性問題，也就無法獲得不同角色地位填答者的深層想法。一般認為焦點團體座談法在溝通和形成共識方面有其作用，遂於2006年8月底進行一天半的焦點團體，提供多元專家（師培機構教授、國小校長主任等行政人員、國小自然領域教師）進行自然領域實習輔導教師培訓課程觀點的討論，除了蒐集先前研究不足的地方，更進一步提供各群專家對話交流的平臺，以統整出培訓課程之多元平衡觀點。

　　為了確定此次會議能蒐集到欲蒐集的資料，於座談會前一個多月即與協同

研究群進行多次問卷調查資料的分析，以確定座談會的討論議題。並於會議前兩週以電子信件的方式告知研究對象本研究的緣起及座談會的目的，接著以電話聯絡的方式確定研究對象可全程參與座談會議。會議前一週則將座談會的會議資料以電子郵件方式送至各委員手中，便於委員們可以事先瞭解討論議題並於座談會時提出自己的看法。座談會進行中，現場採用兩架攝影機於會場前後進行錄影，並於委員們的桌上使用錄音筆進行談話的錄音，另與一位協同研究者於現場中進行田野筆記（Field Note）的記錄，座談會後將錄音資料轉成逐字稿進行質性分析。

本研究從多元專家觀點進行議題探討，分別為自然領域專家教師、國小行政人員及師資培育機構教授等三群，為發揮焦點團體討論的效用，人數以六至十位為佳（陳向明，2002），所以參與焦點團體座談委員的選取，採用立意選樣的方式，選取國小自然領域專家教師三位、國小行政人員（校長、主任）兩位、師培機構教授兩位，共計七位委員。每位委員之背景如下：三位自然領域專家教師皆有兩年以上自然科的教學經驗且具碩士學位，其中有兩位更擔任該縣市之自然領域輔導團員，對於教學現場自然領域師資的現況及教師專業發展的需求可以提供明確且深入的意見；國小行政人員方面，兩位皆從事行政工作多年，瞭解行政及教學上的各種情況，其中一位主任為師院數理系畢業，碩士論文也從事科教相關議題的研究，校長雖非自然科背景出身，但自師專畢業後，便一直不斷接觸自然科教學方面的研究，且在教育實習輔導的推動上，充滿熱忱與理念。因此，這兩位委員便可站在學校行政的角度提供給培訓課程另一觀點。所邀請的兩位師資培育機構教授皆有多年帶領教育實習的經驗，一位從事科學教育研究多年，另一位長於師資培育議題。因此，本研究邀請此七位委員擔任自然領域輔導教師培訓課程之顧問共同參與焦點團體之討論，就相關議題的探討應可兼顧到理論與實務的契合。

# 伍、研究結果

　　經由焦點團體對相關議題充分討論後，主要的研究發現可從：培訓課程的面向、培訓課程的內容及培訓課程實踐等三個部分加以說明。

## 一、培訓課程的面向

　　設計一套培訓的課程，應從最大的角度切入，再往下深入擬出詳細的課程名稱，培訓方案便可既廣且深。透過前兩年的研究結果，統整出自然領域實習輔導教師的培訓課程可包括下列四大面向，分別為：(1)自然領域學科知識；(2)自然領域教學知能；(3)實習輔導知能；(4)情緒管理與心理調適。經過焦點團體座談之後，委員們對此四大面向皆表認同；而有委員提出：「現在社會變遷變得很快，所以老師知識的累積不會只是過去的知識，應該具備有未來觀，像是關懷地球的人文思想，所以我建議加入第五個向度，就是具備世界觀的視野、未來觀的視野，還有具備人文思想。」經過七位委員的討論，最後決議加入第五面向「科學倫理與人文關懷」。

　　我們認為：建構一個兼具實習輔導理論與實務的培訓課程面向，在內涵上又融入人文層面的涵養，可使參與教師獲得全方位紮實之專業成長。

## 二、培訓課程的內容

　　培訓課程的內容方面，根據上述之培訓課程面向，依序從各面向逐一探討先前德懷術調查所得之結果，主要包含自然科專家教師與科學教育學者的意見，其中有的課程已達共識，也有部分課程仍未達共識，在看法上具有顯著性差異，焦點討論中將分析無法達成共識的意涵之外，並將設法尋求較為一致的看法，作為焦點團體討論聚焦之結果。其結果分述如下：

## (一)自然領域學科知識

經由先前德懷術調查後，自然領域學科知識已達共識的科目共有五項，經焦點團體討論過後，全體委員皆認同保留其中兩項，分別為「科學本質、科學素養的內涵」及「自然科學專門知識」，另新增一項課程為「學科知識領域新知」；而捨去的「科學教育哲學理論」因為課程內容與「科學本質、科學素養的內涵」過於相似，而且科學教育哲學的內涵已隱於科學本質當中，故將「科學教育哲學理論」併於「科學本質、科學素養的內涵」之中。而「實驗室器材操作及管理」、「自然科教學知識」這兩門，多數委員認為在屬性上偏向「自然領域教學知能」，因此改納入「自然領域教學知能」面向。至於「自然科學專論」則改為「自然學科專門知識」以減少現場教師對這個課程名稱的恐懼感，可有效促進教師參與研習的興趣。

另外，大學教授與國小專家教師對「自然科學專論」一門的認同達顯著性差異，教師們認為此項內容應該在大學時期就要學習，較傾向納入職前教師培訓課程，主任認為這項課程名稱太硬，可能會讓老師較為恐懼或是亂填寫，教授則提出應該是主客觀角度不同，所以會有不同程度的重要性。雖然從討論中可以知道不同角色地位的委員有不同的看法，但基本上還是認同這項課程相當重要，應納入培訓課程當中。

## (二)自然領域教學知能

自然領域教學知能層面在德懷術調查中共有四項科目達到共識，分別為「自然科學過程技能」、「自然科教學理念」、「自然科實驗教室管理」及「編製自然科學教材」。全體委員對於課程內容表示認同，但認為開課名稱有不恰當的感覺，於是建議改為「自然科教學理念與目標」、「自然科知識教學實務」、「自然科實驗教學技巧」及在教學環境中相當重要而調查內沒有出現的「自然科教學評量」等四項課程。

調查中「編製自然科學教材」達到顯著性差異，老師及主任都認為「編

製」教材對於教師的教學而言負擔過於沉重，所以建議改為「教學單元活動設計」，以課程名稱的意義來說，更貼近教師的需求，而此項課程內容委員們建議可併入「自然科知識教學實務」中進行。

## (三)實習輔導知能

　　在實習輔導知能面向上達共識的科目共有兩項，分別為「成人教育理論」及「教學觀察與分析知能」。然而實習輔導也應為教師專業成長的一部分，教師的生涯規劃占有相當重要的地位，而且國家近幾年來實習制度的法規大幅度的變化，所以身為實習輔導教師者也應該對於實習輔導的制度及規準認識清楚，以保障自己與實習生的權益。故經過討論之後，委員會建議此面向應改為包含下列三項的科目，分別為「成人教育與生涯輔導」、「教室觀察與分析」、「實習輔導制度法案（含評量表）」。

## (四)情緒管理與心理調適

　　情緒管理與心理調適面向上有三項科目達到共識，分別為「人際溝通」、「情緒管理」、「衝突解決策略」。有委員提出這三項課程內容過於類似，但卻都是相當重要的課程。在教職生涯裡，面臨複雜多變的教學環境，情緒管理及心理調適的能力更是教學現場老師表示極需具備的，另外有許多是老師才會出現的職業病，所以教導老師們如何對付這些「副作用」，也是課程的重點之一。故此面向的科目建議改為：情緒管理、人際溝通技巧（包含衝突解決策略）、健康保健與休閒生活（教師的職業病）等三項。

　　此面向中專家之間的看法達顯著性差異的課程為「情緒管理」，有一位國小校長委員提到：「教授認為教室管理很簡單，但是真正教學現場並不是一件容易的事情。教室管理會影響教師的情緒，要有方法管理教室，像是：權威式、情感依附……對於學生跟老師的相處有幫助。……所以情緒管理會牽涉教室管理。」而主任認為：「差異問題在當事人與非當事人的關係。老師的角度是學習，教授的角度是上課者。老師通常較為保守，所以填寫問卷都盡量在中間，

所以如果有一邊填答在較高分數時，就會達顯著性差異。」所以我們可以看出每位委員對於此項課程所呈現的差異主要原因在於主客角度不同而有不同的詮釋觀點，但即使大家的看法有異，可是從問卷調查及焦點座談的結果皆顯示大家認為情緒管理是相當重要的課程，故應納入培訓課程當中。

## 三、培訓課程實踐部分

關於培訓課程實踐部分，焦點座談會的主要發現如下：

### (一)培訓課程的辦理單位

培訓課程的辦理由中央主導有其優勢，而由地方主導也有其便利性，但不論是站在師培機構的角度或是國小現場教師的角度，大家認為可由以下幾個層級來處理。首先，由縣政府教育局主辦，而教育部進行指導，課程設計由師資培育中心負責，並請教育輔導團配合協辦，而最重要的教師研習認證宜中央統一，研習證書由教育部頒發，以收激勵教師參與之效。綜上所論，結合各級政府資源，加上師資培育機構提供課程設計與師資來源，再輔以國教輔導團的豐富教學經驗，定可讓培訓課程達到事半功倍之效。

### (二)培訓課程的辦理時間

不論從委員會的討論或是教師的反映中，發現辦理時間的恰當與否，關係培訓課程實踐上的成敗頗巨。每個人一天都只有二十四小時，時間是有限的，時間的安排確實會影響到教師的參訓意願。施以短期進修雖然時間較具彈性，但一般週三下午或是週末及晚上時間，老師們的學習效果都非常有限，而且老師們在學校上課已耗費相當大的心力，因此晚上或週末舉辦培訓課程活動，教師參與的意願較為不高。若課程內容設計較為豐富時，委員們認為 8 月初是最好的研習時機，因為有些教師們於 7 月份時仍忙於教師甄選的工作，從 7 月初的正式教師選聘到 7 月底左右的代理教師甄試，往往會使得通常身兼行政工作的自然科教師在暑假初期無法有空閒的時間；另外，接近 8 月底時，教師們就

需要到校準備新學期的課程，安排培訓課程等活動亦不恰當。因此，根據研習課程內容的豐富度而言，8 月初到 8 月中是一個較為恰當的時間。

㈢提高教師參與培訓課程的意願

可將實習輔導教師的培訓列為教師分級制中加分的機制之一；另外，培訓課程結訓後可頒發證書，但證書的頒發須經認證以達一定的效力；也可以成立「科學教育專業協會」，而協會就可以將受訓後之實習輔導教師們的資料建成檔案，往後培訓課程的活動便可邀請這些老師們來擔任培訓課程的講師，分享他們在實習輔導上的經驗及技巧，或是由協會設立某一項的學術獎章，鼓勵教師往實習輔導這方面邁進以尋求榮譽。

## 陸、結論與建議

從國小科學教學中的「一種現況」、「兩種危機」及「三角困境」，我們認為科學實習輔導教師的培訓將可以在下列三方面起關鍵作用：(1)實習教師的自然科專業發展；(2)科學教師本身的專業發展；(3)教師專業發展與教師分級議題。因此，從多元專家觀點探討自然領域實習輔導教師培訓方案，應是重要的議題。經由問卷調查、德懷術研究到焦點團體，旨在建立產生合理可行之自然領域實習輔導教師培訓方案，以下是本研究的主要結論與建議：

## 一、培訓向度具備整體性

從研究結果中發現規劃自然領域實習輔導教師的培訓課程時，可從五大面向進行設計，分別為：「自然領域學科知識」、「自然領域教學知能」、「實習輔導知能」、「情緒管理與心理調適」及「科學倫理與人文關懷」。由上述面向中，我們瞭解到有些面向不屬於自然領域的範圍，甚至有委員質疑情緒管理課程雖然對於老師們而言相當重要，但應屬於一般性課程，是否適宜納入？然本研究考慮的是一個具備整體性的（holistic）的課程規劃，因此將情緒管理

甚至與人文關懷相關的議題皆放入培訓課程當中，以獲得更全面的科學教師培訓課程內容。

## 二、課程內容名稱應明確詳實

培訓課程的內容是影響教師是否願意參與培訓課程最主要的關鍵（古智雄、張瓊月，2006），所以在各培訓課程面向之下的課程名稱便應制定詳細確實，如此實習輔導教師在參與培訓課程前，便能瞭解培訓課程實施的內容是否為自己的需求，同時在邀請講師時，也能確保講師所準備的課程資料是參與學員所需的。

## 三、結合中央與地方的資源

如同研究結果呈現，以前辦理各種研習活動時，主管機關可能只將經費交由承辦單位來處理，課程的設計、講師的選擇、場地的規劃……等就要承辦單位自行處理，所以研習的成效差異很大。為有效的推動培訓課程的進行，建議可請中央主管機關（教育部）作為指導的單位，而研習後的認證應由教育部頒發科學實習輔導教師證書，如此一來證書便具有全國的效力，增加教師參與的意願，另外由縣市教育局作為培訓課程的主辦單位，一來可以有豐富的行政資源，二來可請國教輔導團的老師協助進行，而且擁有豐富規劃課程能力及優秀講師來源的師資培育機構當然是承辦培訓課程的不二人選，由這些強而有力的機構合作舉辦的培訓課程定能發揮培育優秀自然科輔導教師的功能。

## 參考文獻

古智雄、陳虹樺（2005）。從師資培育機構發展自然領域輔導教師培訓方案初探。載於私立大葉大學主辦之「**大葉大學第三屆『課程、教學與評量』理論與實務研討會**」論文集（頁 19-33）。彰化縣。

古智雄、張瓊月（2006）。從平衡觀點建構自然領域實習輔導教師培訓方案之

研究。論文發表於花蓮教育大學舉辦之「2006臺灣教育學術研討會」，花蓮市。

邱麗雲（2006）。**國小自然領域輔導教師專業發展與培訓計畫之研究——以師資培育機構為本位**。國立花蓮教育大學科學教育研究所碩士論文，未出版，花蓮市。

陳向明（2002）。**社會科學質的研究**。臺北：五南。

陳美玉（2000）。**師資生專業發展理論建構及其應用之研究**。臺北：五南。

Colvin, G. (1996). Teacher education for the 21st century: The agony and the ecstasy. *American Secondary Education, 24*(4), 17-22.

Nicaise, M., & Barnes, D. (1996). The union of technology, constructivism, and teacher education. *Journal of Teacher Education, 47*(3), 205-212.

Phelan, A. (1996). Collaboration in student teaching: Learning to teach in the context of changing curriculum practice. *Teaching & Teacher Education, 12*(4), 335-353.

第 **2** 部分

他山之石
——美、英、澳、日
的科學師資培育模式

# 第 7 章

# 新手教師和在職教師
# 攜手合作共同教學
# 以及運作科學課程的研究

作者：Kenneth Tobin

譯者：熊召弟

審稿：郭重吉、王美芬

---|     |---

　　本文是描述美國的都市學校中，輔導教師應用共同教學協助教學專業成長的發現。學生的難以安靜以及不守秩序和教師不願讓出教室，讓實習教師試教之故，形成由實習教師藉彼此間的合作互相學習如何教學。我們提出的共同教學就是允許老師共同來教學，教師可以經由別人的教學獲得經驗及學習，也就是互相藉他人的基礎來學習教學。我們提出的共同教學有發展成熟的理論架構，讓我們可以更瞭解教師如何藉由共同教學來學習教學，我們也學習審視，透過新的理論透鏡來看學習去教學的這件事。我們擴展共同教學模式，也就是有更多的老師共同教學。最後，也包括學生互相教學，甚至和老師來進行共同教學。最近，我們應用共同教學為研究方法，讓教師更加體會到實踐時的「學習」精義。文中提出許多是師資培育者、專業發展人士、決策者、行政者、研究者關心的問題。

# 壹、前言

大部分我所進行共同教學方面的研究是發生在高中科學教室。然而，已有相當多的證據發現在小學階段以及在學院亦有好效果，這是一種在教室中學習去教學以及進行研究方式。實際上，最初的共同教學研究來自加拿大小學的應用，接著在愛爾蘭以及澳洲也都曾在小學中做過類似的研究。由於我已經由過去七年進行的共同教學研究學習到很多，所以在此願意推薦所有的師資培育者以及教育研究者，在師資培育方案中使用共同教學，並把它當成一個研究方法。運用共同教學時應該進行教學研究，發現所發生的事，以成為共同教學日益成長的資料庫的支持證據。

# 貳、共同教學與學習教學

共同教學是發生在兩位或三位教學者合作來教一群學生。許多教師的同時出現，會產生出比只有一位教師時更廣闊的動態結構。自然的，學生得以擴展更多的學習機會以及產生新的認同感。在共同教學的教室不只讓學生獲益而且也使得共同教師藉由和他人共同參與學習如何教學。所有的共同教師獲得比單獨在一間教室教學時有更多的教師及學生之間的互動經驗，他們可以真正體驗教師與教師互動的意義。這些經驗是提供他們學習教學的基礎，亦被稱之為實踐或行動中的知識。

# 參、教與學的同行

共同教學是因應一個關鍵問題而創始的。對於一些美國城市學校，教室教學有極大的挑戰性，以至於一般教師不願意提供他們的班級給要來進行教學實習的新教師來教。在我任職的大學，科學教師證照的獲得是屬於研究所的學程

方案，具有科學背景的研究生，要參與包含一年實習經驗的全時師資課程。這些學生白天在鄰近的高中教學，晚上要回大學修課。學期剛開始時的幾個星期是每天要有個半天的教學，然後逐漸增加，到第二個學期就要成為整天的教學，這目的是讓這些新手教師逐漸擔任教學的責任。可是問題來了，我們發現在一所學校的大部分新手教師在第一學期結束時還沒有機會教課，這是因為學校教師不願意放棄班級的控制權，他們覺得新手教師沒有辦法維持教室管理以及提供有效的學習環境。

學校校長認為這是個問題，於是主動提出建議，何不創造一間有兩位新手教師教學的特殊教室，讓他們取得緊急證照，理由是這些新手教師都已具有大學學位，所以讓他們兩位一組，沒有學校老師擔任輔導教師。校長非常有信心的認為這對高中學生或是新手教師都是一個學習的機會。雖然我有些猶疑，但還是同意這麼來試試，只要我們一方面探討可能發生的事情，另一方面願意當有困頓發生時再做進一步的改變。

共同教學的實驗是個極佳的成功經驗。共同教師獲得學生的尊敬，而且執行的一個具有探究引導學習的生物教學方案，吸引了該校科學教師的注意力，同時新手教師還邀請家長來學校欣賞學生的學習成果。我很訝異共同教學的成功，並將此事件加以擴展，花了時間去思考這些事發生的理論蘊涵（Roth & Tobin, 2002）。以一個堅固的理論架構，我可以催使這個系統，使其提供更多的學習教學的機會。

## 肆、共同教學的演出

在一個班級狀況下，有一位共同教師可能在某一堂課中負起主導的責任，另一位則是提供學習的支持。共同教師會有極廣的周邊參與範圍。典型的方式是一位主導的共同教師執行全班的活動，而其他共同教師則適時提供學生必要的協助。具有支持作用的共同教師所執行的角色是包括注意主導教師說的是什麼，並能迅速察覺學生困惑的表情或是需要幫忙的眼神，以及監控學生的參與

狀況。這個不引人注意的角色，在一位或少數學生顯示需要一對一協助的時候，可以發揮出類似家教的功能。這種輔導方式是出現在學生有所需要的基礎之上，因此，很重要的事是所有共同教師同意在教室中當教師或學生對整班說話時候，這樣的輔導是合適而且值得的。共同教師在教室裡同時指導一群學生的教學稱為區域教學（zoning），學生可以朝向在不同區域進行教學的共同教師聽講。當這種區域教學發生時候，我們看到許多學生由不同區域的教師獲益的證據，也發現兩位或更多教師在一個空間同時教學的一些矛盾衝突的例子。這些干擾學習的矛盾潛在因素顯示學生以及共同教師應該練習有效的溝通方式，確認出學生對教師的建議：「如何能教我這樣孩子的更好教學方法。」我們對這個議題，提出使用共同產出對話的論述，本章後面會提到這個議題。

　　我們對於共同教學所採取的方式有個特點，就是不歡迎觀察者或者評鑑者。所有在這間教室的人都是參與者——不管是教師或是學習者或兼具二者身分。共同教學允許這樣的狀況發生，不管參與者是否參與過設計這個教案，也就是說例如設計教案的一位或多位共同教師擔任為核心角色，其他的擔任合法周邊角色，共同幫助學生個別的小組學習。當一位共同教師在獲得更多教學經驗之後，逐漸會在教學場域中擔任核心角色。成功的關鍵——是否學生學習以及共同教師學習教學——是創造及維續一連串成功的互動，以及產出積極的情緒能量（Collins, 2004），情緒能量是觀測共同教學成功與否的氣壓計。基本上，共同教師能夠成功地與他人互動，表達出相互尊重，劃印出「我們」以及「我」的教師認同。同樣的，學生和教師要建立團隊一體的感覺，將成功互動鏈不斷擴展，盡量減少不成功互動的經驗，創造出蓄積積極情緒能量的寶庫。

　　當共同教師獲得一起教學的經驗，在一堂課中，主導角色會在共同教師之間數度來回換手。此項活動的一個重要特徵乃是所有共同教師願意在適切的時間，上前接受或暫時退下主導或周邊教學的角色，做個隱喻，猶如交換指揮棒。教學指揮棒相互交換的訊號，可藉音量的揚起、手勢或身體的移動，引導或確立位置等符號來傳遞。我們發現當共同教師獲得足夠的經驗，要在大班教學時，由某角色轉到另一角色，變成可期待的、順暢的、及時的，甚而不必在刻意的

意識下，就能行動自如（Tobin, 2005）。當角色轉換不斷發生，互動式的共同教學越來越流暢，塑造出能擴展學生和共同教師能力的動態結構。當主導教師對學生講課時，另一位共同教師會在黑板記下重點，例如：關鍵字、圖、照片或公式、方程式等符號。或者使用手勢來支持主導教師的講課內容，例如：主導教師在解釋反應速率的趨勢，共同教師無聲地以手指著週期表，或者做教學示範，以清楚的呈現主導教師的解釋或針對問題提出洞見。一般，學生都是專心聽講以及記筆記，他們經常會參與對話，以和諧的聲音和教師們對話、問問題或回答問題。班級教學的一般形式是由一位或多位共同教師解釋學科內容及程序，然後以提問來測試學生的理解。在這樣的班級互動活動中，能使得班級裡不只一位學生可以在同個時間提問或獲得想要的答案。當順暢的指揮棒在共同教師間輪換的時候，學生獲得的學習不只來自於一位教師，所以更可以擴展學生學習的機會，以及提供共同教師從彼此分享共同教學經驗中學習如何教學的機會。

　　我們在持續進行的共同教學的研究中，曾對兩位或多位共同教師一起從事教學活動的不同方式加以探討（如：Roth, Tobin, Carambo, & Dalland, 2004, 2005），教師間的教學表現也越來越相似，例如在空間、時間或材料的妥適安排，教師在教室的移動、手勢、身體的擺動，還有相互間與學生間的互動，尤其是他們言談都可以看出兩者的相似及相互的學習。相似性包括在講述時的中止、聲音的抑揚頓挫，以及說話聲音的大小及音調的高低。而這樣的相似大部分是在無意識的過程中發生的，而值得注意的是共同教學中教學的顯著特徵，包括一些矛盾的發生。有一些疏失發生在教學指揮棒交換的時候，例如因為教師沒有像預期的繼續往前承接該扮演的角色，教學造成教學流程的瑕疵，或在不適當時間往前接手，甚而發生拒絕讓手給另一位有意上來教學的教師（Tobin, 2005）。問題的核心是這兩位教師缺少互信互賴的和諧氣氛，忽視另一位教師在共同教學中有所貢獻的潛力。無法共同做教學計畫也會是個問題，其後果是使得教學無法順利進行。例如，我們遇到的一個嚴重的問題就是有位教師在教案中提供探究結構，像是沒有答案的問題或者思考所需的時間，但是執行教學

的共同教師卻運用講述方式來進行教學。類似這樣一些事件的發生，會在共同教師間產生了挫折，確認這些矛盾並以共同產生對話的方式討論，對學習教學是件重要的事情，也許在事件發生的時候，大家能像球場上球員馬上聚首一起商議下一步該如何來做。聚集商談是共同產生對話的一種形式，在本文後面會詳述。

共同教學有個特點是同儕教學自然而然的出現，即是在各式各樣的活動中學生教學生；並且顛覆了以往常見的教學型態，例如學生聽課聽到厭煩或是僅以簡短的話語回應教師的問題。在共同教學的形式，學生較常說話且說的時間較長，主動提出問題或細節解釋，常常是評鑑自己或他人對問題所提出的解答。學生在這種共同教學單元的談話顯示出更多想法，同時也提供他人也可以學習的互動結構。

共同教學可取的一項特色是學生可以在小組或一對一情境下獲得教師資源。在這種情境下，可以減輕教師在學生開始從事一項學習任務之後繼續進行教學的壓力。這樣的話，教師可以有較長時間指導個人或小組，同時可以不時回來以確定這些學生的學習狀況。所以，在共同教學的教室，教師可以盡可能地擔負支持個體與小組學習的責任。我在前面提過，這種個人化的教學可以發生在全班的教學，只要共同教師（以及所有學生），視家庭式的輔導是合理合法並且是豐富學習環境的基本成分。

很清楚的，新手教師不應該花太久的時間只是在旁邊觀察別人的教學或做筆記。若是可行的話，新手教師可以扮演周邊參與者的角色執行共同教學，在不影響輔導教師的教學計畫與干擾教學流程，以及提升學生學習機會為前提之下，多參與輔導教師及學生的互動。

雖然說共同教師應該一起做教學計畫，但是因為時間的限制，這種共同做計畫的情形不多見，經常是主導的教師做單元的計畫，而其他共同教師知道教學大略計畫。這樣的安排，是在新手教師參與輔導教師共同教學的教學實習開始的時候，輔導教師執行大部分的計畫構想，而新手教師則擔任合法周邊教師角色。接著新手教師開始做較多的教學計畫，而輔導教師扮演周邊教學角色。

當共同教師可以與另一位教師的教學調整出相似的步調，兩位都可擔任教室中的核心角色，很重要的協議就是在於他們會認為促進學生的學習是共同承擔的責任。

以合作周邊參與者的角色適用與否，是依活動的結構而論，例如核心教師是否是以講述的方式利用黑板及週期表等教學資源進行全班的教學活動。在這些情況下，共同教師監控所有參與者是否有意參與本單元學習的跡象。除此之外，這位扮演支持角色的共同教師可以注意監控語言的互動，例如：手勢或者來自學生不確定或不專心的表情。

當共同教師感知他們之中有人要進來教學，核心教師就結束她所教的內容，並且退下，將全班教學權轉換給共同教師來執行。這種退下、上前、隨後又退下的循環可以重複多次，有些教學轉換會很短，有時會很長，最常是發生在共同教師提供另一種解釋或澄清可能導致學生產生混淆的問題。

當共同教師在互動下逐漸熟悉對方的教學方式，漸漸的，哪一位要往前教學、哪一位退下來的教學的現象逐漸成為可預期，而且越來越順暢，越來越少有意識在主控。

一個通常不必協商的角色是周邊教師要協助需幫助的學生。當在核心教師教學中，一位學生需要共同教師的協助時，共同教師可對有需要的學生進行安靜的協助。在這樣的情況下，共同教師靠近需要協助的學生身邊，坐在他旁邊或靠近他，共同教師可以與他安靜的互動，成為學生學習的重要資源。

在教師檢定學程有關共同教學最有成效的安排，是將一到三位新手教師分派到和一位輔導教師一起。只要所有的共同教師承諾一起做計畫以及參與共同產出對話的歷程，就能使共同教學的成效發揮到最大值。一般我們處理的難題是源於例如價值觀及教學承諾上的人格衝突、教師斡旋學生的學習有不同的想法，或者一或多位教師無法參與一起做計畫或無法進行共同產出的對話。值得提出的兩件結果說明如下，首先，所有參與者的角色，從決定參與共同教學開始，就有共識教學是以達到學生最大的學習收穫為目標，並且教師角色的移換是在現有生活經驗脈絡下可以時時返回檢視和調整的。其次，當在教師角色以

及教學目標看法獲得一致的同意時,所有參與者應理解教學計畫以及教學承諾這兩件事只是教室現場的部分結構而已。所有參與者介入的結構本身是具有彈性的,也就是不只針對他們的學習,更應是班級教學的目標。這種即時且能調整的角色,是教室動態中的必要成分,雖然共同教師的角色也許並不如一開始就設定好的,但判斷教學成敗的準則是學習機會是否最大。偏離原先的計畫或可視為矛盾,但是他們可以在共同產生的對話中做討論,類此發生的一些矛盾事件,在未來可以在教學計畫中納入考量,讓此成為彼此同意的方式的一部分。

接續的另一個問題是:到底多少位教師一起教學能為學生帶來最大的獲益?在師資培育學程,我們曾有過八位教師在一間教室共同教學(例如:四位新手教師,一位班級教師,一位師資培育者,兩位研究員)。前面我曾提過教室中教師的核心和周邊角色,應該是相互尊重以及具有想共同訂定計畫的期望,在這裡唯一的障礙是參與者的個性及知識觀的差異問題,後者是種矛盾,可藉由共同產出的對話來解決,而前者通常會在共同教學活動中逐漸溶化而不突顯了。當人們個性不合難以相處在一起的時候,這時很難期望他們會為學生的利益而繼續合作。最近我們的一些案例,顯示在共同教學中可以涉及為數甚多的共同教師而可以成功地完成教學,甚至有多達二十位共同教師和數目相近的學生的成功案例。在這樣情形下,一位共同教師擔任核心主導位置,其他的人則可以扮演類似「家教式指導」的角色,輔導有困難的個人或小組的學習。

縱使主要的課程正在進行,但是這種家教式指導小組中的會話交談在課堂是被許可的。在這種情境下,共同教師中有參與專業發展活動的高中科學和數學老師、想獲得科學教學證照的新手教師,以及提供專業發展活動的大學科學或數學教授。三個學科教學提供的證據相當支持共同教學的效果,及學生分別學到了化學、生物和數學。同樣的,教師藉由和其他夥伴共同教學,以及和自己在種族、年齡、階級和語言不同學生小組的教學中學習如何教學,產生了教學的改變及教學的進步。這麼多共同教師一起參與的成功共同教學例子,增加了共同教學作為一個可提供教師和學生學習活動的更為廣泛的應用層面。

# 伍、共同教學：例子之一

　　Lisa 和 Jeannie 是生物背景的研究生，兩位都是第一學期的教學。Lisa 已有證照，Jeannie 還正在尋求獲得教生物學證照的學習過程。他們一起在一間兩倍大的教室教生物課，把這間大教室分隔成兩間普通教室的拉門被推回牆邊。共同教學指的是兩位或多位教師在教學活動中，共同執行教學以及相互學習的教學模式，所有的共同教師都要肩負學生學習的責任（Roth & Tobin, 2002）。在這間共同教學的教室，學生坐在連在固定的實驗桌的座位上，這樣的座位安排使得學生看黑板的角度不很方便。Lisa 使用可攜帶式的小黑板，將它放在中央，讓學生可以看到老師在黑板的繪圖以及重點筆記。為了彌補黑板空間不足造成學習困難的問題，共同教師每天都製作了講義，內容包括：學習重點、摘要、要學生回答的問題，以及待完成的家庭作業等。

　　在一堂有關蛋白質合成時胺基酸序列的教學單元，Lisa 扮演的是負責複習關鍵概念的核心角色，在中央位置的黑板寫下主要想法以及發講義。Lisa 在學生行列間走動，以尖銳的音調和卡通式的手勢提出問題，要求學生在發給的講義裡找出重要訊息，全班學生像合唱式的回應她的提問。這種活動是鮮活的、是吵鬧的，大部分學生都持續參與這個學習活動。Jeannie 在教室到處走動，幫助不專心的學生能專心學習，若有必要，會澄清 Lisa 的一些解釋或者問題，偶爾，Jeannie 往前來強調並精緻化她認為重要的內容，Jeannie 的角色互補了 Lisa 的角色，兩人一起所提供給學生的是一種協調具有互相增強作用的教學模式。

　　完成複習之後，Lisa 將教學的權杖轉給 Jeannie，讓她說明學生在蛋白質合成模擬活動中扮演的角色。當 Jeannie 柔聲地解釋了參與者的目標及角色，Lisa 在黑板寫下了重要概念和步驟，這些就成了支持學生學習以及 Jeannie 繼續往下教學的資源。就像 Jeannie 在前面活動所做的一樣，Lisa 提出解釋並問全班問題。這個活動看不到任何老師干擾了教與學的流程，雖然 Lisa 偶爾會進來參與教學，但是當 Jeannie 繼續教學時，她又很快的退下來，教學角色的轉換是在共

同教師的語言或非語言，如：手勢、表情、點頭、眼神的訊號下傳達。

在蛋白質合成模擬活動時，學生藉著散布在教室的紙牌獲得遺傳訊息，雖然一些學生渴望很快就能獲得資訊並理解其中道理，但是大部分學生卻利用這時間聊天或休息。兩位共同教師和我就在教室走動，提供協助以及鼓勵學生參與活動。因為我不是這領域專長，我知道我無法馬上抓到這個重點，所以我建議學生去向共同教師或同儕（如：Abdul）尋求協助。我是研究者的角色，有點像大學指導教師、輔導教師或是學校行政者。我覺得我扮演的是合作的、周邊的以及朝向擴大學生學習目標的角色。我和學生以及共同教師，大家的興趣並不在於是假裝蛋白質合成理論的專家，但是在這現場，我的重要角色是鼓勵學生主動參與學習活動。

當活動中資料蒐集的部分結束後，Lisa 要求學生回到他們的小組，進行解釋資料及回答習作單問題的工作。共同教師引導學生小組討論，然後一組一組的過去提供必要的協助。共同教師和學生之間的互動有個特質就是只要學生提出需要協助，教師就會視實際需要花夠長的時間提供學生實質的支持。

這是專注於全班教與學的共同教學例子。在這種安排下，共同教師扮演互補角色，在教學上兩者之間能有上前、後退和諧韻律的銜接。從一個單元到下一個單元，通常某位教師會比他的共同教師有較長的時間在班級活動中扮演核心的角色。然而，在小組或個人化活動中，角色是對稱的，而且在許多案例中發現，一位教師教學表現漸漸會與他的共同教師有許多相似處。這種教學模式，成功的關鍵是聚焦於學生的學習以及孕育出相互支持達到教育目標的互補性角色。

由於共同教學及共同產生出的對話，首先是被運用到教師證照獲取以及教師持續的專業發展，在這方面的教育研究以及期刊發表上已有顯著的成長（Roth & Tobin, 2005）。這兩個主題的研究反映出他們在加拿大、美國、澳洲及英國的應用。這些研究是包括幼稚園到高中階段的長期研究。除此之外，Lebak（2005）探討有關戶外田野中心兩位經驗教師的共同教學研究，她呈現出中心的科學專家（一位有經驗的課堂教師），跟來自普通教室的老師，學習如何帶

城市學校學生參加戶外學習活動的共同教學歷程。Scantlebury（2005）與他的同事也執行過新手教師和經驗教師的共同教學研究。他們發現只要相互之間存在尊重以及教師可以一起做計畫，那麼經驗教師或新手教師從對方可以學習到更多教學的秘訣。所以，共同教學是專業發展的強勢模式，以及能讓兩位或更多的共同教師之間，雙方在無意識或有意識中學習到教學專業。教師開始有些像對方的教學勢態，這也就是說他們已擴展教學實務的能力。共同教學是教師藉由與另一位對所要教的學科有深入瞭解的教師合作而學習學科知識的一種情境脈絡（Roth & Tobin, 2002），當然也不是所有學習到的都是有益的，在從共同產出的對話中，教師和學生可以辨識過程中發生的矛盾，以及解決這些矛盾所需要的改變。

　　共同產出對話方面的研究也頗具良好的發展遠景。學生、教師、師資培育者和研究者等的參與者，相互學習對話、聆聽以及能跨越年齡、性別、種族以及社會階層的藩籬進一步更豐富的彼此學習（LaVan, 2004）。雖然共同產出的對話這個議題是源於共同教學的研究而來，它是共同教學不可分割的部分，然而這個活動的運用超越共同教學的範疇。共同產出對話在轉換整個學校參與者的角色之潛勢，是來自共同教學研究的一個副產品，最近和進行中的研究正在探討一些應用，希望能夠改善比一個班級還大的教育機構（舉凡在小型學習社群、科系、學校）的教學氣氛（Lavan & Beers, 2005）。

## 陸、從專家獲得的學習

　　因為教學是行動知識的一種形式，很明顯地，現場經驗是學習教學的核心活動；也就是靠著教學來學習教學，在可能的範圍內，整合了所有相關的知識形式。然而，雖然我的大部分師資培育夥伴很容易可以接受實地經驗為核心的看法，但是針對實地經驗所應該要發生的事情卻還沒有共識。在我的同事中，有一個信念，認為對於實地經驗應該由一段長時間觀察他人教學的經驗開始。新手教師在開始教書之前，被要求觀摩被指定的輔導教師或其他教師的教學，

並記下筆記。這就是被期望無論輔導教師或被觀摩教學的教師都是典範教師，讓新手教師由觀察最好的教學以及與專家教師的互動，進一步請教他們為何這麼教，以便學習教學。對於觀察下的定期會談，協助新手教師建立教學的心象，藉由有經驗的參與者（輔導教師以及大學的視導者）所提供的理念，並透過與他人的反思對話，建構出對應的實務心象。讓有經驗的人士，透過檢視教學計畫的筆記以及參與新手教師的對話，其目的是藉著他們的教學經驗、大學課程的知識和理論，能闡述這課堂教學觀摩最為顯著的實務經驗。然而，除非共同教學發生，否則類似的對話對教學能力增長的效益是有限的，因為他們可能欠缺在這個地方、這個時間，教這些學生的鮮活經驗。

如果觀察教學者與被觀察的教師之間沒有共同教學的過程，那麼兩者之間認為教室裡發生的重要事件以及互動現象的看法會有極大的不同。談論教學在本體上與教學不同，誰也無法保證學理的提供即使是出自專家很真誠的解釋，他們所說的、所做的以及為何而做的，卻未必有所關聯。以至於造成互動對話只是讓大家更會談論教學，但是對於教什麼或如何教並沒有直接的貢獻。可能所有參與者有機會精緻化他們的教學基模，包括對有效或無效的教學實務的價值觀、信念以及隱喻。從輔導教師和新手教師的觀點，這樣的討論可能的結果是導致在未來對某些特定實務方式的接納，和對其他的方式則不再繼續使用。然而，教學實務是實踐的行動，不管是說、是寫或是解決問題，在教學與學習上面都沒有比基模的改變來得重要。如果教室結構有利於實務的發展以及實踐運作，則與那些基模一致的實務才能夠在實踐中被創造出來。

教師的基模只是教室結構的一部分；教室結構是動態的，包含所有參與者的基模及實務、物質和時間資源的有無，以及可被運用和分配的人力資源等。如果一位教師執行某些教學實務，它們成為在教室中所有參與者的行動的資源。是否它們可以被加以運用，端看所有參與者的能力，而這在辯證法上是與場域結構有關的，包括參與者的實行情形（Sewell, 1992）。

當班級安頓下來了（Swidler, 1986），教師教學能以一種可預期的方式，她的行動流程能與另位教師的行動步調一致。然而當這種平衡和諧發生了斷裂

折痕，學生未必期待新行動的發生，而繼續使用教師行動作為資源的後續互動，也可能是不可預期的。缺乏期望將會侵害教與學的流程，形成沒有功能的學習環境。如果學生瞭解教師想做改變，而且他們也同意要做的改變，那麼他們較容易支持及期望該發生的事以及進行適切的互動。

## 柒、共同教學的研究方法論

在我進行第一次詮釋性俗民誌研究的時候有一項顯著的特徵，就是我的學術同事 James Gallagher 在我們進行研究的教室裡以共同教師的身分介入的程度。他仔細觀察學生做的事，並且和他們有互動，回答問題或是提問，就好像他也是現場的老師。他所扮演的研究者角色，乃是主動積極地支持在我們研究主題裡學生的學習。他的觀點是我們應該盡力協助所研究的學生。他對於成為參與觀察者的理解是「蒼蠅停在牆壁上」的想法對做研究是無用的，做詮釋性研究最好的方法該是盡全力沉浸在研究現場，而學生學習的興趣是主要的圭臬。在我們第一個俗民誌研究，我們很快的理解到除非我們有在現場或是經由研究，否則我們可能永遠不會知道教學或學習會是什麼模樣。

許多年後，我開始執行有關共同教學研究，第一年是與 Wolff-Michael Roth 合作，我們經常討論我們所做研究的精髓，作為師資培育者以及教育研究者應該有個主要的總目標，也就是如何增強學生的學習。在要以加強學生學習日的的行動角色，我們必須定位自己在師資教育的脈絡下執行高素質的研究，也就是有效的學習如何教學。1990 年到現在，我發展出共同教學的研究方法論，一些步驟敘述如後。

## 捌、角色的清晰化

毫無疑問的，雖然研究者角色會隨著時間逐漸演進產生，但是教師會希望對於你作為研究者的角色有清楚的理解。同樣的，讓學生希望能知道他們能還

是不能寄望於你的這件事也是非常重要的。雖然這些理解會隨著時間而改變，但是第一次訪視教室時應讓班級知道你將做什麼以及他們如何能獲得你的服務。「你是老師嗎？你是學生嗎？你是行政人員嗎？你會讓我們遇到麻煩嗎？」這些都是學生會問的一般問題。所以，該如何回答這些問題？

我想非常重要的就是讓老師知道研究會涉及到參與者觀察以及探索各種可能的參與方式。通常我描述我願意幫助學生的這些周邊方式，同時在教師的邀請下，我願提供越來越接近核心角色的協助。關於周邊參與的例子，我想提及的是當教師忙著教學，而有學生舉手提問，我就幫忙回應，回答學生個人或小組直接問我的問題，監控學生的參與和完成的作品，以及幫忙分發儀器或材料等教室工作。有個受歡迎的角色，就是當個別學生或小組在班級教學中發生困難，我就在一旁以類似家教輔導的方式指導。顯然的，這樣的做法是要在事前獲得老師及全班學生的同意。不管所協商的為何，非常重要的是參與者的角色不能阻礙學生的學習。其次的考慮是這些角色應該與研究的目的要呼應。

透過共同教學，研究者可以相當直接的方式獲得體驗教師與學生實踐經驗的機會。但是問題是在共同教學中，要將發生的事件記錄下來有些困難。我採用的方式是使用小型數位攝影機捕捉發生的事件，我將它握在手中或者在必要的時候將它放在桌上。我不用三角架，因為那看來很奇怪。攝影機內的小麥克風會錄下聲音，除非我希望有特殊音效或影像，否則這樣做效果還不錯。在每次教學單元之後，我馬上寫下場記，記錄這個單元最為顯著的事件。如果可能的話，我會重播整個由頭到尾的錄影帶，以充實我的場記內容以及計畫合適的資料蒐集以及分析方式。

在教室教師和學生身邊進行的共同教學，提供對於教與學新的見地，增加了理解事件發生的重要面向，並且形成了一個新的研究法，在俗民誌中增加了成為局內人的一個核心面向。漸漸的會理解擔任核心教學角色以及單獨教學的意義（當然該銘記於心的是應該獲得任課教師的允許；有些地方這樣做，是不合法的）。

# 玖、共同產出的對話

　　共同產出的對話是我們透過研究、師資培育及課程發展，擴展學生角色扮演的努力之下所發展出來的（Elmesky & Tobin, 2005）。我們曾採行一個教學現場的實務，請來自不同班級的兩位學生對教師提出問題：「像你這樣子的孩子，我該如何教才比較好？」我們發現讓學生和教師一起討論及分享經驗的教育價值，包括要改進什麼地方？哪些是順利進行？什麼會讓我們感到挫折？什麼會讓我們感到喜悅等。運用會談的形式，讓教師得到超乎一張張列著需要改進的單子。互動可以深入探索教室的生活以及進行心靈的會談，當大學的研究者執行教室的研究時，這就很明顯的擴展了研究者成為教室現場的主動參與者。在這時候，清楚的顯現出會談的優點，就是讓教師醒悟到他過去不在意的教學實務。所以，討論引導覺知，語言的創造及聯結的心象呈現出教與學的顯著特徵以及清楚辨識出可能有利於改進學習環境品質的改變。一般而言，這些改變包括教與學的角色、管理學生及組織教材，以及有利於支持學習的屬於材料及符號的資源（例如：新規矩）等的改變。

　　當我開始在我服務的大學以實踐共同教學作為學習教學的主要活動時，我要求每班兩位學生的參與，要像個師資培育者，幫助他們的輔導教師「教像我這樣的孩子」。當我們在分享經驗的會談時，牽涉到許多相關人員，包括新手教師、合作教師、大學視導者以及挑選出來的學生都參與這個會談。在共同教學之後，共同產出的對話有進一步的發展，即是所有教師、師資培育者以及一起共同教學的研究者都接受一個前提，也就是在共同教學中大家合作，以擴展學生最大學習是主要的目標。這目標的責任是所有參與者共同擔負的，我很注意共擔責任的重要性，例如在教遺傳單元之後的討論，我質疑一位新手教師在轉換的過程花費太多時間（Tobin, Roth, & Zimmermann, 2001）。教師同意我有關轉換時間過長並表示為此負責之後，Wolff-Michael Roth，我的共同產生對話的合作參與夥伴，反問我：「如果你認為這太長，為何不縮短它？」就在那時

候,我警覺到共擔責任也包含我在內,而上述把主要教學責任歸給共同教師身上的批評,是無助於擴展所有學生最好的學習。自此之後,我坦然認為在共同教學以及共同產出的對話,所有參與者必須要承認教室內發生的一切事情以及由共同產出的對話所形成的共識,是所有參與者共擔的責任。

　　共同產出的對話之目標,是為了提升教與學品質,而在要對於規則、角色以及資源的改變時,進行協商以求達成共識。一個有利的做法就是能聽到在會談中所有的聲音,以及建構一種規則結構好讓每個人都能由他人不同觀點得到學習。所以,有必要去考慮所有參與者能主動聆聽以及重視在討論教學實務時,沒有誰說話是占強勢的。很清楚的,如果這些共同產出的對話能催化教室內有利的改變,參與者必須創造新角色以及支持新角色相關的規則結構。我們創塑的規則有些是很必要的,權勢的差異會扭曲對話的焦點以及影響所達成共識的本質。在舉行共同產出的對話時,所有參與者可以公開自由的談話,不用怕被報復,這一點很重要。沒有人能夠主導會談,應該針對他人發言內容進行輪流禮貌的對話。互補的規則就是所有參與者應該表現對他人的尊重,成為一個敏銳的聆聽者以及尊敬他人在說話和建立說話焦點的權利。專注聆聽中的一部分是,如果尚未達到前面議題的共識時,不要另提新議題。

## 拾、共同產出的對話演變

　　共同產出對話是與共同教學聯結一起發展的,我們試著找到兩位學生可以在課後和共同教師進行分享經驗的會談。如果大學教職員,例如師資培育者或研究者參與課堂教學,他們的加入也很受歡迎。同樣的,學校行政者也是被鼓勵參與共同教學,而不是在一旁做觀察或是評鑑,所以很鼓勵他們參與共同產出對話。共同產出的對話這個過程常被視為核心的共同教學經驗附屬品,主要的原因是缺乏對所涉及各項細節的描述,另一方面也是缺乏彰顯其價值的研究。然而,基於我們持續進行中有關城市中學及高中的研究,這樣的局面勢必將有所改變(Tobin, Elmesky, & Seiler, 2005)。

共同產出的對話可以藉由錄影帶呈現教室互動中諧合一致的形式（pattern，或譯為樣態、樣式、組型等）或矛盾衝突的事件，進行反思、改進，教師、學生、師資培育者或學校行政者的任何一位可以觀看教室錄影帶，針對某一段呈現的形式或衝突，作為共同產出對話的焦點。我們最為成功的是抓出三十秒到三分鐘長度的小段錄影帶，以正常速度或加速或減速重播其中的形式或矛盾。我們鼓勵所有的參與者準備來自教室教學證據的小故事錄影帶，以便聚焦放入共同產出的對話過程討論的主題，讓如何移除衝突以及提升學習和教學的目標更易達到共識。

　　共同產出的對話提供令人驚喜的新發現，也就是城市學生分析教學和學習，以流暢及廣泛的方式呈現了他們的觀點，以及提出跨越班級、種族、性別和年齡等的為難議題。在共同產出的對話中有許多證據，顯示學生能發展堅固的、廣闊的論證、注意聆聽，並且在適當的時間能針對聚焦小組目標的重要議題加以探討。共同教師和學生相互尊重，贏得彼此的尊敬，很少搶別人發言。大家也注意到在說話時應輪流，而批判性的言論是可以接受的。同時，如果當有人提出更具批判性的評論，也不必要他們閉上嘴，而是冷靜的、理性的、誠懇的回應。

　　雖然初期我要求共同產出的對話發生是每個班級一週兩次，但實際出現的次數比這少，因此我訂了規則，至少一週要有一次，當然也確實因為時間安排的限制。因為共同教師和學生的作息時間安排，很難發現多餘時間。要挪出共同產出的對話時間，應該事前就訂好，不應該順著教師才訂時間或取消對話。在 Martin（2005）的研究發現當老師忙不過來時，共同產出的對話機會逐漸減少，而這時卻是學生極需要對話的時候。另一個議題是從各個利害關係群體中找出具有代表性的人，有些學校任課教師有許多工作要做，無法常常參與共同產出的對話活動，雖然這樣，但是共同產出的對話活動還是舉行（雖然沒有學校任課教師參與），這是因為參與者仍然可由這個對話收穫很多。最後，學生的挑選是另一個議題。我們發現二到三位學生是適切的數目，在可行範圍內可利用辯證的過程選擇不同屬性的學生。我們有過最為成功的經驗是讓同樣的學

生一直留在共同產生對話活動小組有段較長的時間（至少三週）。在一個穩定的小組，經一段時間會萌生具特質的文化，而在此共同產出對話的場域所形成的文化，可能轉移至整個班級並且可轉換到運作課程中。

聚焦在鑑定及解決衝突的論述是源自於 Sewell（1999）描述文化是具有厚實一致性的形式，以及在辯證性上和其相互聯結的矛盾。有個想法是確認這些矛盾，進而設法減少它的發生次數，反之若這些矛盾是值得有的，則設法增加它發生的機率。當然在設法產生改變時，會引入另一些矛盾，而這些可能又成為共同產出對話的焦點。參與共同產出對話活動的人可能不清楚矛盾的發生，所以重看錄影帶的小故事可以確定他們當初未能覺察的教學形式和矛盾。由接續的互動對話，對於是否要進行改變就可以達成協議，不論是否以錄影帶小故事作為對話焦點，對於什麼是要做的事大家要一起建立共識。所有參與者在執行已達成協議的事情應該考慮到自己的角色，因為所有個體的角色和群體角色之間有一個辯證關係存在。

在一堂課中，共同教師們可以聚在一起重看教室發生的事，事先做計畫以及探索如何移去衝突及加強在課堂中出現的明顯形式。利用橄欖球的隱喻，就是「聚首會商」，我們把教室裡短暫停止上課的會議，看成是共同產出對話的形式。傳統而言，這些都是很自然就發生在教師之間，然而根據對於教與學共同肩負責任的想法，小組中重要人物的代表性不可忽視，而每個人都可以視適當時機提出「聚首會商」的要求。「聚首會商」包括共同教師和二到三位學生，這不是經常發生的現象，但是在我們的研究，短暫「聚首會商」在一堂課中約發生三到五次。少數狀況下，「聚首會商」可能會包括許多參與者（甚至全班），並花費了較長的時間。

從在一些學校所做仔細的研究，我們看到參與共同產生對話活動的年輕學子藉由和教師的互動創塑出新文化，這使得我們停止原訂增加參與共同產出對話活動人數的計畫。我們看到了積極的互動以及相互的學習，建構出具有讓新文化滋長的苗床，而此新文化跨越了顯示科學教室中不平等的一些藩籬。共同產出對話活動的一個重要目標，是使得共同教師和學生建構新文化，因而得以

跨越文化和社會的藩籬產生有效的互動。當新文化的建構是主要的目標時，共同產出的對話人數可能要少一點，可能就是一對一的對話（例如：一位老師和一位學生）。在這些情況下，共同產出對話小組的組成，應該是多樣的、而人數較少的（最多為五位），以提供來自在文化上或社會上「他人」的學習機會。

## 拾壹、共同產出的對話：範例

　　一個共同產出的對話中有關參與者角色的例子，如以下的分析，其中參與者包括共同教師（Lisa 和 Jeannie），研究者（我），以及兩位學生（Abdul 及 Cassandra）的案例。選這兩位學生是因為他們在性別、種族、班級表現以及就業目標有所不同。Abdul，男生，從巴基斯坦移民美國，高成就，想到大學攻讀自然科學，未來走科學相關的行業。Cassandra，非裔美國女生，敏感的學生，會受同儕影響而分心，在自然科學學習屬於掙扎狀態，猶如 Abdul，她想進入大學攻讀健康科學。由於共同產出的對話是在蛋白質合成的教學之後立即舉行，為了參與對話，他們獲得同意沒上體育課。

　　在討論如何成為有效率的教師引言之後，我將對話的焦點放在「這個班級的狀況怎麼樣？」的問題，學生就採取核心角色，很自由地談同儕、父母和其他班級。Abdul 提到這個班級實驗課的價值，而且說他喜歡共同教師的教學方式。身為學校科學績優的學生之一，Abdul 清楚地說出他對一個嚴格要求而讓他能夠學習的課程之期望。Cassandra 也評論課程的適切性，還有她所學的和她的母親當初在學校學習的不同，她目前學到哪些新的東西，和他們這班的教法要比其他班級好。在這對話，教師專心聆聽學生的述說並與他們做平等式的互動。沒有哪個聲音是特別占優勢。我的角色是主動的聆聽者，只有在我覺得對話裡與教室的教與學出現的一致形式或矛盾等議題相差太遠時，我才問道：「所以這班級下個步驟是什麼？我真的很喜歡這個學習環境……但是應該會更好。所以要怎麼樣，將會變得更好？」

　　對於黑板空間的限制、電腦資源的缺乏和使用上的不便，在共同教師和兩

位學生之間有熱烈對話。教師和學生在這共同產出對話活動之間的兩方面談話所占的比例幾乎相等。他們討論出可能解決的辦法，由電腦投射影像到從天花板掛下來的銀幕；這個想法被否決了，因為如果從天花板垂掛銀幕，會違反防火的規範。Lisa 問到共同教師為學生準備講義的價值，是協助學生免除將老師在黑板的重點記在筆記的需求。兩位學生都認為講義有很大價值，因此決定繼續為每堂課準備講義及習作單。黑板有限的問題也是討論之一，參與者在對話中認為教室的物理環境排除了簡單解決的方式，我建議去和校長或學校聯絡人會面討論這問題。小組中大家很快達成要求更多椅子的共識，這個決定卻也提醒了共同教師一個潛在的問題，就是學生由座位移到實驗工作檯要花費很多時間。在這討論中大家注意到因為對話群體的組成有改變，使得上述轉換所需的時間縮短了。有別於其他討論的形式，共同產出的對話有一特性，就是其目的在於要對化解矛盾衝突之道，以及共同負起執行對「改變」的協議之責任。

Jennie 提出一個問題：「新組合的小組發展狀況如何？」成為所有參與者關心的議題。Abdul 提出他新組分派不利的問題。他解釋他瞭解自己是個學習者，以及他可以在有產出、有成效的小組同儕中獲益的方式。然而，他說目前他那一組無法發揮功能，使得他必須獨自來做。Cassandra 很快地指出重新編組是必要且對她有利，因為她在目前小組適應及學習都很好。在熱烈互動會談下，所達到的共識是，學習環境整體而言是更佳，但是有些小組安排，包括 Abdul 的這一組，是需要改變的。會談從討論小組編制的問題到教室經營的問題，評論到有一天有人形容：「像隻老鼠樣的安靜。」Jeannie 冒出：「確實有老鼠！」學生和教師對教室這種嚇人的情境大笑，也注意到確實有老鼠在地板上跑。鮮活的討論，引起學生在解剖的興趣，同意未來做解剖實驗。

對話裡又說到學生不太按規定寫作業的理由，雖然學生成績是根據學生是否完成作業並按時繳交。兩位學生都說共同教師應訂下一些關於寫作業的嚴厲規定。在互動中，很清楚地顯示出來，對共同教師而言，學生不交家庭作業是他們希望獲得協助的重要議題。師生不斷的在談論，我也提出許多的解決方法。有一個共識是如果訂好的規定不嚴厲執行，學生會養成壞習慣。會談內容的廣

泛顯示共同教師接納學生的建議，學生希望的是一個公平的制度，亦即是鼓勵學生回家或週末做作業，而不是在輔導時段做作業。對話裡，還提到相關的議題，就是學生補交過去沒有完成的家庭作業，可以獲得加分，或打電話告訴沒做作業學生的家長或監護人，以及如何處理班上多達四分之一的學生因為沒有寫作業而不及格等事宜。有一項共識是：為瞭解決這問題，和此有關的學生應被邀請加入共同產出的對話活動。

# 拾貳、結論

　　雖然共同產出的對話這個活動最初是與共同教學連帶發展出來的，但是它可能應用的範圍卻遠超越了共同教學。任何教室不論是否有共同教學的發生，教師與學生和行政人員代表定期的會議是相當具有教育價值的。當所有共同教師參與共同產出對話時，其所獲致的效益會被放大，並且可以明顯的看到當課程付諸實施時，彼此之間對於約定好的角色以及目標會共同分擔責任。共同產出對話在催化改進運作課程的效果上最為成功之處，是當關注的事情是聚焦在達成矛盾解決以及角色、目標的不斷重新定義的共識，而所有參與者對所達成的共識也都接受共同責任。大體而言，我們發現共同產出的對話是產出教室和學校新文化的溫床。尤其是當年輕人和成人都在聆聽、說話，超越時間的、社會的、文化的和經驗上的藩籬，成功地進行相互學習。我們在大班或小組皆能進行成功的共同產生對話活動。兩者均各有是處，對於屬於全班性共同產出對話的活動，因為有太多分散且值得要改變的證據，所以必須要呈現給全班來看以獲得全體對改變的同意。在這種班級，使用錄影帶小故事顯示矛盾，來增加矛盾極待解決的說服力。參與小組共同產出對話的學生，通常會由班級錄影帶選擇小故事並負責呈現給全班學生以帶動相關的對話。

　　不論參與者的職位為何，共同教學和共同產出的對話提供的是彼此之間互相學習教學的機會。這樣對任何人的學習而言，不是只學到他該知道以及可以做什麼，也包括了教室中互動的結構。共同教師可從其他教師的教學及學生的

日常實踐獲得親身經驗和學習。接著，在共同產出的對話活動，提供了察覺教室生態的一致形式和矛盾事件的機會以及進行與共同教師、學生等重要相關人物磋商有關改變目標、角色、規則以及材料資源等，以擴展了所有參與者的能力，移除衝突和改善學習環境的品質。

共同產出的對話也是參與者可以創造出有效的跨越年齡、性別、種族和班級界限的新型資本的場域。雖然初步研究顯示在共同產出對話所產生在文化、社會以及符號上的資本，已在教室中上演（LaVan, 2004），還有更迫切需要探究在共同產出的對話所培養出來的資本是可運用在學生校外以及未來的社會生活。

根據八年來長期的研究，共同教學和共同產出對話的潛勢，不論二者合起來或者是分開，似乎是冰山的一角。就像冰山有相當大看不見的部分是隱藏在海面底下，比起目前顯而易見的，還有更多要探討的問題。例如，共同產出對話是由共同教師在從事班級活動中家教式輔導的周邊角色時萌起。就這樣，共同教師在班級教學活動中的家教方式提供有效的教與學，而且跨越年齡、種族、班級、語言資源及性別的界限。當一位共同教師關注教他或她的專業科目，他或她以及學生可以藉由互動獲得如何跨越這些界限的學習。大部分的學習是無意識的，只要有充足的時間，漸漸地，老師和學生可以像音樂一樣互動得既調和又流暢。同樣的，在共同產出的對話，學生和老師學習到聆聽或回應他人以及產生共識的磋商。所有參與者——老師和學生——可以將他們由共同產出對話的活動所學到的應用到教室或其他場域，所以共同教學和共同產出的對話，能跨越削弱學校有效運作的藩籬而提供學習教與學的機會。

在一般共同產出的對話活動最主要目的之一，是要建立運作課程的集體責任感，因此，讓教室中所有成員都參與共同產出對話活動是有好處的，但是，必須要有主動踴躍的參與行為以及團體認同的感知，才會形成團結一致、休戚與共的士氣。我們需要更多研究來探討共同產出對話的效能與群體大小的關係。然而，執行至今的研究顯示：當群體大小改變時，共同產出的對話能夠達成具豐富成果的目標會有所不同。看來，我們有強烈的理由來嘗試將群體大小從兩

人一組擴充到包括整個班級。根據我們對冰山一角的所知，共同產出的對話對於改變學校外觀具有極為巨大的潛勢。

# 參考文獻

Collins, R. (2004). *Interaction ritual chains*. NJ: Princeton University Press.

Elmesky, R., & Tobin, K. (2005). Expanding our understandings of urban science education by expanding the roles of students as researchers. *Journal of Research in Science Teaching, 42*(7), 807-828.

LaVan, S. K. (2004). *Cogenerating fluency in urban science classrooms*. Unpublished doctoral dissertation, The University of Pennsylvania, Philadelphia, PA.

LaVan, S. K., & Beers, J. (2005). The role of cogenerative dialogue in learning to teach and transforming learning environments. In K. Tobin, R. Elmesky, & G. Seiler, (Eds.), *Improving urban science education: New roles for teachers, students, and researchers* (pp. 149-166). New York: Rowman & Littlefield Publishers, Inc.

Lebak, K. (2005). *Connecting outdoor field experiences to classroom learning: A qualitative study of the participation of students and teachers in learning science*. Unpublished doctoral dissertation, The University of Pennsylvania, Philadelphia, PA.

Martın, S. (2005). *The social and cultural dimensions of successful teaching and learning of science in an urban high school*. Unpublished doctoral dissertation, Curtin University of Technology, Australia.

Roth, W-M., & Tobin, K. (Eds.). (2005). *Teaching together, learning together*. New York: Peter Lang.

Roth, W.-M., & Tobin, K. G. (2002). *At the elbow of another: Learning to teach by coteaching*. New York: Peter Lang.

Roth, W.-M., Tobin, K., Carambo, C., & Dalland, C. (2004). Coteaching: Creating resources for learning and learning to teach chemistry in urban high schools. *Journal of Research in Science Teaching, 41*(9), 882-904.

Roth, W.-M., Tobin, K., Carambo, C., & Dalland, C. (2005). Producing alignment in coteaching. *Science Education, 89*(4), 675-702.

Scantlebury, K. (2005). Gender issues in coteaching. In W.-M. Roth & K. Tobin (Eds.), *Teaching together, learning together* (pp. 233-248). New York: Peter Lang.

Sewell, W. H. (1999). The concept(s) of culture. In V. E. Bonell & L. Hunt (Eds.), *Beyond the cultural turn* (pp. 35-61). Berkeley: University of California Press.

Sewell, W. H. (1992). A theory of structure: Duality, agency and transformation. *American Journal of Sociology, 98*, 1-29.

Swidler, A. (1986). Culture in action: Symbols and strategies. *American Sociological Review, 51*, 273-286.

Tobin, K. (2005). Exchanging the baton: Exploring the co in coteaching. In W.-M. Roth & K. Tobin (Eds.), *Teaching together, learning together* (pp. 141-161). New York: Peter Lang.

Tobin, K., Elmesky, R., & Seiler, G. (Eds.). (2005). *Improving urban science education: New roles for teachers, students and researchers.* NY: Rowman & Littlefield.

Tobin, K., Roth, W.-M., & Zimmermann, A. (2001). Learning to teach in urban schools. *Journal of Research in Science Teaching, 38*(8), 941-964.

# 第 8 章

# 國小科學課的共同教學

作者：Colette Murphy

譯者：王美芬

審稿：郭重吉、李暉

本論文將論及國小科學課中的小學生、實習教師（實習生）、級任教師和科學教育方面的教授，共同教學的經驗。這種共同教學的模式，能使實習教師（主修科學）、級任教師和個別指導實習教師的大學教授，共同分享專業知識，彼此平等地共事，沒有檢核、指導或評分，以有效地激發孩子們及教師們的學習機會。這些共同教學的老師們一起計畫教導、一起教、一起評量，同時也彼此鼓勵實驗一些不同的教與學的方法；所有被考慮到的事，都有機會去嘗試。這樣的教學效果是否有效呢？在實習教師接班的六個月後所做的調查研究結果顯示，學生對於科學課的學習態度有改善，而且男女生無顯著差異；實習教師更有自信教學，並且也高度肯定這種和其他教師、教授所發展的平等關係。指導實習生的教授也肯定這種改善與實習生關係、增進與級任教師和實習教師之間有關科學以及更多對實務省思機會的對話。級任教師也對於有機會藉教學日誌進行省思，以及對帶領科學探究活動的信心提升有高度的評價。共同教學在教學過程中提供很多機會，例如分享專門知識，大家都有一個共同目標，就是為增進學生的科學學習而一起努力，也可以參與教授及在大學中所辦理科學工作坊或研習。

**關鍵字詞**　共同教學、實習輔導、輔導教師

# 壹、引言／背景

本論文摘要了在北愛爾蘭所進行一項小學「共同教學」的專案研究結果。本研究的研究問題是，共同教學在下列各方面是否有效：

1. 改善學生對科學課的學習經驗和喜愛。
2. 增進實習教師的自信和教學專門知識。
3. 增進國小級任教師教自然與科技課的知識及自信。
4. 改善科學專題領域的學習和教學效果。

此外，本專案也從參與者之觀點來探討共同教學的經驗，並深入分析這個教和學的方法，如何應用於教師培育的引導階段中。

培育一位國小的自然科教師，主要的問題在於這些職前教師大多不是科學背景，因此，他們在教自然科時的信心和有效性都不高。許多人還很懼怕學生問些科學的問題，例如：「為什麼太陽那麼高溫？」或「什麼是電？」初任自然科教師也很懼怕帶學生進行科學探究活動，因為時間上、資源運用上的不熟練，加上可能面臨要對非預期的（實驗）結果加以解釋。美國（Fulp, 2002；Weiss & Beggs, 2003）及英國（DENI, 2002）的研究報告特別指出，國小科學教師的培育是不足的。Fulp（2002）結論指出，國小的科學教師在學科知識方面不足，尤其物理方面；在全美國 5,728 位被調查的科學與數學教師中，有四分之三極需在科學學科內容知識方面的專業成長。早期「共同教學」的研究（如Roth, 1998）顯示，實習教師和級任教師共同教學時皆表示他們都缺乏教學自然科的學科背景和自信。基於同樣的精神，本專案以「國小的科學實習教師」（Science Students in Primary Schools, SSIPS）為名，在北愛爾蘭進行一項共同教學的研究，主要目的在於評估具有科學背景的實習教師和級任教師進行共同教學時，是否能有效地增進科學的教與學。

# 貳、研究方法

　　本研究是對兩個獨立調查的結果加以比較，以確認共同教學是否可以提升學童對於自然科學課的喜愛程度。第一個調查（大約有 1,000 位未參加 SSIPS 的小學生）約在實習教師被分發至小學之前的九個月進行，參與被調查的學生是來自全北愛爾蘭各地的小學。第二個調查（二百八十六位參與 SSIPS 專案的小學生）在專案學校中實習完的六個月進行調查。只有一個小學是同時參與第一和第二個調查；該校估計最多只有二十位小學生重複了兩次的問卷調查。兩個調查對象的男、女生比例相同，未參加 SSIPS 學生中有 50.2%女生，49.8%男生，而參加 SSIPS 學生中有 51.2%女生，48.8%男生。

　　我們所使用的研究方法是引用 Ramsden（1998）所建議的：對於學生態度的調查研究，工具必須要求信度和效度，其結果才有價值，且對學生的晤談結果也需由口語與寫作兩方面的回答內容進行交互比對。本研究在兩次問卷調查後，皆對學童晤談補充問卷的資料。

　　問卷的第一個部分包含了一些會影響學生對科學的態度的因素，如年齡、性別、學生做自然科作業時所受的幫助，以及收看哪些科學及自然方面的電視節目等。

　　態度方面的題目，大部分引用自對 ICT 的態度量表（Murphy & Bcggs, 2003），該問卷適用於國小學童。本研究所使用的因素分析法，首先進行問卷調查，以態度試題進行試探性因素分析（exploratory factor analysis），即利用由最大變異轉軸法（varimax rotation）得到主成分分析（principal components analysis），再從陡坡圖（scree plot）以及僅考慮因素負荷量（factor loadings）大於 0.3 者，導出因素數目，由此找出了三項因素，以達總變異量的 35%。這三個因素為「**喜愛科學**」、「**欣賞科學的重要性**」、「**自覺進行科學工作之能力**」。

　　質性研究工具有晤談、焦點團體、文件分析、教室觀察、教學省思日誌，

分析這些資料，以便瞭解實習教師的經驗，例如發生什麼？為什麼？這些資料也可以用來分析實習教師的「個人」和「專業」經驗。實習教師的信心檢核和試教成績，用來進一步分析這些實習教師共同教學的進步情形。

級任教師在實習期間的教學省思日誌，以及實習期間和實習後的半結構訪談資料都加以分析（詳見 Murphy, Beggs, Carlisle, & Greenwood, 2004）。

主要階段的兩個班級學童（九至十一歲），他們接受這種共同教學團隊的教學，同時參與許多焦點團體，並接受訪談。

## 參、專案簡介

北愛爾蘭有兩個教育機構負責培育大學階段的職前教師，St Mary's University College 和 Stranmillis University College。每位實習教師必須獲有教育學士學位並具有一個學科專長，本研究聚焦於科學背景的實習教師。

共同教學的做法有多種方式：

1. 在地國小和大學共同教科學探究課，每週半天，共十週。
2. 在地國小的整個正常科學教學期間，都進行科學探究共同教學。
3. 實習期間的非科學課也進行共同教學。
4. 修教材教法課者，亦在國小實施共同教學。

為了達到本研究之目的，在四年期間，約有一百位實習教師及實習學生實施共同教學的安排，但教授或級任教師不評分這些實習教師或實習生的實習成績。

SSIPS 計畫包含三部分：

1. 第一部分：科學背景的實習教師，他們和級任教師一起準備以及進行實作的、探究的科學與生活科技的教學。
2. 第二部分：將參與的教師聚焦於研習，以發展他們自然與生活科技的探究教學技能（由教授和科學指導專家所講授的）。
3. 第三部分：參與學校發展一項計畫，讓這些學校藉由第一部分和第二部

分的經驗，來增進未來自然與生活科技教學的準備（由教授和科學指導專家支持）。

在分派實習教師之前，級任教師和實習教師都被問卷調查個人對於自然和科技的知識和理解的情況，以及對於教自然與科技的信心，這個調查的資料，加上教師諮商結果，提供了焦點小組研習內容的參考。

在實習教師所分派的學校，實習教師和級任教師一起設計教學、進行授課，以及評量學生，同時應用 ICT 於自然與科技課的教學。

這些為級任教師而舉辦的焦點研習會，也是由大學的科學教育教授、科學協同主事者、科學指導專家、大學以外的教育行政人員，所共同計畫與實施。兩個不同的研習課程分別提供給關鍵階段一（九至十歲）和關鍵階段二（十至十一歲）的教師們參與。

在共同教學和研習會之後，參與的國小和教授、科學指導專家，一起計畫、實施他們自己的校本行動方案，在研習中所習得的專業，可表現於他們自己的校本課程上。

## 肆、結果

SSIPS 專案的學童，對於自然科有較正面的態度，例如，有 75% 學童同意「解決科學問題是很愉快的」，相形之下，未參與 SSIPS 的學童只有 54% 持有這種態度（圖 8-1）。而且從學童自由回答的問卷中有更多證據顯示，縱使在實習後的六個月，許多學童仍能記得他們曾學過的知識和實驗的細節內容。

男生和女生對於在教室中所學不同科學主題的教材偏好，差異很小。女生在教師研習後的學習方面，對於物理教材的喜愛度，趨向於正面的改變。男女生對於特別的科學主題喜好，則受老師教學法的影響。不只一位教師（大部分是女教師）用操作實驗來教學的效果，已增進女生喜愛物理主題的程度。

比較參加 SSIPS 和未參加 SSIPS 的學童，結果顯示，前者年紀較長者（十至十一歲），對於喜愛科學課的降低程度較小。例如，在未參加 SSIPS 組的較

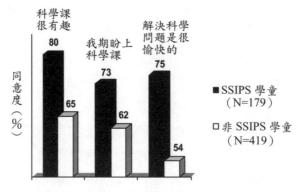

圖 8-1　學生對科學課相對的喜好程度

年少者，對於列舉十六項中的十二項科學主題，比較年長者更趨向於正面的反應，而 SSIPS 組只有四個主題是年少者比年長者有較正面的結果（Murphy et al., 2004）。

　　結果亦顯示實習教師和級任教師共同教學的效果，亦即他們的自信心非常正向！實習教師在訪談中也表示，對於未來進入全職教學任教的自信心提升了，因為他們參與了這次 SSIPS 共同教學專案的校本工作。實習教師同時也認為他們在自然科的所有教學主題的教學自信，都因這個共同教學的經驗而提升（圖 8-2）。

　　在一些教學主題上，實習教師在開始試教前和試教完成後的數月之間，他們的自信心顯著的增加了（p< 0.05），他們對於以提問來刺激學生思考的信心亦有顯著的提升（p< 0.01）。

　　比較有參與這個專案的實習教師的總實習成績，較優於沒有參加此專案的實習教師。圖 8-3 顯示一群教育學程的大學生最後兩年的成績，有些在三年級可看出有明顯高的成績，有些更顯示他們在四年級有顯著進步。所有被訪談的實習教師均表示，共同教學讓他們更有信心教學。

　　由實習教師和級任教師的教學日誌中可發現，比起實習教師主導或級任教師主導的教學而言，共同教學對於兩者都是種成功的教學，因為雙方都感到對

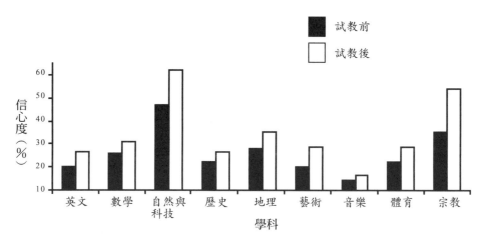

圖 8-2 實習教師在共同教學後信心改變的程度

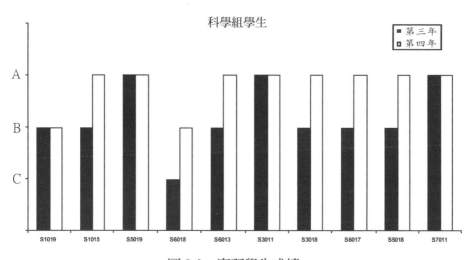

圖 8-3 實習學生成績

於教學的貢獻是對等的；以共同教學而言，由級任教師主導的單元被認為滿意度是較低的。

# 伍、結論

本研究兩個專案的結果都顯示，實習教師和級任教師實施共同教學模式時，可增進自信。此外，參與 SSIPS 專案的學童，對於上自然課的喜好和學習都提升了，而其主要因素有二：一為自然與科技是由具有科學背景的實習教師和級任教師共同教學，另一為自然課著重於探究活動。這兩個因素是互相依存的，因為許多教師認為進行探究活動的科學教學太困難了。這種教學模式下的實習教師，在教室中就像是「催化劑」，持續的提供教與學雙方面正向的影響。

# 誌謝

感謝支持本研究的 Astra Zeneca Science Teaching Trust。

# 參考文獻

Department of Education for Northern Ireland (2002). A Survey of the Science and Technology Area of Study in a sample of Northern Ireland Primary Schools (2000-2001).

Fulp, S. L. (2002). *Status of elementary school science teaching*. North Carolina: Horizon Research.

Murphy, C., & Beggs, J. (2003). Children's perceptions of school science. *School Science Review, 84*(308), 109-116.

Murphy, C., Beggs, J., Carlisle, K, & Greenwood, J. (2004). Students as 'catalysts' in the classroom: The impact of co-teaching between science student teachers and primary classroom teachers on children's enjoyment and learning of science. *International Journal of Science Education, 26*(8), 1023-1035.

Roth, W. M. (1998). *Designing communities*. Dordrecht, The Netherlands: Kluwer Academic Publishers.

Weiss, I. R., Pasley, J. D., Smith, P. S., Baniflower, E. R., & Heck, D. J. (2003). *Looking inside the classroom: A study of K-12 mathematics and science education in the United States*. North Carolina: Horizon Research.

# 第 9 章

# 職前科學教師的轉化交會

作者：Stephen Ritchie

譯者：熊同鑫

審稿：張文華

本研究透過描述四位生涯轉換科學家的故事，提出可用於職前教師篩選與設計提升經驗轉移策略的三種可行原則。這些原則包括：平衡文化形成與再製、確保權力平等分配、設計駕馭正向情感能量。我論述輔導教師和師資培育者可以運用（且進一步修訂）討論形式的策略以提升生涯轉換科學家的經驗轉化。

**關鍵字詞**　轉化

# 壹、緒論

在此我將碰觸一個在澳洲政府和其他地區浮現的關鍵議題，如何吸引和留住科學家教授專門課程。招募科學家轉換跑道教科學是一種解決師資缺乏的方式，尤其是合格的科學教師（特別是物理與化學領域）也許能引發學生的學習動機，進而激發學生願意進入大學科學領域，以解決國家另一項人才缺乏的困境。這在澳洲成為鮮明的問題，有一種警語呼籲放棄由大學進行科學師資培育，改為學校為主體的科學家生涯轉換培育。我認為這種訴求還需要強烈論戰，我願意用這機會討論教師間，特別是視導教師或輔導教師和師資培育者，可以由生涯轉換科學家敘說故事中，瞭解在他們轉換為學校科學教師時，學校和大學結構上缺乏支撐系統問題。我想傳達的是擔任生涯轉換的科學家的實習輔導老師這一訊息，而不在於探討政策議題。在開始討論故事範例之前，我想先回顧科學教師缺乏及產生這些故事的情境脈絡。最終，我想提出一些可能的原則以協助提升資深科學家在學校中的科學教學。

# 貳、科學教師的供需

許多國家的報告指出關於學校缺乏合格科學教師，特別是物理教師的問題。例如在 Harris 等人（2005）針對澳洲學校科學科主任的調查研究中，有41% 的學校指出很難招募到物理老師，31%指出在招募化學老師上有困難。由於 26%實際教授物理者及 13%化學教師，在職前培訓課程（或是大學的二年職前階段培訓）時並未有修習前述副修課程，如此情況可以預想學生在這些教師的課堂中，不會獲得太喜悅的學科學習經驗。這會造成後續延伸問題，也就是非常少的高中畢業生願意進入大學修讀物理和化學課程。美國也面對相同問題，Moine等人（2005）指出一種惡性循環發生在K-12 科學訓練不良，造成學生不願意從事科學，也包括K-12 的科學教學（頁 984）。因此，不僅在澳洲，其他

地區也面臨著不單是有科學教師的需求，同時更需要的是更多擔任學科教學者具備他們教授科目的訓練背景。

　　合格教師候選人的傳統來源中，亦即從科學領域畢業者不敷所需，有一潛在新的合格科學教學的人力資源，是現職科學家也許被吸引轉換擔任為教職。藉由適當的鼓勵和財力支助，是可以招募生涯轉換科學家進入專業教學，據此州政府開始提供擬由科學界轉換至教學者獎學金和支付學費。即使如此，大學和學校還未準備好如此轉換，一如 Skilbeck 和 Connell 提示：「生涯轉換新入行者的經驗應更受認可，身為專業人員，他們絕對不是新手。」我將在這一篇報告指陳此點困擾著許多教師，甚至部分的師資培育者。

## 參、生涯轉換科學家的轉化歷程研究

　　我很樂意將四位生涯轉換科學家在決定成為科學教師的經驗於此陳述。所有的科學家都具備他們專業領域的博士學位，每一位都曾在業界擔任科學研究工作五到十五年。第一個案例是將我已發表之有關實習教師與他們督導教師間權力關係探討著作的再回顧。其他三位是來自於我在任教大學探討科學家參與轉換學程中的案例。

　　每一位科學家都被邀請寫出他／她在由科學專業進入教職時，在學校與教師和學生、在大學與他們的講師，和在其他領域與專家或行政人員之間（或是發生在教與學間的互動）的故事。受到Connelly 和 Clandinin（1994）現場運作的鼓舞，我已經有多年投入學生故事的實務經驗。他們指出故事是師培教育的中心，因為說與寫故事，可以引導教師在實務中的覺知與轉化。他們論述這是具有意義的故事。更者，「我們是置身於事中之人，我們說自己，我們也告訴他人我們創化與再創意義」（Connelly & Clandinin, 1994: 150）。

　　我的學生在我初始的課程中有許多的驚訝，我聲稱教師可由故事中學習、教學是一種口語的專業、在我們生涯早期應當發展練習敘說故事。當然，如我所聲稱，我也在課程中針對聚焦的議題情境，饗以我個人的學校教學故事。在

我最近與三位將完成師資培訓課程的學生進行焦點訪談時，回應了這種練習的影響。一如 Tanya（在醫學界有九年的研究經歷）和 Ross（十五年研究經歷的微生物學家）所述：

> 第一天上課時 Steve 站起說道：「教師是故事敘說者。」我在想：「什麼？你在說些什麼？這是什麼樣的工作呀？你說教師是故事敘說者，這是什麼意思呢？」之後當我在自己的課堂上說出我自己的癌症治療時，我很清晰的為學生勾繪出過程，他們為之著迷。（Tanya）

> 這學期我教生殖與消化單元。當我將重點公布於黑板時，我沉靜的說：「我記得我女兒出生時的過程。」我提及我太太的羊水破了，十分鐘後嬰兒誕生，但一般是需要花幾小時的。他們很愛聽我敘說故事，因為他們知道我真的目睹嬰兒的誕生而不是訊息的傳遞者而已。你是在傳遞經驗，你是在傳遞生命……Steve 是對的。我當初不瞭解我們是說故事者。（Ross）

之前 Ross 在教職員室亦覺察到故事的力量，這經驗促使他有動機參與後來以教學故事為主的會議。

> 我漸漸理解在教職員室對話中，教師彼此分享自己的故事，而這些故事的價值在於建立彼此關係和引導專業行為與思考。更有趣的是我發現教師會重述他人的故事，且經常改變他們自己的故事。我知道自己要更主動的參與討論，並且記錄下我自己的經驗。

科學家的生涯轉換故事有許多共通之處，在此我將選擇四位的故事以描述在成為教師歷程中的主要凸顯議題。

# 肆、生涯轉換科學家述說的故事

## ◎實習輔導教師和他們的實習教師之間的權力差異

Donna（一位具有五年科學研究經歷的生化家）更詳細述說的故事，可以參照Ritchie等人（2000）的文章。當時書寫她的故事時，她是教育研究者和實習教師兩種身分，她參與我的一項小型小學教學主任的訪談，我們對於教師在教科學上的個人實務理論深感興趣，被以是該項研究的共同研究者身分介紹給老師。在接近訪談結束前，我們亦告知對方 Donna 是以兼職生的方式準備其教師資格檢定。依據 Donna 的說法：

> 這個訊息對於 Ricardo 先生對於我的態度似乎有很深的影響。我發現他對待我的方式，很快的由一位願意分享智慧者，轉變成想要將整個他認為對實習教師教學很重要的訊息傳遞給我……。
>
> 我覺得他給予我的是一些「父執輩」的忠告，在位階轉移中，我應該如「有責任感的女兒」般，將他的建議記錄下來。對我而言，這很明顯的是權力的移動，Ricardo 先生在一旦覺察到他是實習輔導教師而非研究夥伴（或一位研究對象）時，顯見的鬆懈和傳達他的理論和實務。

從這個故事的描述，我們可以看見一位實習教師可能既是強勢亦是弱勢。當 Donna 是研究者身分時，她具有權勢者能質問 Ricardo 先生（研究對象）。Ricardo 先生並不全然居於弱勢，因為他可以選擇何時和要告知哪些內容給研究者。當 Ricardo 先生知道 Donna 的實習教師身分後，他明顯的對 Donna 採取更強勢的關係（譬如：父執輩式忠告的給予者）。Donna 和 Ricardo 先生之間的權勢關係由研究者與研究對象，轉變成輔導老師和實習教師關係，到後來 Donna 透過回到研究問題的架構中，刻意的排除此種權勢關係。這些對他人行動的反

應，可以連接不同的言說者到不同的層次的運作鍛鍊。

在接下來的 Tanya 故事中，我描述四位中的三位實習教師對於博士頭銜產生勝於符號表徵的反應。

## 一、由內在及外在感受到不同位階

Tanya 開始說到：

> 我第一天在私立的男校教書，一開始是平靜無事的。當我的輔導老師問到我的背景時，我依據事實告知我有九年的科學家經歷。幾天後剛好有機會，我自願協助另一位教師前往我之前工作的地方進行戶外教學。在和這位教師準備教學的期間，他詢問我的最高學歷。當我說出我具備博士學位時，可以見到他驚訝的表情。接著他建議式的指出，我的條件超過擔任一位教師所需的資格。
>
> 在那次戶外教學參觀時，昔日同事說我的生涯由研究者轉換為教師是一種降級的現象。我很震驚聽到如此說法，我的反應是如果我熱愛我所從事的那就不是降級。我的輔導教師從不知道我的條件背景，這讓我能很輕鬆的與他們相處。
>
> 我漸漸瞭解到，是否該揭露我的背景條件並無簡單的解決方案。我決定除非他們直接問我才說，否則我沒有理由要讓人注意到我的博士頭銜。我期待一段時間後，當我被安置在某校任職時，能更透明化我的背景身分。

對於 Tanya 和其他科學家，告知職員和學生他們的學歷背景是一種兩難。參照 Ross 和 Tanya 與學生在課室相關的經驗的故事，學生從與具有科學家實務經歷的教師互動中，可獲益良多。然而，某些科學家也許會視生涯轉變是資源投資及智能資本損失，是一種降級，更難接受的是來自基層教師的負面和震驚的反應。假如生涯轉換的科學家能成功的轉化於教科學，教學同業應該感到榮

耀的是科學教學是有如此高的價值，和正視如此的轉化能提供進階科學學習和教學的可能，而不是嘲諷新教師們的生涯選擇。一如我後續的報告，許多科學教師對於科學家的工作存有夢幻觀點。

## 二、瓦解科學和科學家的夢幻觀點

　　具備動物健康的微生物學研究經驗，Ross 非常適合以共同設計者參與他輔導教師的禽流感探索單元的設計工作，他的輔導教師具備寄生蟲學博士學位。Ross 和他的輔導教師決定將設計的單元公諸於教師教學研討會。Ross 的輔導教師和其他教師間的非正式對話中，特別指出 Ross 的專業，以及對於他將給學生有趣且吸引人的資源的承諾有所期待。在研習會上，Ross 繼續地說：

　　　　我被介紹給十位左右對於我們課程有興趣的教師，在當日不同時段的個別談話中，我持續被問相同的問題：什麼因素讓你認為必須成為教師？當然還摻雜著不同語詞的質詢，和雜陳著許多類型的情緒表達。包括了：

　　「你知道你自己在做什麼嗎？」

　　「你在想什麼？」

　　「哪個正常人會選擇教書？」

　　　　一如這些問題，有些教師陳述他們的失望感在於他們先前沒有堅持或沒有學好科學課程，以至於不能在我放棄的科學職業中有所發展。離開研習會時，對於我的生涯選擇，我沒有一絲的不安或不確定感。更者，我知覺到這些教師的挫折感，他們似乎覺得錯失生命契機，以至於不能成為科學家。這讓我確認許多成人，包括科學教師，對於專業科學家的生活有著不切實際的夢幻。也許我們能帶給學校某些益處是在於我們能提供有關於科學家在專業領域上的角色與真實世界經驗中的平衡觀點。

生涯轉換的科學家不僅可能改變學生和同事對於科學實務和生活方式的夢幻觀點，還可以將他們的科學家生活故事和專家知能注入課程中。

這一部分在接下的 Christine 故事有進一步說明。

## 三、將科學的背景應用於教學中

Christine 在進入師資培育碩士班課程前，是一位具有八年海洋地理／物理研究經歷的國際知名科學家。不同於其他生涯轉換者，Christine 的背景，在實習階段就被其他科學教師所接受。雖然 Christine 對於她在大學所學的課程與教學，和她實際觀察到的課室教學存有差異而感到失望。她被要求要依據分配的氣體定律主題，為她的物理課程學生營造相關學習經驗。Christine 說到：

> 我試著將內容與學生的生活相聯結及考量到個別背景與經驗。使用氣體定律，我用鷹架方式讓學生想到冰箱和冷氣是如何運作（在我實習時，有一星期是四十度高溫），在澳洲內地如何不用電力來建造冰箱，為何在被水球砸到時會覺得涼快（一個男生有一天是濕透的來上學），如何讓你的飲料快速冷凍（有些學生在下課時是賣冷飲賺取基金），你是否能由吃冰淇淋或冰水減重（兩位重視外表的女孩挑釁說在他們的真實生活絕不用到氣體定律），何時該檢查車子的胎壓（多數的學生在傍晚時維修他們的車子）等。這課程很有趣，且我有自信能將內容的真實性及其他相關資料呈現之。而來自於我的督導、其他教師、校長和學生的回饋鼓舞了我。

此外 Christine 和其他生涯轉換的科學家發現他們的背景對於他們在為學生準備科學情境的活動時是相當有利的，相對的缺少科學家經驗的教師就較不利於將教科書和實驗室資訊進行融合，在她成功的和其他老師於科學研討室分享教學後，Christine 指出：

教師們都覺得自己沒有信心能調整課程，他們缺乏足夠的科學知識，以至於不能將課程內容與生活情境的真實性與可應用性結合，他們覺得依據課本教會較安穩（因答案都存在），而且他們沒有足夠的時間，太少的薪資讓他們不能去投入更多的學習、研究和教學準備。

一如 Ross 先前所說，與曾是科學家的教師與學校教師接觸後，可以增強學校的教學資源，可以提升教師企圖運用另類教學策略的信心，讓學生在一個與科學更相關與真實的情境下學科學。

## 伍、師資生提升轉化經驗之原則

在篇幅侷限下只能從眾多生涯轉換科學家的故事中選出部分來分享，我樂意提出三項相關原則，供師資培育者和學校的實習輔導教師在設計提升師資生經驗轉換之策略時參考。包括了：平衡文化形成與再製、確定平權分配，和導引正向情緒能量。

### 一、平衡文化形成與再製

在一個對話取向的文化研究，此處所指的文化是由群體成員在實務行動中所產生的觀點（Roth & Lee, 付印中）。行動不單是再製文化，同時在他們的具體產出中，為個體創造出資源，以及後續行動和延展出行動的可能。

在學校或大學的學習，可由文化的對話本質來研究，包括了文化的形成和再製。例如，新手教師需要有機會能透過他們是科學家的經驗產出新結構形式（文化產生），以及再製已存於學校，被學生和老師視為好而接受的結構（例如：能建立秩序的結構，使主動學習受促成而非被限制）。

四位科學家的故事顯現的是實習輔導教師和其他同事在與生涯轉換科學家互動時，在文化形成中可能是強化文化再製的部分，而犧牲了文化形成。這些故事中，某些有經驗的教師會疑惑於科學家生涯轉換的決定，且不經意的挑釁

而非接納具有不同且高相關科學教學背景者。除非這些新教師的背景能與他們自己的相吻合（文化再製），否則有經驗教師對於生涯轉換科學家在學校使用新方法教科學（文化形成）時會製造障礙。由於讓科學家於轉換教科學時感到困難，有經驗的教師可能會讓現在學校科學教學讓人更失望，也限制了透過文化轉型鼓勵學生選擇科學領域的可能性。

當然不是所有的實習輔導教師會給予父執輩式的建議方式。Ross 的實習輔導教師覺察到他的潛能，讓他為自己的班級和其他科學教室設計了精彩的學習活動（文化形成）。這表示著我們需要協助科學家能感受到他確實能為學校做些什麼，及需要營造契機讓他們能早些體會到這類的個人獎勵。假如我們想吸引和保有優秀的科學家進入教學專業，教學實習輔導教師在生涯轉換科學家在學校的準備和實習階段時，需要在學習軌跡上力求平衡文化形成與文化再製。實習輔導教師（和師資培育者）應當要主動為生涯轉換科學家營造機會，製造讓他們將生命故事轉化為給學生學習經驗的可能性。

## 二、確定平權分配

當過度強調文化再製的科學教師培育時，在輔導者與受輔導者之間，實習輔導教師會維持著一種占在上位的權力差異狀態。Ross 的輔導教師所為則是融合專家與生涯轉換科學家的經驗，鼓勵共同創造與禽流感相關的學習活動，接納 Ross 的專業和感謝他所發展的活動。Ross 感覺自己為學校做出有價值的貢獻；且他的未來同事——例如他在研習會遇到的人——更能接納他。不是去挑釁生涯轉換科學家成為教師的決定，科學教師應當擁抱投入教學的科學專家和將生命經驗融入科學教學專業者。

雖然實習輔導教師有責任降低他們和職前教師間的權力差異關係，生涯轉換科學家亦有責任，要更常在討論準備學生學習活動時，放入他們的生活經驗和科學實踐的本質，以提升他們自己的權力位階。Christine 展現她使用不同教學策略的意願，而她的嘗試受到有經驗教師的欣賞。此外，師資生可以開啟教學實務討論，透過詢問觀察到的行動切入教師教學實務的智慧，進而產生與實

習輔導老師更具權力位階的關係（參見 Ritchie, Rigano, & Lowry, 2000）。

## 三、導引正向情緒能量

　　Ross熱心投入於和他的教學輔導老師發展教學單元工作，當完成這項工作時，他和他的輔導老師都非常滿意自己的成品，並在研討會上將這種滿足分享給同事。正向情緒能量從活動過程中滲透出，依據Collins（2004）指出，那像是引導出一種對不斷成功經驗的渴望。這種正向情緒能量是源自於一個教學單元的成品，同時是因能將學生帶進單元設計時初預想的情意中，及其他同事聽到他們的成功或使用這些資源。其他科學家亦愉悅於有機會能將他們的科學工作說予學生（和老師；譬如 Christine），這種正向的經驗對於科學家、學生和教學同事都是良好的互動流向。

　　正向的情緒能量可以提振對於教學或相關活動的熱情，反之負面情緒則會降低之。不利的是在研習會上有老師挑戰Ross的生涯改變決定，而Tanya之前的科學界同事對她決定的想法，也是一種負向情緒能量的展現。這類的負面情緒能量會造成生涯轉換的科學家不願意留任當教師，更者會讓一些科學家認為選擇當教師的生涯轉換是不切實際。更糟的是，假若我們想提升學生在科學學習的成就表現，科學家和科學教師其實該是強化學校科學教學的支撐群體。

　　假若我們能接受這三項相關原則以提升生涯轉換科學家的經驗轉承，這些原則可以用於師資生的選才或設計策略之用。在 Murphy（2006）及 Tobin（2006a）的合作教學論述及 Tobin（2006b）的共生性對話的論述中，都可看見這些原則的存在。接著要轉而討論的是我最近用以檢核這些準則是否達成的策略。

## 陸、以座談討論為策略的增進轉化

　　最近我針對三位（Ross、Tanya和James）將完成師資培育課程的生涯轉換科學家，舉辦一個討論座談會。在進行座談會與錄音之前，每一位科學家先書

寫三個他們在學校遇到的事，並且彼此交換閱讀。座談會是在我請他們討論彼此故事之間的異同性及對他們認同自己是科學家和科學教師的影響下開始，直到告知他們錄音帶已經錄完了，過程中的九十分鐘我沒插話。

身為他們的教師，我有責任在與他們互動時提供他們需要的指導與學科內容，在會議中我則盡量減低存在我們之間可能有的權力差距現象。明顯地這是他們的故事，他們因為是故事的主人翁而提升權力位階，同時是故事分享者，彼此之間存有權勢的均衡分配，而我先前的教師角色成為多餘。Tanya 在座談會後對於感受到科學家彼此間權力分配均衡的反應肯定了我的詮釋：「因為Ross 和 James 是如此坦誠的說出他們的經驗，我覺得他們提供了一個讓我能分享相似故事的空間。」

討論的內容有好幾個路徑。有的議題是聚焦於討論處理青春期學生的一般問題，特別是在情境脈絡中的成功或失敗策略。這顯然是文化的再製，因為有經驗教師已經聽過很多這類故事。在討論座談會的脈絡下，文化再製情節提供了他們從自己接收到的價值中獲得新的見識，而有文化形成的機會。對此樣貌表達如下的看法：參與此群體也是一種「知識饗宴」（「精神食糧」）樣貌，它提供了你思考與反省其他方面的教學轉化。對於 Ross，分享中提供他之前沒想過的不同解決問題取向的可能（文化的形成）：「這些故事說出了不同面向帶出的問題，以及不同的人如何解決他們的問題。」「結果經常是對某人而言是滿意的，但對另一個人而言卻不能接受。」

身為一位觀察者，我訝異他們開始開懷於聽到相似故事時加速的對話步調，微笑，大笑，有活力的移動身體，甚至同步的姿勢如點頭等，都跟著產生變化。正向的情緒能量流動於他們的互動和整個接續的談話議題，並且在整個階段中都維持著他們的參與度。Tanya 寫著：「我覺得我能很誠實的談論這些故事，因為我能量準群體中每個人的反應，並且獲取他們的建言。」他們之間自發地互動（意即交互轉換中未存有停頓），增強了座談會的能量，Ross 進一步的稱道：「在同一個討論會中你很容易覺察到其他參與者跟你有一樣的情緒層次。我覺得因為我們有相似的反思本質及彼此間沒有對立或競爭的感覺，讓

對話流程很順暢。」

Collins（2004）表述成功互動下流動的正向情緒能量，能導引對於群體的一種團結力與歸屬感的感應。James 在座談會後提出類似觀點的回應：「在談話之中我有與參與者是同袍的感覺，一種共同想成為有效能教師的興趣和目標的感覺……對我而言是有用的，因為我們之間發展出的正向動態，讓我能很舒坦地表達想法而不用擔心被拒絕或嘲笑。」

在這個團體中，三項原則都符合。這能激勵在職前教師培育課程中使用此策略，特別是生涯轉換的科學家。然而就是因為這策略在此團體中如此成功，成員的挑選也許是關鍵點。這可能存在危機，因為假若團體中某一個人企圖表現出較高的權力位階，一種負向的情緒能量可能流竄，摧毀此一專業發展策略的座談會。 一如 James 評述：

我認為它在師資培育課程中有非常有用的**潛力**。我用黑體字表徵潛力是因為我認為是否有用其實是取決於團體內的動態……參與者一定要確定他們的貢獻對於團體其他人而言是有價值的。對於某些過於敏感或是害羞的個體而言，可能只要對於他們的評論提出某個簡要語詞的回應，就會造成對他人經驗的傷害，因為可能造成他們完全迴避參與。

在我另一篇報告中會回應此點（Ritchie, 2006）。在任何案例中，都存有在後續可被探究的研究結構、執行和討論座談會形式等相關的問題。

## 柒、結論

在澳洲由於我們現在處於中學科學教師缺乏的狀態，因此招募具科學家經歷者進入師資培訓課程，對政府而言或許是一值得開啟的政策。然而，在本篇報告中，我們也知道學校教師或是師資培育者未必已準備好擔任生涯轉換科學

家在由科學家轉換為科學教師時的輔導者。但至少從生涯轉換科學家所敘述的故事中，蒐集到三項原則可以幫助於選擇和設計提升師資生轉化經驗的策略。從成功的互動中帶動權力均衡的分配、平衡文化再製與文化形成，和營造一個產出正向情緒能量的氛圍的活動，均可為生涯轉換科學家提升轉化成效。其他演講者提到的討論策略，其中師資生和輔導教師之間的討論座談，具有支撐他們在專業發展關鍵期的潛在力量。應鼓勵大學為基礎和學校為基礎的教育者或實習輔導者，使用這些座談討論，並在應用時修訂之。

# 參考文獻

Buckingham, J. (2005). *Good teachers where they are needed*. Melbourne, Victoria: Centre for the Study of Higher Education, University of Melbourne.

Collins, R. (2004). *Interaction ritual chains*. Princeton, NJ: Princeton University Press.

Connelly, F. M., & Clandinin, D. J. (1994). Telling teaching stories. *Teacher Education Quarterly, 21*(1), 145-158.

Goodrum, D., Hackling, M., & Rennie, L. (2001). The status and quality of teaching and learning of science in Australian schools. A research report prepared for the Department of Education, Training and Youth Affairs. Canberra: Commonwealth of Australia. Retrieved Novemebr 5, 2005 from http://www.detya.gov.au/schools/publications/index.htm.

Hopgood, V. (2004). The evaluation of the Golden Hello program. Department of Education and Skills. Retrieved November 6, 2005 from http://dfes.gov.uk/research/data/uploadfiles/RR544.pdf.

Moine, L. J., Dorfield, J. K., & Schunn, C. D. (2005). Where can we find future k-12 science and math teachers? A search by academic year, discipline, and academic performance level. *Science Education, 89*, 980-1006.

Murphy, C. (2006, February). Elementary science co-teaching between pre-service and experienced teachers: Theory and practice. Keynote speech at the International Conference of Science Teachers Professional Development—Perspectives of Supervision and Mentoring, Taipei, Taiwan.

Ritchie, S. M. (2006, February). Possibilities for connecting pre-service and induction phases of teacher education. Keynote speech at the International Conference of Science Teachers Professional Development—Perspectives of Supervision and Mentoring, Taipei, Taiwan.

Ritchie, S. M., Rigano, D. L., & Lowry, J. (2000). Shifting power relations in "the getting of wisdom." *Teaching and Teacher Education, 16*, 165-177.

Roth, W.-M. & Lee, Y. J. (in press). Contradictions in theorizing and implementing "communities." *Educational Research Review*.

Skilbeck, M. & Connell, H. (2004). *Teachers for the future—The changing nature of society and related issues for the teaching workforce*. A report to the Teacher Quality and Educational Leadership Taskforce of the Australian Ministerial Council for Education, Employment Training and Youth Affairs. Melbourne, Victoria: MCEETYA.

Tobin, K. (2006a, February). New teachers and resident teachers collaborating in co-teaching and research on enacted science curricula. Keynote speech at the International Conference of Science Teachers Professional Development—Perspectives of Supervision and Mentoring, Taipei, Taiwan.

Tobin, K. (2006b, February). Uses of co-generative dialogue to create socially and culturally adaptive classrooms and distributive responsibility for teaching and learning. Keynote speech at the International Conference of Science Teachers Professional Development—Perspectives of Supervision and Mentoring, Taipei, Taiwan.

U.S. Department of Education, Office of Innovation and Improvement (2004). Innovation in education: Alternative routes to teacher certification. Retrieved November 14, 2005 from http://www.ed.gov/admins/tchrqual/recruit/altroutes/report. pdf.

第 10 章

# 一位科學教師的研究
# 與師資培育之旅

作者：五島政一

譯者：張文華

審稿：郭重吉、譚寧君

五島政一先生之前擔任科學教師，現在則是科學教育研究者。他所進行發展革新課程的工作，希望顯現出科學學習是多麼有趣的一件事。本文中，他說明自己身為當地自然及科學教育教師及研究者的實務經驗。他發展革新課程、教材、新評量方法及教育的系統。所發展的課程是以學生為中心，探究為基礎，統整、分工與合作，並以學校為本。他崇尚田野經驗及動手做活動等真實經驗，這些是基於地球系統教育（Mayer, 1988）及全球的科學素養（Mayer, 2002）。他將之發展為整合其他學科（日文、社會科學、美術及英文等）的統整學習，並建立學科間的網絡以及學校和當地社區間的夥伴關係。他的工作包括教師、學校與博物館間的協調人、支持學生研究的促進者、當地自然的研究者、博物館講師，及地方社群的志工。他的課程獲得最佳科學教育獎。在中學擔任教師十六年之後，他現職為日本國教育政策研究所資深研究員，致力於發展國家課程、全國測驗與評量標準、教育電視節目及科學教科用書，以及聯合國教科文組織的師資教育專案等。

**關鍵字詞** 地球系統教育、統整學習

# 壹、簡介

全世界都在進行教育改革。在此去中心化的資訊時代，教師被要求考慮地方化及全球化來組織自己的課程，把全球的科學素養（Global Science Literacy, GSL）當成一種課程構念，尋求擴展學生對科學本質的理解。這是基於地球系統教育（Earth Systems Education, ESE），其基本哲學是：科學指的是人類運用來瞭解我們居住的世界以及在太空中的環境的過程（Mayer & Fortner, 1995）。因此應該視地球系統為當地自然環境，且所有的科學教學應始於地球系統的某些面向（生物圈、地球實體、氣圈和水圈），進而擴及太陽系和整個宇宙。我們居住在地球上，所以科學教學的中心應該是地球，特別是我們熟悉的自然環境。科學教師應該要經由真實經驗來教科學，而不是經由教科書。除了以學科的方式，教師應該要盡量以統整的方式進行教學。孩童在生活相關的脈絡（真實經驗）中學科學是最好的方式，因為他們的學習不是基於學科的而是統整的。我們應盡可能無論在何處都在熟悉的環境中進行田野工作，並且將我們的研究由地方自然環境擴展到更廣的地區環境、全國環境、全球環境、最終到整個宇宙。GSL 和 ESE 教導的科學知識重點是使世界公民能夠瞭解：全球需要共同努力於使環境能永續的經濟及社會發展。戶外教學以及田野工作提供了學習地球系統的重要基礎。既然為求永續的未來，地球系統必須是科學教育的焦點，戶外教學（田野工作）應該是科學教育努力的重點之一，而不是學校課程允許時才外加的（Mayer & Tokuyama, 1997）。田野工作的特質能整合孩童的學習，因此田野工作應是未來達成科學教育目標時要努力的核心，且是二十一世紀去中心化教育時代必須的一種整合學習。

## 一、統整課程的概括描述

五島先生在三浦市 Minami-shitaura 中學擔任科學教師，為七年級和九年級學生發展課程（Goto, 1997a），強調以田野工作為中心的統整學習。因為五島

先生的學生在當地地區進行田野工作，這提供了與日常生活密切相關的統整學習。學生的合作式田野研究不只教學生如何合作進行科學研究，也促進了他們的溝通能力。

　　每位學生進行了五項田野研究案，每一項的目的都不同。每一項研究案的內容都協助學生更瞭解當地環境，且習得執行田野工作所需的入門到進階的知識與技能。在最後一項田野研究案中，每位學生在五島先生的指導下發展自己的田野研究計畫書，之後學生利用自己的課後或週末時間執行研究，因此學生有充分的時間來完成自己的研究。在他們的研究中，學生經常需要知道科學學科以外的知識內容。藉由這樣的方式，學生將興趣由科學擴展到其他學科。五島先生因而又引進其他學科的內容，組織了以科學為中心的統整學習活動。

　　這樣的統整學習不只科學，也包含家政、日文、美術、社會科學、技術（與科學相關的內容）、數學（圖與統計）和英文。五島先生與許多其他學科的老師合作，以調和並促進學生在這些科目的學習目標。在這些課程中，學生因為知道了科學與其他學科間的關係，所以對科學有更深的理解，且對科學更有興趣。

　　為了改良課程，五島先生發展計畫，運用博物館、大學、機構及它們的工作人員。例如，他邀請三浦半島的賞鳥、地質、植物及動物領域的專門人員和地方專家來他的班級，教學生他們有興趣的內容。星期六下午和星期天，五島先生也帶有興趣的學生到博物館進行研究，並且安排學生在當地的社區中心展示成果，讓學生有機會與當地的民眾溝通。他用學習網絡整合他的課程，這個學習網絡有許多層次，如學校學科網絡、學生的溝通網絡和學校與社區設施的網絡。

　　他的學校目前已架設網際網路，未來這個學校的學生將可以把他們的研究傳達給其他學校的學生以及校外的民眾，這樣的能力可以提升他們在學校的學習。經由網際網路，學生的學習將由學校擴展到當地社區，由學校到日本整個國家，以及由學校到整個世界。他們將運用不同的訊息分享網絡，並自然地擴展他們的學習。五島先生稱這種以田野活動為中心、以學生為中心的科學學習

方法為「擴展式自然學習」（Goto, 1997b, 2002）。這是根據全球科學素養的基本原則。

就學校教育的真實目的而言，教師應該要更加重視提升學生回答問題以及解題以外的不同能力。教師必須要幫助學生培養能力、興趣、態度及技能，以便在就學期間及離開學校之後，能夠繼續學習，豐富他們的生活。統整課程及學生為中心的教學是提升學生對科學的興趣很好的教學過程實例，不論是學生或教師，學習者經由學習擴展他們的世界觀，他們並更知道自己、更知道如何生活以及如何享受生活。這培養了社會面向及科學面向具有素養的人民，對於支持及維持民主有貢獻。

## 二、教學方法

五島先生使用的教學方法是以探究為基礎、學生為中心、互動取向，也包括了協同教學。他使用許多種目的不同的田野工作。這些包括五島先生決定主題或目的的田野工作，也包括學生下決定的田野工作。他也運用個人、小組或大組活動。當學生發展並擴展科學學習至課程中的其他學科，五島先生就和其他學科的教師合作規劃。當學生運用社區資源，五島先生就與其他專門人員協調教學。

## 三、教師角色

在田野工作為中心的課程中，科學教師應該要把課室裡的科學課與田野工作相關聯及統整，他們也應該要告訴學生如何把他們由課室中習得的知識及技能應用到自然世界中，因此他們應該要小心規劃每日的課室教學以及田野活動。他們也應該要在課室中提供有趣的課程，以促進學生的戶外研究。還有，科學教師應該要扮演中心的領導角色，與其他學科的教師一起協調及組織田野工作為中心的課程，因為科學是這些課程的焦點核心。最後，科學教師應協調學生對於社區專門人員提出的與他們的發現有關的問題，並要參與在學校之外發生的非正式學習活動，以在必要時擴展學生的研究。

## 四、七年級課程——生物領域（生命科學）

七年級學生在進入國中之後才開始學習科學，在此引介的時期，引發學生對科學的興趣是很重要的。五島先生強調動手做和直接經驗，以及與生活相關的、統整其他學科的科學。因此他組織田野為中心的生物課程，讓學生學習使用植物及動物百科和田野工作、規劃及執行與當地植物及動物有關的研究，以及投入探究為基礎的合作學習。他也設計五個田野研究案，包括學校校園到城市地區，以及包括教師指定到學生自選的單元。七年級學生由看自然觀察的電視節目來學習如何探究，並在進行五個田野研究案的過程中發展技能。

這個課程中的田野工作為中心的統整學習不只包括科學，也包括家政活動，例如烹煮由田野工作時蒐集回來的植物；日文教學，例如寫科學報告及閱讀與植物、動物有關的故事；美術，例如植物繪圖以及雕刻木盤；社會科學，包括當地人文地理及歷史；以及英文，因為學生在田野工作過程中常常運用英文溝通。學生運用橫須賀市立博物館和神奈川縣立博物館（館名為 The Life Planet Earth Museum），以及三浦的自然保護協會博物館進行研究。

## 五、五項學生田野研究案的特徵（圖 10-1）

第一項 田野研究案。合作式研究，每組六位學生，探討學校校園的植物相及動物相。

第二項 田野研究案。個別式探究和合作結論，探討校區中三種蒲公英的分布。

第三項 田野研究案。合作式探究，包括所有學生，探討城市中三種蒲公英的分布。

第四項 田野研究案。個別式探究，學生自選主題。

第五項 田野研究案。個別式活動，分類植物及動物以及製作植物標本。

2
4
8

（地球系統教育的理解）

─（目標）─
運用自然作為教材

（地球系統教育的1.2.4）

★(1)戶外學習的基礎
①戶外學習的基本知識
②戶外活動工
③戶外學習的概述
④聚會提出報告

（地球系統教育的1.4）

─(2)學校裡的植物
①有陽光的地方和陰影處的植物
②觀察蒲公英

（地球系統教育的2.4.6）

★(3)戶外學習2（作業）
討論蒲公英的分析

（地球系統教育的1.3）

─(4)觀察小生物
①如何使用顯微鏡
②觀察1
③觀察2

（地球系統教育的2.6）

★(5)戶外學習3
探討 Miura 市蒲公英的分布

（地球系統教育的4.5）

─(6)植物的構造與功能
①花的構造和功能
②從開花到結果

（地球系統教育的7）

★(7)擴展的學習
①學生製作 VTR
②運用博物館的館員

（地球系統教育的1.4）

| 目的 | 引導項目 | 教師的工作 | 學習效果 |
|---|---|---|---|
| 1.理解戶外教育的意義方法：如何使用百科理解進行戶外活動所需要的基本知識<br>2.概述以小組合作進行戶外學習的結果<br>3.經由公布其戶外學習的成果來精熟表達的能力 | 1.讓學生瞭解學習科學的本質是經由大自然來學習<br>2.讓小組學生設計具原創力的報告（declaration）<br>3.引導學生對報告及旁聽的態度 | 1.製作教師用研究工作單<br>2.選擇戶外學習的場地<br>3.支持學生的活動 | 1.由活動中加深對植物的興趣<br>2.能彼此合作，在小組活動中共同解決問題<br>3.學習如何辦理報告會，執行及有關的規則 |
| 當學生探討居家附近的蒲公英時，整合學校知識與例行知識 | 讓學生依據老師準備好的引導單探究許多種蒲公英 | 製作教師用證實工作單 | 1.學生有整合學校知識及例行知識的經驗<br>2.提升學生對熟悉大自然的興趣 |
| 1.體驗擴展自然學習<br>2.體驗小組研究的愉悅<br>3.對當地自然有興趣且學習關於他們的環境 | 1.讓學生在徒步越野賽時探討蒲公英的分布<br>2.在學校遠足（徒步越野）之後，讓學生概述探討結果及報告成果 | 1.製作過程工作單<br>2.概述探究結果 | 1.獲得擴展學校習得知識的學習機會<br>2.知道如何進行小組研究<br>3.加深對生長地的環境及自然的興趣 |
| 1.體驗合作學習，不是指受教於老師<br>2.體驗運用社會的設施及人員來解決在戶外學習時遇到的問題 | 1.讓對戶外活動有興趣的學生製作植物錄影帶，並將影帶用於教學<br>2.讓學生在博物館與館員合作，獲得研究式的學習經驗 | 1.在製作影帶前先提供引導<br>2.與博物館館員協調 | 1.獲得經驗，能在小組研究中有意向性地彼此合作<br>2.學習如何運用社會設施，進行擴展的自然學習，經由戶外學習，加深對植物的興趣 |

圖 10-1　七年級生活領域原創課程

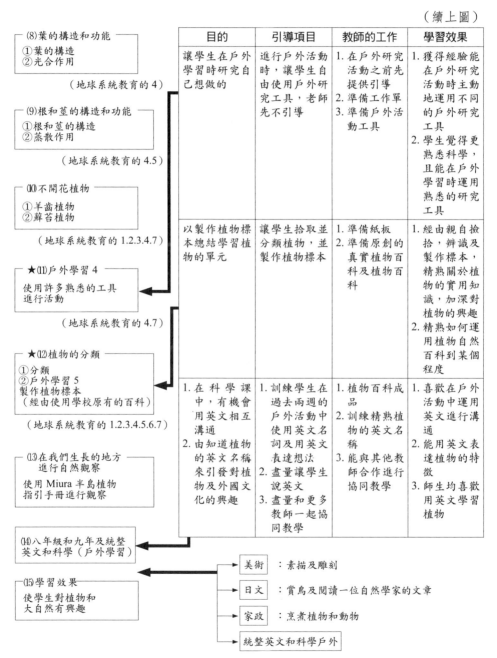

圖 10-1　七年級生活領域原創課程（續）

# 六、與其他學科的關係

**日文（語言）**。學生在日文課中研讀一篇關於日本野鳥的文章。與日文教師合作時，科學教師帶學生去觀察和探究學校附近的當地鳥類。一位當地的賞鳥專家被邀請來擔任講師。學生在日文課讀過關於野鳥的文章之後，在專家的引導下，更加喜歡賞鳥。

**家政**。學生在科學課的田野工作中探究植物和動物。之後，在家政教師的協助下，他們烹煮及食用某些植物和動物，如油炸沾了玉米麵粉的蔬菜、甜醬油口味的炭烤馬尾草（grilled horsetail with sweet soy sauce flavor）、蒲公英咖啡以及炸魚和炸甲蟲。這些經驗讓學生更加熟悉當地的環境。

**英文**。學生希望能運用英文相互溝通。田野工作是讓他們在野外與實物（植物與動物）及彼此互動時使用英文的絕佳機會。學生喜歡在科學課中使用英文，且以自己的英文溝通能力為傲。即使是不喜歡一般英文課的學生，在辨識他們的發現時，也顯現出對使用英文溝通的興趣。英文教師與科學教師合作發展了一些英文教材，如三浦半島百科和三浦半島的植物與動物。科學與英文教師協同教學，經由運用英文進行田野研究和實驗，使得科學和英文的學習變得有趣了。八年級學生也畫了一些植物，並用英文寫關於這些植物的詩。

**美術**。七年級學生描繪在戶外發現的自然生物，八年級學生也以在自然界裡發現的植物和動物為主題雕刻木盤。七年級學生對於田野工作中的自然知識、理解與經驗，有助於他們描繪自然生物，八年級學生也能運用自然知識來選擇植物和動物主題，進行他們的雕刻工作。科學教師在美術課時幫助美術教師教學。

**社會科學**。社會科學與田野工作有關，因為學生經由探究學習與地方社區有關的事物。學生變得對於植物生長的地區的歷史及環境有興趣，他們也更熟悉環境議題，包括保護自然、污染及垃圾問題。田野工作加深了科學與社會科學的關係。在第三項田野研究案中，學生蒐集許多飲料罐，清理及美化了當地環境。

**其他學科**。將來，這類的統整學習可以擴展到包括一些與音樂及技術有關

的活動（製作樂器並在天然的洞穴中彈奏），以及體育課（在鄉間旅行，鑑賞自然之美）。

## 七、學習網絡（Goto, 2000a）

　　**運用公共設施與人員**。學生發現許多植物與動物，並辨識當地的地質特徵。教師無法回應學生的所有發現及想法，因此學生需要用當地的專門人員，例如博物館館員可以支持及促進學生學習。因此教師建立了學習網絡（圖 10-2），包括學校及校外資源。教師不只在班上教科學，也協調這樣的學習網絡。

　　**博物館**。學生發現許多植物和動物，接著，一些學生在星期六下午或星期天訪問博物館，如此館員可以協助他們辨識採集到的標本。學生有機會看到專門人員如何辨識及探討植物及動物。有些對自然有興趣的學生還會參加博物館工作人員舉辦的週日田野旅行。

　　**自然保育協會**。自然保育協會每個月提供一次田野遠足，教師經常建議對自然有興趣的學生去參加，有些學生參加賞鳥及自然之旅。在就學的三年中，科學俱樂部的學生經常參與這些活動，他們在俱樂部會議中報告他們的活動，

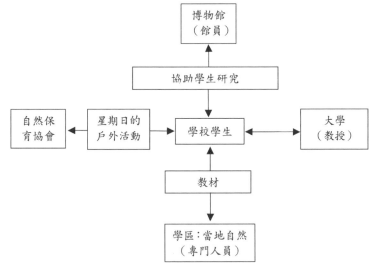

圖 10-2　學校統整課程網絡

並參加科學競賽。1996 年許多科學俱樂部會員獲得了政府頒發的工作傑出獎。

## 八、發展教材

教師發展下列教材以支援並促成學生對地方特色進行研討及探究。

1. 我們生長的地方，三浦。

2. 三浦半島植物百科。

3. 三浦半島的植物相。

4. 自然觀察簡介。

## 九、建立的網絡（圖 10-3）

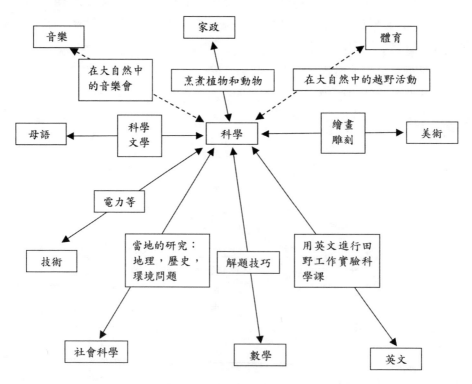

圖 10-3　以學生為中心的統整課程

## 十、教育的效應

　　五島先生認為田野為中心、學生為中心、探究為基礎及以科學為中心的統整課程具有教育上的益處。其中有一些是：

1. 學生對當地環境更加有興趣，並且比以前更能鑑賞他們生長的地方。

2. 統整的學習可以使學生在研究真實情境時，瞭解不同學校學科之間的關係。

3. 更多學生對於科學及科學課更有興趣。

4. 學生及教師合作在市府舉辦特展，展示他們的研究成果以及其他與美術及日文有關的工作成果。這項展覽提供學生及當地人士有機會經由這些作品來進行溝通。這對於民眾瞭解學校教育很有貢獻。家長也為他們孩子的工作感到驕傲，並由此更加瞭解學校教育。

5. 科學實驗室變成學校裡展示教材、工具及學生作品的博物館。

6. 有些優秀的學生進行的研究獲頒神奈川縣的市長獎。他們接受電視臺訪問，使得許多七年級學生因為對於科學俱樂部學生的成就印象深刻而參加了科學俱樂部。

7. 科學教師建立以學校為中心的網絡。

8. 建立的網絡改善了教師間的合作關係。

9. 一位科學教師變成了當地自然的專門人員（研究者），他與許多領域的專門人員合作進行當地地質及生物研究。他原是一位物理教師，後來變成了生物教師及博物館志工以及英文教師。他發展他自己教導不同科目的能力，不只是經由教學生，也經由和學生一起學習與研究來組織在當地環境中進行的統整學習。在二十一世紀，需要像這樣的教師來強化教育。

# 貳、綜述與結論

日本將引介新課程 the New Course of Study（Ministry of Education, 1998a），日本國家課程於 2002 年開始實施。新課程主要的主軸包括：

1. 引入統整學習。

2. 五天的學校系統。

3. 以探究為基礎的學習。

新課程的目的是培養自我學習和自我思考的終身學習能力。學校應提供給學生及教師更加開放及放鬆的氣氛，才能規劃並達成更加自由及有用的教育。未來課程應該要讓教師更能直接呼應學生的興趣、能力與需求，學生將在學校注重個別性的課程中獲得基本知識和技能。學校系統必須引介並發展評鑑標準，除了測量學生擁有的知識的量，也判斷學生的各類能力。

國中新科學課程的主要特徵為：

1. 發現為基礎的和探究為基礎的學習。

2. 與日常生活相關的科學。

3. 促進並整合對自然的觀點。

經由前面課程實例中描述的以田野工作為中心的科學學習，這些特徵更可能達成。

為了促成新課程中的教育去中心化，將會引入一門新課程「統整研究」及更加彈性化的教學時間。每個學校可以基於學校特徵及發明的才能來組織自己的課程。學校教師及校長可以決定學校的課程設計與發展。

引入每週五天的系統，孩童學習科學的時間減少了（科學教學減少了 30%）。但是科學教師有責任要教導學生必備的基本能力，在全球化時代及資訊導向的社會中，能夠對於國家有貢獻。既然以科學為基礎、田野工作為中心及學生為中心的科學課程對學生而言更為有趣且更具吸引力，看來這是一個能有效達成科學教學目標的方法。無論如何，相較於傳統的以學科為基礎的、以

教師為中心的課程，教師需要更多時間來經由這樣的活動教導科學。科學教師必須盡量安排更多時間來組織有效的科學教育。他們可能運用統整研究的時間以及選修的科學課程來達成目標。

　　在高中階段，希望開設符合學生興趣及好奇心的選修課程。如果有效地進行這些課程，可以加深他們的學習，提升學習的樂趣，並幫助學習者在未來如何進行學習。

　　將來對教師能力的要求將越來越高。教師的角色不只是教孩童還要調和及組織並促進他們的學習及活動。因此職前教師以及在職教師的教育，將比以前更為重要。將來必須要發展及建立能夠使科學教師具有在戶外帶領及引導學生的師資教育學程。以 Minami-shaitaura 國中階段學校為例，三浦市的科學教師發展他們自己的科學教科用書：三浦市地質學田野指引；三浦市教育局也支持他們這項革新的活動，發展符合當地自然的教科用書，並免費教導所有九年級的學生。教育局撥了高達二十餘萬美金的預算來發展這套科學教科用書，這類對於教師開啟的活動之支持對於有創意的教師是很重要的，能鼓勵他們發展對當地有用的教材。這位科學領導教師組織一項在職教師教育學程來培育教師引導學生進行地質學的田野活動。所有三浦市的科學教師在他們的科學課中運用這套教材。為了發展優良的地方教育學程，學校工作人員（教師及校長）及行政官員還有當地的居民都應該貢獻他們的力量，這種合作及分工將能改善地方教育。

　　科學與技術教育的角色對日本這個工業及技術國而言非常重要，科學和技術教師及研究者都非常看重它。為了達成目標，教師應該要運用校外資源及人力來豐富學校教育。除了制式教育之外，非制式教育機會也可以貢獻力量，培養孩童科學素養，達成建立國際化及終身學習社群。

　　全球的科學素養以及地球系統教育哲學可以為統整不同科學（物理、化學、生物、地質）及不同學科（如美術和社會科學）提供理念及基礎。科學教師可以經由田野活動為中心的課程來組織統整的科學學習。之後他們也可以科學為中心來擴展到其他學科，並與其他學科教師分工合作，由此組織自己的課

程。全球科學素養及地球系統教育作整體課程以及科學課程的組織哲學，是非常有效的。五島先生希望國際間的研究者能夠分工合作發展優秀的 GSL 及 ESE 教師教育學程。

現在是我們全國共同為下一代的教育思考及合作行動的時候，我們應該認真挑戰並真誠地解決當前及未來教育與社會問題及議題（Goto, 2000b）。五島先生已經貢獻自己，為政府發展訓練 ESE 和 GSL 教師的課程。

最後，將介紹這些支持及促進養成專家教師的師資教育課程。

## 參、師資教育

為了建立優良的教育，師資教育的地位相當重要，我們需要具體的想法及實用的各階段師資訓練課程，包括職前及在職階段，及全國、地區及地方層次。現在希望能整合及系統化教師訓練課程，來養成優秀的教師。身為日本國教育政策研究所的資深研究者，五島先生除了正式的工作之外，也投入師資教育工作協助發展以下的師資訓練課程。

### 一、在職師資教育

訓練在職教師進行地球系統教育：

1. 半天課程：兩小時講述及討論，一小時報告及兩小時研習。
2. 一天課程：田野工作，報告及研習。
3. 專家教師訓練課程：大約每個月一次的特殊訓練。

### 二、職前師資教育

1. 大學兼職講師。
2. 大學密集課程講師。

## 三、為孩童及教師發展電視節目

五島先生設計及發展電視節目並在國家廣播公司的三項電視節目中擔任要角（Goto & Goto S, 1999）。

1. 自然觀察簡介：針對想知道如何進行田野工作的孩童及生手小學教師的十個（十五分鐘）節目（Shibata, 1999）。
2. 探索岩石及礦物的特殊節目：讓孩童瞭解岩石及礦物多有趣（三十分鐘）。
3. 地質極短篇節目：為能夠瞭解地質的奇妙的孩童製作五個（十分鐘）節目。

## 四、發展教科用書

五島先生參與發展教科用書以及輔助或進階的鄉土教材。他將來喜歡與國內外的教師及專門人員，共同合作為職前及在職教師發展更好的師資教育課程。他希望他能以教師及研究者的身分為下一代的教育付出貢獻。

## 五、研究訓練地球系統教育及全球科學素養教師訓練的書籍

五島先生也在政府資助下出版了兩本書，2001 年的《日本的地球系統教育及教師訓練》及 2004 年的《地球系統教育及全球科學素養課程發展》。

# 參考文獻

Goto, M. (1997a). The Development of Curriculum and Teaching Method by Using Local Flora and Fauna. *The 8th Toray Science Education Award Report* (pp. 34-37). Toray Science Foundation, Japan (in Japanese).

Goto, M. (1997b). Systematization in teaching method of outdoor education: Organic and expansive learning. *The second International conference on geoscience edu-*

*cation: Learning about the earth as a system.* University of Hawaii at Hilo, USA.

Goto, M. (2000a). The establishment of the school-centered network of science learning in the age of the life-long learning society. *The 3rd international conference on geoscience education* (pp. 40-41). University of New South Wales, Sydney, Australia.

Goto, M. (2000b). Science and technology education in Japan. *The reform in the teaching of science and technology at primary and secondary level in Asia: Comparative references to Europe* (pp. 27-31). UNESCO, Beijing.

Goto, M. (2002). How a Japanese science teacher integrates field activities into his curriculum. *Global science literacy* (pp. 203-216). The Netherlands: Kluwer.

Goto, M., & Goto, S. (1999). Dissemination of Fieldwork by Using Mass media (National Broadcasting Association). *The proceedings of the 49th annual conference of the science teachers association of Japan* (pp. 149-150).

Mayer, V. J. (1988). *Earth systems education: A new perspective on planet earth and the science curriculum.* Columbus: The Ohio State University Research Foundation.

Mayer, V. J. (Ed.). (2002). *Global science literacy.* The Netherlands: Kluwer.

Mayer, V. J., & Fortner, R. W. (1995). *Science is a study of earth: A resource guide for science curriculum restructure.* The Ohio State University & The University of Northern Colorado.

Mayer, V. J., & Tokuyama (1997). Science literacy in a global era. *Hyogo University of Teacher Education Journal, 17*(3), 75-89.

Ministry of Education (1998a). *Course of study for lower secondary schools* (in Japanese).

Ministry of Education (1998b). *Course of study for elementary schools* (in Japanese).

Shibata, T. (Ed.). (1999). *Introduction to nature observation: NHK TV program text.* The National Broadcasting Association (NHK), 96p (in Japanese).

# 第 3 部分

# 展望與規劃

# 第11章

# 運用共同產生對話為教與學
# 創造社會與文化適應的課室
# 以及分配的責任

作者：Kenneth Tobin
譯者：林淑梤
審稿：郭重吉、張文華

本章探討了二十個重要的問題，這是關於發展與運用共同產生對話使其成為改善教／學品質的一種方法，在課室中認識他人的文化，以及建立實踐批判教育學的場所。本章描述共同產生對話如何源自於運用高中生協助他們的老師「更會教像我一樣的小孩」的努力成果。由此開始，有關實務的對話是聚焦在確認矛盾和致力於創造去除矛盾的方法，俾以改變課室。之後，我們瞭解到，那樣的對話有助於在教室中發展出共同分擔責任。我們也注意到學生在共同產生對話中言語流暢、相互傾聽，且專注於能與他人成功地互動。目前，共同產生對話在民族誌學中被當作一種研究方法，讓學生得以吐露心聲，並且可用以確認和探索落差，為改善學校學習品質而努力。

**關鍵字詞** 共同教學、共同產生對話

# 壹、前言

這篇文章分為三節。在前兩節中我描述運用共同產生對話的兩個主要目的，在第三節中我利用與 Wolff-Michael Roth 互動討論追溯共同產生對話的歷史。

# 貳、趨勢一：共同產生對話在批判的教育學上使用

我們首次運用共同產生對話，是在我們研究透過共同教學去學習如何教學的時候。那時我們正在每一間教室中採用兩位具研究身分的大學生（student researchers）進行共同教學，而共同教學中把合作教師、大學生和大學教授們集合在一起的優點已經不證自明了。我們最想做的是建構任何一方的聲音都沒有特權的對話方式，起初也預期參與者個人觀點會有差異，但並不將個人觀點的差異視為錯誤的來源。由於不同的參與者彼此的地位不同，我們猜測對大多數議題的觀點都會有差異。對話的一個目標便是描繪出觀點的差異處，並從中學習，因此如同談話一樣，重要的是參與者是主動的傾聽者，而且在討論中所浮現的主題在移到新主題之前就應該要完全被處理好。

共同產生對話意圖提供一個領域的參與者對所發生的事進行互動，而且認清一致性和連帶矛盾的形式。藉由使參與者覺察到發生何事，討論可以聚焦於何謂想要和何謂不想要，以及當不平等和受壓迫的來源存在時，便可被確認清楚。透過討論，共同產生對話的參與者將能以具體的用語瞭解在課堂上發生了何事，以及對於哪些型態是可以增強和削減的，便可達成一致的看法。同樣地，所引發的矛盾可能對學習是沒有幫助的，那就要形成共識以削減矛盾。或者說，如果將矛盾視為可喜的，就可以達成共識，將之強化到變成基於規律事件的形式。多階段的過程包括描述所發生事件；體會到對所發生事件之不同觀點；對在課程中落實什麼改變得到共識；以及規劃改變什麼，如何改變，何時改變。

通常在支持學習的設備和教材、參與的規則，以及同意分工後扮演的角色，便會達成協議。我們發現一開始聚焦於認清矛盾處以及解決矛盾，是有助於繼續進行的一種方式。然而構成共同產生對話的規則是必要的，這些包括隨時對所有的參與者都表示尊重、不打斷發言者或輪流發言的順序、輪流發言、發言不會過度頻繁或過久、專注地聆聽、尋求理解他人的觀點、對改變及落實改變的共同責任進行協商。

在共同產生對話的核心是認為個人是集體的一部分，且以集體目標、成果和承諾為中心。共同產生對話的參與者需討論共享的經驗，帶入個人目標、歷史、角色和成就，以及瞭解自己是集體活動與成就的一部分。

由於參與共同產生對話的是關係人（stakeholder）團體的代表，因此重要的議題是檢視在共同產生的對話中，回報及傳達給他人哪些部分達成協議。由此可知，有建立半個班級和整個班級，比較大型的共同產生對話的趨勢。學生常常會向同儕報告討論了什麼，同意了什麼。我們應用影帶小故事來投射形式和矛盾的證據，並且從這個班級獲知需要改變什麼。在這些對於共同產生對話的初始嘗試中，最重要的是集體的共識，以及努力落實改變時，共同產生對話的參與者在課堂上用哪些方式相互協助。一開始存在於共同教學者之間的集合商議（huddle），是一種共同產生對話的形式。藉由此形式，參與者可以在一堂課中確認是否課程計畫如預期被展現出來。當我們獲得更多有關共同產生對話的經驗，學生也參與到集合商議的對話中，承認教與學的品質是集體的責任，以及所有的參與者必須相互支持以便成功地運作一個課程。也就是個人的行動必須支持集體的活動，以及定期的集合商議是有幫助的結構。

## 參、趨勢二：文化產生的溫床

很多共同產生對話的研究發生在都市的科學教室，以至於由學生與教師們所營造的顯著的文化形式，就成了密切關注的焦點。營造出來的文化其差異傾向於反映教師和學生在年齡、種族、社會階層和母語的差異。尤其在都市課室

中有許多教師和學生無法成功互動的證據。持續無法順利互動的淨效應會累積負面的情緒，例如失敗、挫折、失望、惱怒、氣憤、無聊，以及缺乏興趣。這些負面的情緒會累積不斷湧出負面情緒能量，也顯現在學生對科學的抗拒與不認同。一個班級充滿無數矛盾，而未能建立團結一致的社群。這些矛盾是學生和老師缺乏能力，無法調整配合彼此的文化資本以產生一連串成功的互動以及連帶的正向情緒和情緒能量。看來似乎是教師和學生沒有使他們能在課室中成功互動的文化資源。互動屢屢失敗，且造成負面的情緒能量。看來似乎教師和學生需要有地方學習彼此的文化，以及學習如何調整和適應彼此的文化資源。令人高興地，共同產生對話似乎是一個能夠產生新文化的領域，可讓非常不同的個人得以成功地彼此互動。較小的團體是比較理想的，可以產生新的文化，允許成功的互動發生。在某些情況下，一個教師僅與一個學生互動較容易讓彼此學習對方的文化，學習如何適應產生一連串成功的互動。然而我們必須謹記重要的是，學生不僅需與教師成功地互動，亦需與同儕成功互動。同儕是他們文化上的他人（other），他們需跨越性別、種族和語言與他人成功互動。因此，我們建構以產生新文化目的的共同產生對話的方式是改變人數多寡，從兩位參與者（例如教師和學生）到高達五位參與者（例如一位教師和四位學生）。在所有的情況下，我們在分組時盡量考慮到參與者們的不同特性，如性別、種族、階層和母語。

　　成果顯示共同產生對話的作用如同產生新文化的溫床——也就是文化的再製和轉化，以讓參與者在一連串的互動中成功地互動，這種互動具有高層次的共鳴並展現出團結。一個令人愉悅的成果是，共同產生對話的參與者能夠將他們的新文化帶回課室中，並增進教與學的品質。

　　最近，我從目前的研究中學到家教（tutoring）是共同產生對話的一種形式。在家教的時間中，一位共同教學的教師協助一位學生或一小群學生，這讓教師與學生一起產生調適的文化形式，就如同在課室外共同產生對話產生新文化的情形一樣。

# 肆、共同產生對話的歷史發展

　　以下我（Ken）和 Wolff-Michael Roth（Michael）對話，描述了共同產生對話發展的方式。下列的對話已發表在 2004 年的一個網路期刊上，〈論壇：質性社會研究〉。

## 一、共同產生對話：實務與名稱的歷史重建

Ken：當我初次到賓州大學，我接了一個計畫，那是 Fred Erickson 已經開始進行的計畫。在那個計畫中，每個實習教師被指派任教班上兩位都市學校的高中生，他們必須協助實習教師回答「如何更好地教像我這樣的學生」這個問題。基於 Guba 和 Lincoln（1989）在第四代評量中主張的條件性／列聯式取樣（contingent selection），我要求實習教師去選一位能讓他們從他身上學到最多的學生，然後再選一位與第一位截然不同的學生當第二位學生。一堂課結束後學生將與實習教師以及其他經歷這堂課的人見面（例如合作的教師、大學指導教師、學校的行政人員），討論所發生的事和如何改進教學的品質。

Michael：有趣的是我們如何以不同的方式訂立某些實務的始源，也就是，我們如何以非常不同的方式來開始我們的故事起源。我透過舊檔案來看我何時首次使用「共同產生」這個詞。我知道在某個時候，我閱讀參與式行動研究（participatory action research）（Eldon & Levin, 1991），那時我第一次讀到「共同產生對話」這個詞。然而，當我之後開使用這個詞，部分是聯結到我們當時在共同教學的情境中所做的。在與國小教師一起教學後，我和他們坐下來聽取簡報。在某個時候我開始講和寫有關共同教學的東西。尋找一個詞彙來描述聽取有關共同教學的實務報告（大多以參與者皆具有同等權威的方式進行），伴隨合作教學的實務，和理論化實務的集體性及生成性本質，「共同

產生對話」的詞一定是在某個時間點浮現出來。我模糊地記得我曾拋出有關「實務學」（praxeology）的詞來指出有關實務者產生實務的理論（例如 Roth, Lawless, & Tobin, 2000b）。但是我不希望這些實務研討時段中，不對等地看待各人的描述和解釋。如果實務者最瞭解實務，研究者必須參與實務；實務學需要所有參與者參與，否則就會無法解釋參與者如何體驗實踐。

Ken：我的情況也是在共同教學的情境下跑出那個詞。在我到賓州大學這一年中，我決定和一位或更多在都市學校教書的實習教師一起進行共同教學，有時和合作教師、大學視導教授或研究者，或學校的行政人員。在課後的會話有共同教學的教師和學生，而且有趨勢將學生視為專家，並且仔細地聽他們的建議和採取行動。

Michael：我記得你曾寫給我你如何建立學生的座談小組，使新老師可以向這些學生提問。那時的格言好像是「你如何教像我這樣的小孩子？」

Ken：共同產生對話的想法浮現後一年，當我們的研究發生在都市科學課室中，就是賓州大學派了實習教師（student teacher）的那兩所學校。你以研究者的身分加入定期的課後討論，而且運用活動理論來看我們的實務。在回應我問 Andrea Zimmermann 為何她允許兩個活動間的轉換時間拉這麼久，你反駁說：「如果太久，為何你不縮短它呢？」在那個時刻我瞭解對共同教學以及對共同產生對話的討論成果而言，集體責任的重要性（centrality）。從那一刻我們細調共同對話中的參與者的目標與角色，以強調對所發生的事、所發生的矛盾，以及去除矛盾的方式——不管是被移除或增加它的發生，能共同產生共識。一旦做了這個，我們就瞭解從共同產生對話中有許多不同的結果，而且，可以拓展共同產生對話的應用範圍，這些應用可能在課堂上發生，可能在課後立刻發生，也可能真的包含整個班級或班上一小群的參與者。

Michael：我很清楚地記得一個事件，因為我們在 Andrea 的班上反思了許

多經驗，甚至也寫了許多文章，其中涉及了不同的關係人，例如 Andrea，一位她的學生，以及她的合作教師（Roth, Tobin, Zimmermann, Bryant, & Davis, 2002）。雖然我想我們對這個詞的使用早於和Andrea共同教學的經驗，但是搜尋我的檔案並未能證實這個想法。

Ken：沒錯！參訪你加拿大的研究群後我開始寫有關實務學，當我回到賓州，我用這個詞描述小組對於實務的討論。之後，當你再度來到賓州，你介紹我用共同產生對話，有一段時間我們用這兩個詞來描述共同教學。隨著時間我們比較喜歡共同產生對話，最近就較少用實務學了。

Michael：檔案中最早提到的日期是我們發表在FQS的文章（Roth, Lawless, & Tobin, 2000a）。這篇作品在標題中置入這個名詞以呈現我們的研究方法。但是有件事和此事有關，就是我做了評論之後感覺不好，因為它很容易被解釋成膺造的評論。然而，我也覺得如果共同教學是對等的，也就是，如果我們應允要透過個人的行動具體地實現學生的學習是集體責任，當我們看到某事無法運作，我們必須立即採取行動而在事後才談論此事件。當然，當我們經由共同產生對話的意義具體化我們的實務之後，有必要將這個實務理論化。

Ken：運用理論來瞭解共同產生對話，使我們能反覆地考量擴充出有潛力的成果，並且去探討個人與團體間的關係，以及展開個人與機構的關係。起初改變很小，例如我觀察到集合商議定期地發生，成為共同教學的一部分，也就是教師在上課中會聚在一起簡短地交換等一下要做什麼。現在，我們體認到這些是發生在科學課裡一種共同產生對話的形式。起初這些與共同教學的教師有關，但現在我們能看到在課程中召集共同產生對話的智慧，以及擴展參與者的人數與類型。最初我們的擴展是由對集合商議的想法所引發的，通常牽涉到學生以小組或個人任務時，會短時期地增加集合商議的事件。集合商議通常是短暫

的，而且典型地，雖然不是總是如此，也和學生無關。然而，一種確定與學生有關的共同產生對話的新形式在上課時間內發生了，也取代了正規的課程。

Michael：某種意義上，你把共同產生對話的想法推進到成為共同教學實務本身的一部分。而且，這個想法變成不去等待談論下一步要做什麼，而是當需要弄清楚當下發生什麼，以及之後應怎麼做才對時，大家就當場一起處理。所以，共同產生對話的形式即是教育者們已經知道的「實務中的反思」所產生的合作版本（Schon, 1987），雖然稱其為「實務後的反思」會更好，因為所有的反思需要從實務本身跳離出來（Roth, Lawless, & Masciotra, 2001）。但是在我們的工作中，我們從涉及的教師和一小群學生代表（通常是兩個或三個）開始擴展共同產生對話，到涉及教師們和整個班級。

Ken：整個班級共同產生對話是延伸自傳統形式，兩位學生研究者與共同教師一起辨認和解決矛盾，以及共同產生新規則、新角色與決定。我們決定兩位學生研究者可以將共同產生對話帶給全班，用電腦和投影機呈現錄影的小片段以展現矛盾，之後整班討論，讓所有的參與者思考小組已考量和決定之事。然後，整個班級的對話變成在相互尊重的互動情境中產生共同決定的場所，這樣的情境中沒有哪一個聲音是優先的，對他人所做批判性的陳述也是安全的，一直保存彼此尊重沒有敵意的互動；目標是促進科學教育的品質。

Michael：所以共同產生對話確實已經變成三重意義的實踐。第一，它是由真實情境所組成，在這種情境中產生理論是研究的一部分。第二，它是晤談教師有關他們經驗的另一種方法；也就是，我們第一次從共同教學產生資料，而後一起往復地發展對發生何事的理解。第三，或許最重要的是變成所有關係人處理矛盾和衝突情境的方法，以及自行規劃改變，而非等著政策或來自研究者的建議。

Ken：沒錯，結果蠻理想的，我們嘗試著將整個班級共同產生的對話遍及

學校和家庭，獲得的評論顯示出學生在創造文化模式，並能轉移到其他領域。領悟到共同產生對話在某種意義上是 Bourdieu 和 Wacquant（1992）的一個領域，提醒我們去注意代理者（agency）。我們有證據顯示在共同產生對話中產生出來的文化，也會在其他領域中產生作用，包括科學教育的課程、其他學科領域、學校走廊與餐廳和家裡。也就是共同產生對話被視為文化製造（cultural production）的地點，所製造的文化之後可能會在各式各樣的領域中產生作用。這個領悟引導我們聚焦於先前的決定，也就是重視在共同產生的對話中引入彼此不同的參與者。或許對市區學校有更重要的理由運用共同產生的對話；它可以讓參與者學習如何成功地跨越年齡、性別、種族和班級的界線，與其他人互動。例如，小組共同產生的對話相對上是安全的場域，在小組中學生可以學習與其他學生、成人老師和來自不同社會階層的成人成功地互動。反過來說也是如此，例如當一個中產階級的白人女性教師有機會成功地與貧窮的年輕黑人互動，並尊重他們的實務表現。在小組共同產生對話的機會中成功地互動所建立的文化，隨後這個文化將會在不同的領域中產生作用，例如在科學課室、整個學校，甚至在街上。因此，我們已經學到將共同產生的對話視為文化製造、文化轉化，以及文化再製的場域，藉以提升可能，使得其他領域裡的實務表現具有社會及文化適應性。

## 二、集體回憶

Michael：共同產生對話某種意義上包括一種集體回憶的形式，某個教／學情境中的不同參與者一起描述和解釋他們所參與的事件。某種意義上，這個文本即反映有關集體回憶的面向。我發現這個概念很有趣，因為回憶最好被理解為溝通行動的成果（如：Middleton & Edwards 1990）。回憶是說話者在互動中的表現，而非簡單的過程。就行為表現而言，回憶也是基於什麼才算妥當的文化理解。從這個觀點，回憶

是一種社會行為，一種藉著適當且有技巧的態度來聯想過去，以便在當下處事的方式。

Ken：藉著整理所回憶的事件，記憶的事件成為基模（schema），並在對於改變角色和規則的集體（也就是，共同產生的 co-generative）共識在班上產生時，與實務共存。對我而言，跨越年齡、班級、種族、性別重建回憶是重要的，所以新社會建構的基模結合了多元觀點，藉此也可用文化適應的方式來構築實務。

Michael：你說的讓我想起我們在世界中存在的正常方式，這些方式大部分是不具反思性的（Heidegger, 1977）──如果我們必須有知覺地追蹤正在進行的每件事，存在世界上幾乎是不太可能的。然而，投入於共同產生對話則構成集體回憶的一種形式，也就是會覺察到我們的一生不僅可能會變成另一種樣子，而對於他人而言，不論這個他人是誰，它的一生已是另一種樣子了。

Ken：也可將共同產生對話想成如同 Ann Brown（1992）說的設計實驗的重要成分，即便這是正在執行中，為了提供可能最好的教育，實驗設計是可以改變的。把共同產生對話作為課程評量和改進工具，最獨特之處就是把成功改進並成功落實課程的責任，讓所有參與者集體承擔，以及當落實課程時，學生可以有「老師作為後盾」，反之亦然。據此，將每個在共同產生對話上同意的改變一一執行，並定期的在共同產生對話中回顧落實課程時產生的成功學習成果。就我看來，共同產生對話注入到設計實驗中增加了設計實驗的潛能，將催化和維持課程的改進。

# 參考文獻

Austin, J. L. (1962/1975). *How to do things with words* (2nd ed.). Cambridge, MA: Harvard University Press.

Bakhtin, M. M. (1993). *Toward a philosophy of the act*. Austin: University of Texas Press.

Bateson, G. (1972). *Steps to an ecology of mind*. New York: Ballantine.

Bateson, G. (1980). *Mind and nature: A necessary unity*. Toronto: Bantam Books.

Bateson, G., & Bateson, M. C. (1987). *Angels fear: Towards an epistemology of the sacred*. Toronto: Bantam Books.

Bourdieu, P., & Wacquant, L. J. D. (1992). *An invitation to reflexive sociology*. Chicago: University of Chicago Press.

Brown, A. (1992). Design experiments: Theoretical and methodological challenges in creating complex interventions in classroom settings. *Journal of the Learning Sciences, 2*, 141-178.

Eldon, M., & Levin, M. (1991). Co-generative learning: Bringing participation into action research. In William Foote Whyte (Ed.), *Participatory action research* (pp. 127-142). Newbury Park, CA: Sage.

Feyerabend, P. K. (1991). *Three dialogues on knowledge*. Oxford, UK: Basil Blackwell.

Guba, E., & Lincoln, Y. (1989). *Fourth generation evaluation*. Beverly Hills, CA: Sage.

Heidegger, M. (1977). *Sein und Zeit*. Tubingen [Germany]: Max Niemeyer.

Middleton, D., & Edwards, D. (Eds.). (1990). *Collective remembering*. London: Sage.

Ricœur, P. (1990). *Soi-même comme un autre*. Paris: Seuil.

Roth, W.-M., & Alexander, T. (1997). The interaction of students' scientific and religious discourses: Two case studies. *International Journal of Science Education, 19*, 125-146.

Roth, W.-M., Lawless, D., & Masciotra, D. (2001). Spielraum and teaching. *Curriculum Inquiry, 31*, 183-207.

Roth, W.-M., Lawless, D., & Tobin, K. (2000a). {Co-teaching | co-generative dialoguing} as praxis of dialectic method. *Forum Qualitative Sozialforschung/Forum Qualitative Social Research, 1*(3). Online Journal. http://qualitative-research.net/fqs-texte/3-00/3-00rothetal-e.htm [Accessed February 1, 2004].

Roth, W.-M., Lawless, D., & Tobin, K. (2000b). Time to teach: Towards a praxeology of teaching. *Canadian Journal of Education, 25*, 1-15.

Roth, W.-M., McRobbie, C., & Lucas, K. B. (1998). Four dialogues and metalogues about the nature of science. *Research in Science Education, 28*, 107-118.

Roth, W.-M., & Tobin, K. (2002). *At the elbows of another: Learning to teach through co-teaching*. New York: Peter Lang.

Roth, W.-M., Tobin, K., Zimmermann, A., Bryant, N., & Davis, C. (2002). Lessons on/from the dihybrid cross: An activity theoretical study of learning in co-teaching. *Journal of Research in Science Teaching, 39*, 253-282.

Schon, D. A. (1987). *Educating the reflective practitioner*. San Francisco: Jossey-Bass.

Taylor, P. C., Gilmer, P., & Tobin, K. (Eds.). (2002). *Transforming undergraduate science teaching: Social constructivist perspectives*. New York: Peter Lang.

Tobin, K., Seiler, G., & Smith, M. W. (1999). Educating science teachers for the sociocultural diversity of urban schools. *Research in Science Education, 29*, 68-88.

Tobin, K., Seiler, G., & Walls, E. (1999). Reproduction of social class in the teaching and learning of science in urban high schools. *Research in Science Education, 29*, 171-187.

Williams, M. C. (2000). Pictures, dreams, and the reflexive educational reformer. *Networks: An On-line Journal for Teacher Research. Vol. 3*(12). http://www.oise.utoronto.ca/~ctd/networks/journal/Vol % 203(1).2000april/Article5.html [Accessed February 1, 2004].

# 第12章

# 視訊會議在共同教學上的應用

作者：Colette Murphy

譯者：古智雄

審稿：郭重吉、譚寧君

二十一世紀的科學教師正面臨著不同於五十年前的挑戰，他們必須準備好去促進課室中對科學相關議題的討論，並得應付那些喜好爭論且不易服從的學習者。此外，小學教師必須將相對複雜的科學概念教給幼童。然而，科學教師的儲備上大致而言仍未跟上這樣的改變，而實習教師也仍由一種高度由上而下的形式所訓練，對於未來在課室中亦傾向於持續地居於這樣的角色，本文針對這些改變考慮使用 VLE（虛擬學習環境）作為一種增補共同教學的模式以說明這些改變，同時也改進自然科學學習者和教師的課堂經驗。基於可以完善使用 VLE 係相對劇變的學習曲線，研究發現指出，在 VLE 的使用經驗中實習教師比任課教師獲得更佳的學習效果。在大學時實習教師擁有現場的支持和實踐的機會，而同時期的教師幾乎沒有這樣的支持與實踐的機會。2006 年 9 月，北愛爾蘭的一所學校將全面執行一項 VLE 新計畫（Learning NI），而我們也正計畫使用 Learning NI 來重複這項方案。

# 壹、緒論／背景

本文探討在北愛爾蘭的小學中，以電腦視訊會議（computer conferencing）對實習學生（或國內舊制所稱實習教師）與課室教師在提升共同教學效能中所扮演的角色。探索如何利用虛擬學習環境（VLE）以促進兩者在校外遠距的討論。為求共同教學是有效的，夥伴們需要一起計畫、評量（Murphy, Beggs, & Carlisle, 2004）。本計畫企圖判定 VLE 在遠距方式下是否能有效地提升學生和教師間的共同計畫和評量，以輔助面對面的討論。本文特別在下列三個方面觀點探討實習學生的學習經驗：(1) VLE 的使用之難易程度；(2)使用 VLE 來進行與同儕、教師和學科專家（SMEs）的溝通；(3)電腦視訊會議在共同教學上的貢獻。

本研究的發展架構基於一個觀點：知識的建構是主觀並且是基於社會互動的。在學習者社群內，對話內涵的提升對於決定 VLE 運用的程度具有至關重要的地位，而 VLE 可以從它對共同教學的貢獻進行評量。在此，實習學生、教師和專家之間的電腦視訊討論被視為一種線上學習社群（OLC，即是 On-Line Computer）（Brown, 2001; Wegerif, 1998），透過與他人的社會互動而促進了批判省察及知識的建構（McConnell, 2000; Palloff & Pratt, 1999）。

大多數投入 OLCs 的研究關注的是學習本身，因而進行學習成效的評量〔參閱 Liebowitz 的概述（2003）〕。不過，本論文處理的是此社群對由教師和實習學生組成的小組在發展共同計畫、資源產出和評量上面的價值。

研究顯示強烈的社群感，不只是增進參與者持續參加線上活動，而且也促進了資訊流動、學習支持、團體承諾、合作以及學習滿意度（Dede, 1996; Wellman, 1999）。和社群感有關的一個重要的因子就是社交存在（social presence）（Rovai, 2002）。根據 Garrison 和 Anderson（2003）研究，社群形成需要參與者有「社交存在」的意識。目前的研究，這些情況導致有效之社交存在的發展是被考量的。

# 貳、研究方法

　　大學生和教師共同接受使用虛擬的學習環境「黑板」（blackboard）的訓練。共同訓練研習課程在貝爾法斯特（北愛爾蘭首都）聖瑪莉大學學院進行，在實習學生接受分發到小學進行共同教學期間，提供實習學生和課室教師面對面的接觸。參與者會被介紹給一個學科專家小組（SMEs），此小組也將提供線上支援。實習學生要完成兩個分發到學校實習去的學習區塊，在那些學校中進行自然科共同教學並且分享由不同學校所得資料。在前後兩次分發實習期間VLE的應用促進了下列參與者彼此之間的討論和資料分享：

　　1. 實習學生。

　　2. 實習學生和教師的共同教學小組。

　　3. 教師。

　　4. 學科專家小組、實習學生和教師。

　　更進一步，在兩個學習區塊分發實習之間，以及第二次分發實習之後，以大學為基地舉辦面對面工作坊。圖 12-1 略述依序進行的事件。

　　資料的蒐集是藉由團隊成員的教室觀察，和課室教師、實習學生的日誌分析以及教師、實習學生、校長、學童的訪談所得的。透過那些參與者之間在「黑板」上的使用層次和電子視訊會議的討論對話，進行更進一步的分析。大學生要填寫一份設計用來評估VLE對共同教學貢獻的線上匿名問卷。在實習生被分發到學校之後，學童也要填寫一份關於自然科學習的經驗和樂趣的簡短問卷。

# 參、研究結果

## 一、VLE 之運用

　　引進一個在校外能提供促進實習學生和教師間溝通層次的機會，對提升共

---

大學——辦理實習學生與教師面對面的工作坊
- VLE 訓練
- 介紹給學科教材專家
- 產生概要的共同教學計畫
- 規劃校園電子活動（e-行動）

---

學校——學習區塊分發實習 1（一週）——電子活動（全部實習教師小組進行相同的實驗並且提交分析的數據）

---

大學
- 電子活動的評估
- 使用自然科學相關軟體

---

學校與大學
- 虛擬工作坊（學校教師，大學之實習學生）

---

學校——學習區塊分發實習 2（七週）——參與者和學科專家小組之間在視訊會議的協助下進行共同教學

---

大學——實習學生和教師共同參與的工作坊
- 評估共同教學以及 VLEs 的應用

圖 12-1　視訊會議——共同教學計畫項目

同教學經驗能帶來顯著的效應是可預期的。不過，蒐集到的數據似乎指出在 VLE 中 "blackboard" 的有效運用需要相對急劇的學習曲線（亦即要多使用才能更為熟練），這導致實習學生和教師在 "blackboard" 的使用上出現不均衡的現象。與教師的 16.7% 相比較，實習學生使用 "blackboard" 占了 83.3% 的比例。

　　儘管對全部的 blackboard 使用者都提供密集、個別的線上支持，實習學生需要相當程度的大學內部面對面的支持以發展他們使用 "blackboard" 的技能；但教師卻未能獲得這種支持水準。

　　實習學生要填答一份從各方面評論有關使用 "blackboard" 的線上問卷，在回答有關他們未來是否需要更進一步訓練的問題，他們幾乎都要求更進一步的訓練。典型的回答是：

最初使用 "blackboard" 時我發現分享訊息是十分困難的，包括交換檔案和增加附件。

不過，在虛擬工作坊所做的工作，經過一些實習學生和教師的共同教學小組證明是有價值的。每個小組必須提交他們將在實習學生被分派實習試教班級的教學計畫。很多實習學生在訪談意見中認為這是一個很棒的教學準備機會，因為能得到教學期間所期望較清晰的構想，所以感覺可準備得更充分。

我想我去年完成的實驗不到今年的一半。我覺得準備較充分、支持較多，而且我的教學更好了。在 1 月份（在虛擬論壇期間）與我的老師交換意見而完成許多事情，一些計畫也已經開始實施了。

## 二、其他 ICT 工具的使用

在共同教學期間，教室觀察凸顯出實習學生和教師對於其他 ICT 設備的使用方面有明顯的進步。與以前的共同教學方案（即國小科學學生 SSIPS 方案，Murphy et al., 2004）相比較，此方案中在使用 slideshow（幻燈片）之類的電腦軟體來記錄且示範科學探究有明顯的提升。不同學校應用在科學方面的 ICT 水準會有差別，取決於該共同教學小組的專業水準。一所國小使用幻燈片展示和數位攝影機記錄計畫、發展和製造空氣推進汽車的過程。後來這個幻燈片被運用在科學展覽，對家長和其他孩童展示他們汽車發展的每個階段。一名教師對她如何在課堂上致力於使用 ICT 做以下的評論：

我覺得我已經變得更有自信教授自然科學，透由 ICT 的使用，例如資料投影機以及上網查詢主題，我正尋找不同的方法以提升學童在科學領域的學習。

# 肆、結論與建議

此研究的一項重要發現是：大多數實習學生比大部分教師更樂於接受VLE。這些資料顯示出至少有部分的解釋是在於有效地使用"blackboard"是和學習與練習的分量有關。因此，在建立線上實務社群的過程中，所有參與者需具備足夠的科技能力水準與VLE做有效地接軌是極其重要的。否則，缺乏互動可能會被詮釋為缺乏學習或者缺乏溝通意願，而非歸因於缺乏科技自信。

就共同教學而言，VLE 的應用顯示：就實際使用"blackboard"的參與者在相互支持、共同計畫和資料分享方面是非常有效的。擁有一個私人的共享空間，讓參與者能交流溝通，交換並且分享文件，對提升共同教學來說這提供了一個寶貴的貢獻。

# 參考文獻

Brown, R. E. (2001). The process of community-building in distance learning classes. *Journal of Asynchronous Learning Networks, 5*(2), 18-35.

Dede, C. (1996). The evolution of distance education: Emerging technologies and distributed learning. *American Journal of Distance Education, 10*(2), 4-36.

Garrison, D. R., & Anderson, T. (2003). *E-Learning in the 21st Century*. London: RoutledgeFalmer.

McConnell, D. (2000). *Implementing computer supported cooperative learning* (2nd ed.). London, Kogan Page.

Murphy, C., Beggs, J., & Carlisle, K. (2004). Students as'catalysts' in the classroom: The impact of co-teaching between science student teachers and primary classroom teachers on children's enjoyment and learning of science. *International Journal of Science Education, 26*(8), 1023-1035.

Palloff, R. M., & Pratt, K. (1999). *Building learning communities in cyberspace: Effective strategies for the online classroom*. San Francisco: Jossey-Bass.

Rovai, A. (2002). Building sense of community at a distance. *International Review of Research in Open and Distance Learning, 3*(1).

Wegerif, R. (1998). The social dimension of asynchronous learning networks. *Journal of Asynchronous Learning Networks, 2*(1).

# 第13章

# 日本的科技教育與教師培訓
# 使用之電視節目的發展

作者：五島政一
譯者：張文華
審稿：郭重吉、熊同鑫、劉聖忠

# 壹、日本科技教學的地位

　　課程（Course of Study）定義了所有學科必要的目標、內容和取向。這相當於由教育部擬訂的國家課程標準，具有法律效力，並決定日本學校的課程內容。從 1972 年起，大約每十年教育部就修訂研修科目。當前的研修科目是由 1991 年於小學，1992 年於初級中學及 1993 年於高級中學開始生效。依據課程委員會的推薦，科技教育選擇了更多重要的內容，包括每日生活中的物質與現象，以及進行更多觀察和實驗。小學及初級中學教科用書是免費的，私人公司出版的教科用書必須經過教育部核可。

## 一、當前課程背後的政策

　　1. 培養豐富的心靈 。
　　2. 強調基礎教育及提倡鼓勵個人特色的教育 。
　　3. 培養自我教育的能力 。
　　4. 尊重文化及傳統並提倡國際觀。

## 二、當前科學課程中的重點

　　（一般重點）
　　1. 強調基礎教學及個人的特色 。
　　2. 基於每日生活來學習，應用技術。
　　3. 具有基本能力及創造力來面對變遷的社會。
　　（科學具體重點）
　　1. 觀察、實驗，並提升教化。
　　2. 以科學的方式思考自然 。
　　3. 進行研究活動及學習任務 。
　　4. 科學的猜想、判斷、表達自我。

5. 善用電腦。

6. 由保護環境觀點出發的科學教育。

## 三、當前科學課程的主要政策

### ㈠小學

將經由觀察和實驗來強化學生接觸自然現象及自然變遷的真實經驗，在一、二年級引介「生活環境研究」，科學學習由三年級開始。

### ㈡初級中學

將提供學生更多的觀察和實驗，以便培養學生研究科學的能力及以熱情的態度檢視科學，但這些學習不能遠離日常生活。

### ㈢高級中學

鼓勵學生自行研究科學並激勵學生精熟科學的思維方式。他們可以依自己的能力、才能及對未來的規劃來選擇適合的班級。

除此之外，也準備在各年級教導電腦。

## 四、科學學習學程

### ㈠小學

科學內容分為三個領域：A 領域：生物及其環境，B 領域：物質與能量，C 領域：地球和宇宙。自然科學及社會科學在一、二年級統整為「生活環境研究」。因此科學課程開始於三年級。

1. 整體目標：讓學生經由觀察及實驗熟悉自然，發展解決問題的能力、愛自然的豐富敏銳度，以及瞭解自然事物與現象，進而培養科學觀及科學思考。

2. 內容

（三年級）

A 領域：熟悉植物及其生長過程和植物體之構造，昆蟲的生長過程及身體
　　　　構造及人體。

B 領域：空氣及水的特性，物質的特性。

C 領域：地球表面構成物質的特徵及特性。

（四年級）

A 領域：植物的運動、生長與環境之間的關係，動物的活動與環境之間的
　　　　關係，人類的活動與環境之間的關係。

B 領域：物質重量的差異，電和光的功能。

C 領域：流動的水改變陸地的作用，水在自然界中的變化。

（五年級）

A 領域：由種植植物學習發芽、生長及結果的機制，由養魚學習動物的生
　　　　長，人類的出生與生長。

B 領域：物質溶解於不同溫度及不同水量的情形，槓桿原理及功能，以重
　　　　物移動物體。

C 領域：天氣的變化，日、月的運動與相對位置。

（六年級）

A 領域：由種植植物瞭解植物體內水分的貯存及葉的功能，經由觀察動物
　　　　體內構造來學習呼吸、消化、排泄及循環等功能，人類的特性及
　　　　其與環境的互動。

B 領域：水溶液的特性與變化，由燃燒及加熱物質和空氣瞭解其特性及變
　　　　化，電流的功能。

C 領域：星星的特徵及其運動，陸地組成物的特徵，陸地的組成。

## (二)初級中學

科學內容分為兩個領域：第一個領域「與物體和能量相關的物質與現象」

及第二領域「生物與自然的物質和現象」。

1. 整體目標：透過觀察和實驗，協助學生發展科學探究能力、激發他們對自然的興趣，加深他們對自然界中物質和現象的理解，進而開發他們的科學觀及科學思考。

2. 各領域的內容

（第一領域）

1. 熟悉的物質及其變化：水溶液、物質的狀態變化、氣體生成（七年級）。

2. 熟悉的物理現象：光和聲音、熱與溫度、力、壓力（七年級）。

3. 化學變化：化學變化，原子和分子（八年級）。

4. 電流：電流與電壓，電流的功能與電子的流動（八年級）。

5. 化學變化及離子：電解及離子，酸、鹼和鹽（九年級）。

6. 運動與能量：力的功用，物體運動，功與能，科技的進步，人類的生活（九年級）。

（第二領域）

1. 植物的生命及其種類：植物的生命及身體構造，植物的分類（七年級）。

2. 地球和太陽系：行星與太陽系（七年級）。

3. 動物的生命及其種類：動物的生命及身體構造，動物分類（八年級）。

4. 天氣變化：天氣變化，日本的天氣（八年級）。

5. 生物間的聯結：生物及細胞，生物的繁殖及遺傳，自然世界的相互依存關係（九年級）。

6. 地面與地球的變化：火山與地震，地層及其發展，地球與人類（九年級）。

(三)高級中學

1. 整體目標：透過觀察及實驗引發學生對於自然的興趣，促進其能力及科

學探究的態度，加深其對自然界物質及現象的瞭解，進而開發其對自然的科學觀。

2. 內容〔學科：統整科學（4 學分）〕

物理 IA（2 學分），物理 IB（4 學分），物理 II（2 學分）

化學 IA（2 學分），化學 IB（4 學分），化學 II（2 學分）

生物 IA（2 學分），生物 IB（4 學分），生物 II（4 學分）

地質 IA（2 學分），地質 IB（2 學分），地質 II（2 學分）

IA 是日常生活科學；自然組的學生修 IB 和 II。

學生必須由這五項中選兩項，且每項至少各修一科。

# 五、教學時數

一節課在小學是四十五分鐘、在中學是五十分鐘。每門課一學年滿三十五節算一學分。

| 學校階段 | 年級 | 目前 | 2002 年之後 | 統整 | 選修 | 總數(現在) |
|---|---|---|---|---|---|---|
| 小學 | 一年級 | | | 102 | | 782（850） |
| | 二年級 | | | 105 | | 840（910） |
| | 三年級 | 105 | 70 | 105 | | 910（980） |
| | 四年級 | 105 | 90 | 105 | | 945（1015） |
| | 五年級 | 105 | 95 | 110 | | 945（1015） |
| | 六年級 | 105 | 95 | 110 | | 945（1015） |
| 初級中學 | 七年級 | 105 | 105 | 70-100 | 0-30 | 980（1050） |
| | 八年級 | 105 | 105 | 70-105 | 50-85 | 980（1050） |
| | 九年級 | 105-140 | 80 | 70-130 | 105-165 | 980（1050） |
| 高級中學 | 十年級 | 畢業需6個學分以上 | 畢業需4個學分以上 | 3-6 學分 | | 畢業需74學分以上 |
| | 十一年級 | | | | | |
| | 十二年級 | | | | | |

貳、學生與教育議題現況

現今課程下，整體而言日本學生的學業成就是令人滿意的。例如，依據 TIMSS（Third International Mathematics and Science Study），日本四年級和八年級學童的成就測驗，在二十六和四十一個參與國家中，分別居於第二及第三名。然而有些議題值得進一步探討：

1. 許多學生不完全瞭解上課的內容。

2. 學生自主學習與自主判斷以及表達自己意見的能力尚未完全發展。

3. 學生由不同角度看事情的能力還不夠令人滿意。學生不擅長統整的問題，如「與環境有關以及核心科學能力有關的問題」。（TIMSS）

4. 學生缺乏學習科學以及科學事物的興趣：雖然有 85% 的四年級學生喜歡學習科學，但是只有 56% 的八年級學生喜歡科學，下降了將近三十個百分點。日本八年級學生是參與國家中最不喜歡科學學習的。日本學生對於科技對日常生活是重要的，以及將來想要從事與科技相關工作的比例分別是最低的 48% 和 20%。（TIMSS）

   學生越來越討厭修習科學，且傾向於選讀非科學領域，對於一個以科技立國的國家而言，是非常嚴重的問題。還需要考量的是如何提升國民的科學素養，尤其是畢業之後，學生似乎就忘記了已經學過的科學概念。

5. 學生運用電腦進行科學學習或直接參與田野工作的例子不多：其他議題包括如何運用電腦進行科學教育，如何保持科學教育與科技發展齊頭並進，且如何教導處理因為科學進步而引發的環境問題。另一個議題是是否要將資訊教育或者蒐集以及運用資訊列為新增學科。電腦已被帶入校園，但是只有少數學生在科學課中運用電腦。雖然學生喜歡進行田野工作，但是只有少數學生在科學課中進行田野工作。

6. 入學考試的議題：許多問題已經浮現，包括過度強調學業成績的社會氣氛，入學考試過度競爭，孩童及年輕人各種問題行為，以及學校教育強

調劃一及嚴格造成的不好影響。再者，快速及廣泛的社會改變已導致強烈需要發展一個能納入這些改變的教育系統。為處理這些教育問題，國家教育改革委員會提出下列建議：

(1)引入尊重個人特色的原則。

(2)轉型為終身學習系統。

(3)能因應社會改變的重要性，包括國際化以及轉變為資訊導向的社會。

7. 2002 年以來的議題：最重要的議題是改為每週上課五天，導致科學上課時數減少（減少了 30%的內容以及教學時間），以及新科學課程中內容的重新組織。各學校必須依學校特色發展統整學習的原創課程及教材，因此必須依賴教師的能力及意願，職前以及在職教師培育更受重視。

## 參、新課程與科學學習改革

### 一、國家課程（2002）

日本的 2002 年新科學課程（國家課程）以「生命的熱情」作為教育的基本目標。為追求此目標，國家課程建議運用長期的統整式學習。不管社會如何改變，很重要的是學生必須能夠有足夠能力來辨識問題、自發學習、獨立思考、獨立判斷及執行行動，並且必須學習更有效率的解決問題。除此之外，學生必須有豐富的人文素養，以便在自動自發的行動時，同時會想要關心別人及與人合作。一言以蔽之，在此社會快速變化的時代所需要的品質及能力，即是需要「生命的熱情」，由此我們感覺，為了培養學童最終能過著一種平衡且健康的生活，我們亦需依此標準建立我們的教育系統。

要達成 2002 年國家課程此一基本目標，田野工作扮演重要的角色，因為這與當地自然及文化有關。雖然目前只有少數教師帶學生到戶外學習，學生可以簡易地在當地環境中透過小組學習進行探究。當教師發展自己的統整課程，運用他們擁有的地方特色時，田野調查也可以在統整所有學科部分時扮演關鍵角

色。在新國家課程中，學生具備解決問題的能力將更形重要。

為培養孩童的科學知識及發展未來各類科技人力資源，提升中小學的科技教育是很重要的。MEXT嘗試要改進及加強科技教育系統。非制式教育也對學校及大眾教育有貢獻，且已經發展了許多以終身學習為情境的教學素材。從現在開始，科技教師應能組織自己的教學（課程），有效運用不同教學資源包括資訊與溝通技術（ICT）素材、當地自然、校外設施及人員，由此去啟發學生，讓學生對於科技以及統整研究有興趣。同時也需要依據當地情境發展革新的學校為本及社區為本的科學課程，並在科學專門人員以及科學教師之間建立網絡及夥伴關係。教師應扮演的角色還包括促進者、協調者及組織者，以便能把科學教學組織得更好。

## 二、國家課程標準改革的目的

1. 協助兒童培養身為日本人在國際社群中的豐富人文素養、社會群性及認同感。
2. 協助孩童發展獨立學習與思考的能力。
3. 透過提供廣泛的教學活動協助孩童獲得基本能力與技巧及個體的個別性。
4. 鼓勵各學校發展獨特的教育活動。

## 三、導入統整研究，減少科學教學時間並運用校外設施及人力

除了過往日本課程中的三項領域：學科、道德教育與特別活動，新課程中建立新統整學習並於2002年開始施行。「統整學習」是用以鼓勵各校展現具創意的跨學科與綜合性課程，包括國際理解、外語會話、資訊學習、環境教育及社會福利教育。

因為加入統整學習以及改為每週上課五天，所有的科目內容和教學時間都減少30%。為了培養孩童更豐富的科學素養，除了正式科學課程以外，還可運用統整學習教授科學。統整學習的結構則仰賴各校教師的能力與教學目標。

科學教師同時需要運用社會設施，包括博物館及校外人力資源，以便在這個終身學習時代，更豐富科學教育的內容。因此，科學師資教育在未來更加重要。

## 四、科學學習的改革

### ㈠小學改革標準

1. 目標
   (1)協助學生藉著知性地趣向及探究的心靈以熟悉自然。
   (2)協助學生以明確的目的進行觀察及實驗。
   (3)協助學生培養合乎科學探究的能力及態度。
   (4)協助學生培養科學觀及思考方法。
2. 改革的觀點
   (1)重視與自然經驗及日常生活相關的學習。
   (2)重視與自然環境及人類相關的學習。
   (3)以廣泛的範圍及明確的目的進行觀察及實驗。
   (4)培養解決問題的能力及多面向及統整的觀點。

### ㈡具體的改革項目

（小學）
1. 培養解決問題的能力（比較事件，抽象化改變的因素，設計觀察與實驗，多面向的考量）。
2. 達成與日常生活的關聯（製造物質及天然災害）。
   (1)「生物與環境」：真實生物的現象及動物與植物的生長。
   (2)「物質與能量」：物質的特性及狀態的改變，和製造物品。
   (3)「地球與宇宙」：岩石圈、氣圈和地球的現象，以自然災害的觀點追尋這些現象。

（初級中學）

1. 培養科學的思考方式及解決問題的能力。

2. 由直接經驗及觀察的學習發展到培養分析及統整觀點的學習。

3. 由戶外觀察的實現以培養問題解決能力。

4. 重視探究活動式的問題解決作業。

[第一個領域]：光，聲音與化學變化，電學，運動現象，能量，科技與人類。[第二個領域]：植物與動物，地表的變化（山岳的形成），生命的繁衍，地表的物體，環境，自然災害。

（高級中學）

1. 更重視探究學習。

2. 培養探究自然的能力及態度。

3. 依據學生的能力及性向，興趣及態度，未來的規劃，協助學生培養豐富的科學素養。

　　(1)新設立的「基礎科學」：探究及解答自然的奧秘，對文明發展的貢獻，認識過去的實驗，解答任務的過程，科學面對的問題及科學與人類生活的關係，培養科學觀及思考方法。

　　(2)新設立的「統整科學 A」和「統整科學 B」：統整科學 A──學習探究與日常生活如物質與能等相關的自然事件，把「科技與人類的關係」置於中心，提升對自然的統整觀點，及探究自然的能力與態度。統整科學 B──學習探究與生活現象及地球環境相關的自然事件，把「生物與環境」置於中心，培養對自然的統整觀點，及探究自然的能力與態度。

　　(3)「物理 I」，「化學 I」，「生物 I」，「地球科學 I」：比現有的「IB」and「II」包括更多內容，進行觀察、實驗和探究活動，並學習基本概念及探究方法。

　　(4)「物理 II」，「化學 II」，「生物 II」，「地球科學 II」：以前述學科內容為基礎，進行觀察、實驗及探究活動，及增進發展概念及學習

探究方法。依照學生的能力及性向，及興趣與態度來選擇項目。

學科：基礎科學（2學分），統整科學A（2學分），統整科學B（2學分）

物理I（3學分），物理II（3學分），化學I（3學分），化學II（3學分）

生物I（3學分），生物II（3學分），地質I（3學分），地質II（3學分）

學生必須選至少兩門科目才能畢業。

## 肆、科學技術與國家發展

為使日本在二十一世紀能持續保有活力、富足、安定且安全，一個不可缺的先備條件是進一步提升科技，並實現基於科技創造力立國，以領導世界創造先進知識及科技創新。智力的創造力是日本最珍貴的資源。對日本全國而言，在國家議事中極端重要的一項是如何培育大眾，尤其是年輕的一代，對科技的興趣，以及如何為未來建立廣大的科技人力資源。科技基礎是由科技教育所組成。在國際教育成就評鑑機構（International Association for the Evaluation of Educational Achievement, IEA）舉辦的測驗，如1995年的TIMSS，1999年的補充測驗，以及2000年的第一屆OECD國際學生評量計畫（Programme for International Student Assessment, PISA2000），日本學生的成就名列前茅，但是重新評鑑日本的科技教育的實施情形，「傾向遠離科技」成為重要議題。

為鼓勵日本的科學與技術，1995年11月公布了「科學與技術基本法」。接著在1998年1月，日本科學委員會受命審慎規劃「提升科學研究以達成日本以科學和科技創意立國的整體計畫案」。1999年6月，該委員會提出對應的計畫案「提升科學研究以達成基於科學和技術創意立國的整體計畫案——以智力的富足為目標」。且於2001年1月，科學和技術委員會政策於內閣辦公室設立。

在日本，由提升科技來累積智力資產，是面對全球競爭時唯一的生存之

道。為促進科技，必須要改善大眾的科學素養並培養科技的人力資源。因此，MEXT 正致力於不同的方案，包括：

## 一、提升科學素養計畫

由 2002 會計年度開始，為了因應年輕人及整體社會的「遠離科技傾向」，以及提升孩童對科學教育及科技的興趣，MEXT 啟動「提升科學素養計畫」，希望能夠促進渴望學習的心以及有助於培養創造力、智力的好奇心，以及探究的思維方式。基本的目標整合如下：

經由提升科技，日本希望成為「立基於科學技術創造力的國家」，由此實現人民有富足且舒適的生活，社會經濟發展，並加強其工業競爭力。抱持著此種目標，重要的是我們要加深全體日本人民對科學和技術的興趣與理解，去幫助新一代年輕人對科學和技術構築希望及夢想，且對於自己的成就能有更高的期望。具體地說，「科學素養提升計畫」包括以下專案：

1. 頂尖科學高校及愛好科學的學校。
2. 理科-e 計畫（為科學與技術教育發展進階數位學習教材）。
3. 科學夥伴計畫。
4. 發展工業技術史的資料庫。
5. 提升科學和技術教育綜合計畫。
6. 提升環境教育的綠色計畫。
7. 科學和技術教育儀器及設施補助計畫。

## 二、日本科學未來館（National Museum of Emerging Science and Innovation）

日本科學未來館（Mirai-Kan）是新開設的科學博物館（於 2001 年開放）。此博物館是為提升大眾對科學技術的瞭解及提升日本人力資源而設立的中心。博物館提供大眾不同的機會經由動手做的展示以及觀賞傑出研究者的影帶演說來「接觸」最新的科技。

## 三、多媒體內容的製作

　　為改善大眾對科技的瞭解，製作了經由衛星轉播系統及有線電視系統傳播的多媒體內容。經由提倡科學頻道專案，播出科學主題及實驗的電視節目，以便提供更多人更多機會來熟悉科學和技術。

## 四、在全國各地科學中心及科學博物館的支援活動

　　為激發各科學中心及科學博物館的活動，建立了全國科學中心及博物館的資訊交換網絡。現在，一個支援科學中心、博物館與地方學校的夥伴關係的專案計畫已經開始。

　　為了這個目的，科學博物館的功能——學習科學的重要地點，已經被提升並且更加有效。更具體的是，如同社區中心的模範博物館，透過與社區中其他博物館、學校及相關機構的合作，依據博物館的專長及特色，已經開發教育用的實驗教材。同時也引入互動式展示及體驗活動，孩童可以快樂地學習關於自然、科技、歷史及傳統文化。這些模範專案的成果已經推展到全國。

　　除此之外，其他促進公眾察覺的方法，包括青年科學祭，支援認識博物館競賽以及機器人展，及運用非營利組織（non-profit organizations, NPOs）和非政府組織（non-governmental organizations, NGOs）發展的科學和技術的教材。

## 伍、統整研習的師資培訓問題

　　科學教師需要結合各學科，包括物理、化學、生物和地質成為統整科學課程。孩童的興趣並非以學科為基礎的，而是跨學科及綜合地學習。教師也需要發展自己的教材以及與當地環境相關的課程，來介紹統整學習。但是中學階段的教師，是教他們專長的科目如數學或科學，且不習慣發展自己的教材及課程，或整體地教學統整學科。那麼誰來組織統整科學及統整研習？教師如何建構這些？我建議所有科學教師一起組織統整科學，所有教師運用自己的專長，彼此

合作考量當地特性發展革新的學校本位課程,由此發展組織統整研習課程。例如,科學教師應該與其他科學教師發展科學統整課程,也與其他學科的教師合作發展以科學為中心的統整課程,如圖 13-1 所示。

如果所有學科的教師能這樣做,就能容易彼此分工合作組織學校本位的統整研究。

同樣重要的是,學習是要設計成學生為中心而不是講述式的,教師在大學裡的職前訓練不足以創造這一類的課程及教材,必須考慮建立教師這些能力的方法。系統的在職訓練教育越來越重要。我建議由博物館及大學等校外組織應幫忙發展學校本位教材,這樣專家及業餘愛好者可以共同合作。學區教育局的在職教師訓練應該系統化於長期的教師能力養成。

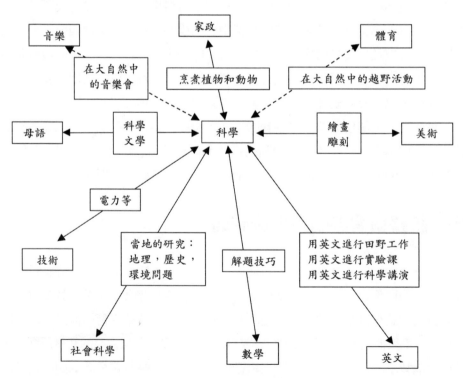

圖 13-1 學校的科際整合課程網絡

# 陸、師訓研習的基礎研究

科學教師的最佳實務是由他的知識、技能、態度及溝通能力所構成。

支持這樣的實務能力分析如下：

1. 瞭解系統哲學及系統理論的能力。

2. 瞭解統整科學「地球系統科學」的能力。

3. 進行田野活動探究自然的能力。

4. 進行學生為中心的科學教學的能力，例如探究為基礎的學習（研究學習）。

5. 執行真實性評量的能力。

6. 基於地球系統科學發展課程的能力。

7. 發展田野活動課程的能力。

8. 引導統整科學「地球系統科學」的能力。

9. 引導學生進行田野活動的能力。

10. 組織以田野活動為中心之統整課程的能力。

11. 發展教材及工具以及動手做活動的能力。

12. 有效運用 ICT 的能力。

13. 進行有吸引力的課的能力。

14. 在他和資源人員間、學校和校外社會設施如博物館及機構間組織網絡及夥伴關係的能力。

15. 教與學的能力：教師應該是具有終身學習態度的研究者。

在過去四年中，本人發展許多師訓課程來促進前述能力並舉辦許多領域的教師培訓研習。

1. 三浦教育局每年定期辦理六次六個連續的在職教師研習：每兩個月為三浦科學教師辦理一次在職訓練。這項研習中，發展了輔助教材「三浦的自然」並作為田野活動的教材。某位科學教師參與了教師培訓研習並在

學生的田野研究活動中使用該教材。結果他發展了很好的課程及教學方法，例如主題本位的研究，而且有很多學生贏得自然研究或科學研究獎。其中一個研究團隊贏得日本學生科學獎的最高榮譽首相獎，他們的研究主題是當地岩層的起源。參與教師訓練的優秀教師也獲得科學教育的最高獎項讀賣新聞教育獎。

2. 大學的職前教師訓練研習：學校進行四天三夜的密集課程，包括瞭解戶外學習理論，許多活動發展並發表田野活動為基礎的課程。參與學生對這個課程的評鑑是很有趣而且能有效瞭解環境。

3. 教育局或教師聯盟的研習部門資助在職教師一天訓練研習：實施為期一天的革新在職教師訓練，讓教師腦力激盪。研習包括講述革新科學課程及田野活動。

## 這些培訓方案的發展與實務成果

經由這些教師訓練課程，發展了許多教材及工具，對於如何系統化革新的師訓課程也進行基礎研究，以讓科學教師發展自己有興趣的課程、教材和工具來進行品質優良的科學教育。

## 柒、為田野活動及戶外教育發展電視節目

我與國家教育廣播公司合作，為十至十五歲孩童發展了十個環境教育的電視節目。這十個電視節目包括：河川探險記、混合林的自然研究、乾涸沙灘的自然研究、岩岸的自然研究、稻田的自然研究、公園的自然研究等等，這些電視節目在全日本播放，讓孩童可以在當地環境進行研究。這也包括環境教育和永續發展教育，必須支持的核心內容、能力和思維模式。孩童理解如何研究他們的當地環境，並且經由看電視節目一起工作，為永續性付出貢獻。在看電視節目以及經由研究當地環境來付諸行動之後，孩童的環境素養提升了，包括對生活方式的瞭解以及愛護地球。這些節目很有趣，全日本許多中小學教師運用

在科學課及環境教育上。我也用這些電視節目發展及實施了一些課程，也評鑑了電視節目、我的課程及實務的品質，並運用這些來進行日本的生手科學教師的在職訓練研習，這些電視節目被評為對於孩童及師資教育很有用處。以下我將說明發展的一個科學教育及環境教育電視節目，及我如何運用在教學實務以及評量這節目。

## 捌、發展建立能力的資源組套

「領導及促進課程改變」資源組套主要是為了讓專家們展現出在課程發展方面的領導才能、管理及操作的功能。這套資源是為了回應不同目標閱聽人在系統陳述及倡導課程改革的能力、試行革新方案、管理及實施改革及評鑑課程改變等方面的成長需求。

在日本儲備信託的支持下以及會員國家的技術專家間合作使得這專案成為可能。這份套裝資源是位在曼谷的亞太地區聯合國教科文組織以及在日內瓦的聯合國國際教育處共同努力的成果。

人類活動的社會、政治及經濟組織變化的情形，轉變了我們的文化實踐及我們對於自己及社會的願景。當願景改變，每個社會定義及組織俾以統整或適應轉變的正規教育過程也必須改變。課程改革的決定是來自於文化轉型的覺知增強了，不單是與經濟改變有關，也與社會、技術、政治及環境等多方面及彼此相依加速的轉變有關。

任何社會的課程改變理念，係立基於社會願景與年輕一代的教育過程兩者之間的落差。現有的內容方法及學校教育結構如果無法呼應文化、政治、經濟及科技改變而衍生的社會新需求與新願景，課程改變的需求就會變得更加殷切。

這份套裝資源包括以下八個模組；

## 一、課程改變：由反省、願景到行動

模組簡介提出課程改變的一項綜合策略。它開始於將課程放置於更寬廣的

優質教育架構之內,並且把課程改革定義為確定學習適切性的動態歷程。模組中繪出輿圖,是整個套裝資源的一個中心模組及關鍵入門點。其他模組則分別處理以下列出的特定課程改變面向,可以根據不同使用者的適切性以及特定情境面對的挑戰選用。

## 二、政策對話與形成

此模組探索政策改變的脈絡,首先檢視政策改變的可能起因及理念,其次提供分析地方情境優劣的工具,以便辨識出參與教育系統的夥伴和其他相關的人員。之後找出參與政策對話及形成政策的可能關係人,以及對於政策改變的可能阻力來源。在此情況下,此模組探索主要的課程政策議題,是較近乎如語言、文化及公民權等敏感性或挑戰性的議題。

## 三、課程設計

此模組呈現課程架構的整體結構,並檢視不同組成成分之間的關係。模組中提供各種不同方案,可以用來針對設定之目標、技能、能力或標準而採行的不同學習循環,定義出學習者應該知道什麼以及完成學習循環後的能力。每種方案都包含學習內容、教學方法及評量方法。並且示例結構化學習內容的方法,如公民教育中,以HIV／愛滋病防治之永續發展教育整合新衍生的關注點及克服危機處境。最後,模組透過科技教育實例來檢視其在統整學習的意涵。

## 四、去中央化

此模組標記出一些去中央化的理念及型態,也考量如何在中央化及去中央化間取得平衡。它探究與課程去中央化及學校本位管理的相關議題,以及在特定的國家及地方的情境中,課程地方化是一種能保證呼應地方需求及實況的方法。此模組試圖釐清與去中央化關聯的不同實務,包括將決策權下放及去中央化,以及將行政功能從中央分散到地方。

## 五、發展教科用書及其他教／學教材

　　此模組探索當前政策趨勢及教科書發展過程，並呈現不同模式供使用者參考。關係人的潛在角色，包含教育部，在編印及分配教科書的情形呈現及使用者被邀請考量將綱要體系應用於他們情境中的最佳方式。

　　依據由各種情況取得的評鑑工具樣本，此模組考量呼應國家目標及價值、教育標準、評鑑等原則、無歧視和尊重多元之教材的教科書選用及核可標準。其他書面及非書面教材，包括數位學習教材，也被納入考量，以強調各教科書在支援教學過程的相對比重。最後，以社區為基礎的輔助教學材料之發展正被探究，以作為課程去中央化及本土化的重要面向。

## 六、建立課程改變能力

　　此模組定義在課程改變情境中的能力建立，是參與課程改變的個人及小組，發展能力、技能及洞見的過程，以及經由訓練及促進對話，增加其在形成政策、設計課程、發展及評鑑教科書、試行與創新、課程評鑑與學生評量等做有根據的決策能力。建立課程改變能力須在新教學方法，以及資訊溝通技術的情境中進行檢視。為維持改變過程，此模組強調需要小心設定建立能力的目標，列出關係人需要增能領域的優先順序，以及持續建立能力的不同方法。此模組提議不同的方法及策略來達成永續的／持續的能力建立活動。

## 七、試行與革新

　　此模組目標在探索及釐清可能的試行模式、理念及目標，以及試行規劃設計時的關鍵議題。它鼓勵由其他國家的經驗，反省在本土情境的試行情形，以便由成功經驗中學習及獲得啟發。綜言之，它嘗試釐清當由試行過渡到正式施行時產生的困難挑戰。

## 八、課程評鑑與學生評量

課程評鑑被視為是重要的課程政策改變依據,且可立即回饋供實施過程中課程持續調整。依據評鑑理念,此模組中檢核應被評鑑的課程及課程內容。同時探索可能的評鑑取向。

在某些方面而言,學生評量被視為要包含於課程評鑑,以提供對於課程產生的影響及成果的瞭解。然而,課程評鑑及學生評量有其不同的考量。模組由診斷、檢定及績效責任來探索國際的／地方的趨勢及理念,以及學生評量的方法,特別是針對科學與技術教育領域和學習如何共同生活。

## 玖、簡介追求最佳實務的師訓計畫

為了二十一世紀的優質科學與技術教育、去中央化、終身學習以及永續發展,科學與技術教師的能力建立是必要的。優質科學與技術教育並非以學科為基礎,而是跨科、多科及與道德及價值觀統整。直到目前,師訓課程主要還是依據學科,為了培育優秀教師,師資培訓應該要由職前到在職、到專家層次的整體系統化,我們將設計這類系統化師訓課程。本章簡介一些系統化教師訓練課程實例,我們培育合格教師的課程是基於系統理論,包括系統哲學及系統科學。這些課程重視以經驗為基礎的活動及溝通,包括動手做活動、田野活動、發展革新課程及教材、學生為中心的新教學方法、新評量等等。這些是由導入階段,到專家階段的職前及在職教師訓練課程。系統科學教育的一個例子是由 Ohio 州立大學名譽教授 Victer Mayer(1995)提出的地球系統教育。我與 Mayer 合作進行地球系統教育研究,並共同發展許多課程、教材及師訓課程。以下將呈現一些地球系統教育的師訓課程實例。

## 一、理念／需求

1. 教師需要針對田野工作中的抽象主題／概念設計動手做活動。

2. 教師需要知道如何發展田野工作為中心的課程。

3. 教師需要由教師中心取向轉移為以學生為中心取向的教學。

## 二、培訓目標

1. 提升教師發展動手做活動的知識與技能，以教導田野活動相關抽象概念。

2. 授予教師技能，使其能由教師為中心轉移為以學習者為中心取向。

3. 讓教師有機會分享他們在地球系統教育和一些特殊學程（如JEMS，Project Wild 和 Nature Game）中進行的學習者為中心的田野活動。

4. 讓教師分享他們基於地球系統教育發展出來的革新田野活動課程（短期課程）。

## 三、參與者

職前師資教育的學生或者學區的科學教師。

## 四、期間及地點

三天，在自然中心等地。

## 五、培訓議程

上午

| | |
|---|---|
| 8:00 - 8:30 | 註冊 |
| 8:30 - 10:30 | 上午課程 |
| 10:30 - 11:00 | 茶敘 |
| 11:00 - 1:00 p.m. | 中午課程 |

下午

| | |
|---|---|
| 1:00 - 2:00 | 午餐 |
| 2:00 - 4:30 | 下午課程 |
| 4:30 - 5:00 | 茶敘 |

　　三天密集訓練。之後參與者必須學習國家歷史博物館組織的田野活動說明。

# 六、培訓課程

## 職前教師訓練

| 議程 | 主題／活動／訓練重點 |
|---|---|
| 第一天<br>上午 | 開幕<br>相見歡<br>地球系統教育的師訓理念及目標 |
| 下午 | 田野活動一<br>以五官進行基於地球系統教育的田野活動和海灘漫步 |
| 傍晚 | 看電視節目「自然研究簡介」並分享多元觀點 |
| 第二天<br>上午 | 田野活動二<br>分享進行學習者為中心的田野活動，包括JEMS，Project Wild和Nature Game |
| 下午 | 課程規劃一形成小組以田野活動為中心<br>基於地球系統教育發展革新課程 |
| 第三天<br>上午 | 分享課程及同儕互評<br>基於地球系統教育發展革新課程計畫<br>演練發展的課程 |
| 下午 | 對課程發展與演練加以評論及評量<br>閉幕 |

學區科學教師訓練計畫

| 議程 | 主題／活動／訓練重點 |
|---|---|
| 第一天<br>上午 | 開幕<br>相見歡<br>地球系統教育的師訓理念及目標 |
| 下午 | 田野活動一海灘<br>以五官進行基於地球系統教育的田野活動和海灘漫步 |
| 傍晚 | 看電視節目「自然研究簡介」並分享多元觀點 |
| 第二天<br>上午 | 田野活動二森林<br>分享進行學習者為中心的田野活動，包括 JEMS，Project Wild 和 Nature Game |
| 下午 | 課程規劃一形成小組以田野活動為中心<br>基於地球系統教育發展革新教學計畫 |
| 第三天<br>上午 | 分享教學計畫及同儕互評<br>基於地球系統教育發展革新課程計畫<br>演練發展的課程 |
| 下午 | 對教學計畫發展與演練加以評論及評量<br>閉幕 |

# 拾、革新培訓課程行動計畫由學科科學（地球科學）到統整科學

## 一、理念／需求

1. 教師需要針對田野工作（如溫室效應、演化及地質學中深邃的時間）中

的抽象主題／概念設計動手做活動。

2. 教師需要由教師中心取向轉移為以學生為中心取向的教學。

3. 教師需分享評量及評鑑的真實經驗。

4. 訓練教師在評量測驗中發展及運用評量基準表。

## 二、培訓目標

1. 提升教師發展動手做活動的知識與技能，以教導地質學的抽象主題／概念。

2. 授予教師技能，使其能由教師為中心轉移為學習者為中心取向。

3. 讓教師有機會分享他們在地球系統教育和一些特殊學程（如JEMS，Project Wild 和 Nature Game）中進行的學習者為中心的田野活動。

4. 讓教師有分享他們基於地球系統教育發展出來的革新課程。

5. 讓教師有機會分享在真實評量中運用評量基準表的經驗。

6. 讓教師發展及使用評量基準表，並針對發展學生的高階思考能力來進行評量。

## 三、參與者

學區的科學（地球科學）教師。

## 四、期間及地點

十天，在學區教師訓練中心或自然中心等地。

## 五、培訓議程

上午

| | |
|---|---|
| 8:00 - 8:30 | 註冊 |
| 8:30 - 10:30 | 上午課程 |
| 10:30 - 11:00 | 茶敘 |
| 11:00 - 1:00 p.m. | 中午課程 |

下午

　　　1:00 - 2:00　　　　　午餐

　　　2:00 - 4:30　　　　　下午課程

　　　4:30 - 5:00　　　　　茶敘

　　訓練日期是從星期一到星期五。參與者必須負責週末以及訓練課程之後的時間。他們被推薦去參觀博物館、自然中心、科學中心等。

## 六、培訓課程

訓練課程

| 議程 | 主題／活動／訓練重點 |
|---|---|
| **第一週**<br>第一天<br>上午 | 開幕<br>相見歡<br>地球系統教育的師訓理念及目標<br>基於地球系統教育的田野活動一及分享經驗<br>看電視節目「自然研究簡介」 |
| 下午 | 協調學生進行科學學習<br>超越例行方式<br>培養高階思考技能 |
| 第二天<br>上午 | 講述：建構主義取向<br>●讓學生主動參與學習歷程<br>●評量的原則及策略 |
| 下午 | 田野活動二分享經驗進行學習者中心的田野工作，包括一些特別的課程如 JEMS，Project Wild 和 Nature Game<br>田野活動三 |
| 第三天<br>上午 | 教學計畫一<br>基於地球系統教育發展革新的教學計畫<br>教學計畫二 |

（續上表）

| 議程 | 主題／活動／訓練重點 |
|---|---|
| 下午 | 發展動手做的教學材料 |
| 傍晚 | 進行發展教學計畫的自我研究<br>建構，發表及評論教學計畫 |
| 第四天<br>上午 | 教學計畫三<br>基於地球系統教育發展革新教學計畫<br>用發展的教學材料進行田野活動 |
| 下午 | 博物館說明或運用 ITC<br>溫室效應單元的學習者為中心教學策略 |
| 第五天<br>上午 | 教學計畫四及發展真實評量及評量基準表 |
| 下午 | 發展革新的教學材料<br>學習者為中心的教學策略 |
| 第二週<br>第六天<br>上午 | 演化及 Deep Time 單元的學習者為中心教學策略 |
| 下午 | 如何使用建立能力的資源套組——領導及促成課程轉變 |
| 第七天<br>上午 | 在小組中發表及評論教學計畫 |
| 下午 | 發展教學計畫以進行同儕教學<br>博物館種的講解、ICT、創新教材的研發 |
| 傍晚 | 研擬教案的獨立研究 |
| 第八天<br>上午 | 同儕教學及改進教學計畫 |
| 下午 | 看電視節目「自然研究簡介」並由地球系統教育的觀點評論之 |

（續上表）

| 議程 | 主題／活動／訓練重點 |
|---|---|
| 第九天<br>上午 | 發表教學計畫及同儕評論 |
| 下午 | 經由同儕評論完成教學計畫 |
| 第十天<br>上午 | 總結及評鑑本課程 |
| 下午 | 閉幕 |

# 參考文獻

Goto, M. (Ed.). (2005). The Practical Research of the Development of the Educational Systems Based on the International Comparative Study of Earth Systems Education (in Japanese), The Report of Basis Research of the Science Grants-In-Aids (from 2002-2005) by Ministry of Education, National Institute for Educational Policy Research of Japan.

Japan Country Report. (2003). *Enhancing the quality of science and technology education in Asia and pacific* (pp. 145-163). NIER and UNESCO.

Japan Country Report (2000). *Science education for contemporary society: Problems, issues and dilemmas* (pp. 31-38). International Bureau of Education The Chinese National Commission for UNESCO.

Lucille Gregorio, L., Tawil, S., & Arlow, M. (Eds.). (2005). Leading and Facilitating Curriculum Change, A resource pack for capacity building, Asia and Pacific Regional Bureau of Education (Bangkok) & International Bureau of Education (Geneva).

Matsubara, S. (1989). Science and technology education in Japan－New course of study and the trends. *Selected papers on World Trends in Science and Technology Education* (pp. 299-307). IOSTE.

Mayer, V. J. (1995). Using the Earth System for integrating the science curriculum. *Science Education, 79*(4), 375-391.

Ministry of Education, Science, Sports and Culture (2000). *Education in Japan 2000*.

Ministry of Education. (1998a). *Course of study for lower secondary schools* (in Japanese).

Ministry of Education. (1998b). *Course of study for elementary schools* (in Japanese).

Miwa, Y. (1996). *The Reform of Science Education in Japan.* Country paper presented at the OECD.

Miyake, M. (1997). Japan−Current Issues in the Science Curriculum.−*National Contexts for Mathematical and Science Education* (p. 223). TIMSS.

Miyake, M., & Saruta, Y. etc. (1999). *Japanese Children: What are their strengths and weakness?−An International Comparison of Mathematics and Science education*, National Institute for Educational Research of Japan (in Japanese).

Monbusho. (1998). *Synopsis of the Curriculum Council's Midterm Report.*

Training Report (2005) of The Science Teacher Training Center, University of the Philippines National Institute for Science and Mathematics Education Development (UP NISMED), Diliman, Quezon City.

# 第14章

# 臺北市教學輔導教師制度的
# 回顧、現況與前瞻

作者：張德銳

臺北市教學輔導教師制度係臺北市政府教育局近年來為了一方面促進資深教師的自我更新發展與經驗傳承，另方面為了有效協助、支持與輔導初任教師和教學有困難的教師，所努力推動的教育政策之一。本文先以文獻探討教學輔導教師制度的意義與目的、遴選標準與程序、培訓、輔導對象與配對方式、角色職責與工作條件等重要內涵，並說明臺北市教學輔導教師制度在以往的規劃與試辦修正過程；其次，提出臺北市試辦該制度的實施現況與成效，最後再論述該制度的實施展望，以作為未來繼續努力的參酌。

**關鍵字詞** 教學輔導、初任教師導入輔導、教學輔導教師、初任教師

# 壹、 緒論

　　中小學教師專業能力的成長及專業地位之建立，是教育品質提升的關鍵。世界教師組織聯合會在 1990 年代表大會中強調「教師在其專業執行時間，應不斷精進，繼續增加其知識與經驗，不斷發展其不可或缺的素質」。足見教師專業成長已是世界潮流訴求的重點。國內近來教育改革的訴求，亦多強調塑造教師專業形象、提升教師專業能力與促進教師專業自主權。由此可知，如何塑造一個終生學習，支持全體教育人員不斷精進的教育生態，以及如何建立激勵教師不斷追求自身專業知能成長的機制，將是當前教育改革的重要課題之一。

　　概觀國內師資教育的現況，新制「師資培育法」公布以來，師資培育管道邁入多元化的新紀元，然而不僅實習制度產生諸多爭議，眾多異質性的師資來源，也引起對於師資素質是否因而掌控不易的疑慮。此外，長期以來，初任教師因為經驗不足以致教學壓力過大、教學成果難以展現的困境，亦仍未有完善解決的機制。在資深教師方面，其教學表現不但鮮有被正式肯定的機會，而且其教學經驗亦少有薪火相傳的管道。

　　在歐美先進國家「教學輔導教師」已是一個被普遍推展的實務。教學輔導教師制度的產生乃是為了因應促進教師專業發展，與提升教師專業自主的訴求而產生，目標在於藉由同儕間的互相學習，以達到提升教學效能的目標。多項有關教學輔導教師制度的研究（American Federation of Teachers, 1998; Commission on Teacher Credentialing, 1993; Feiman-Nemser, 1992; Standford et al., 1994）指出，該制度可以改善教師專業孤立情形、促進集體合作，教師因此得以獲得友伴關係與肯定、接觸各種教學模式、調整自我教學及從事教學思考等。此外，該制度對於導入初任教師、肯定資深教師、促進資深教師的專業成長方面亦有顯著效果。

　　目前教學輔導教師的議題在臺灣已逐漸受到注意。為了促進中小學教師彼此的合作、溝通、交流，也為了中小學教師加速行動研究的工作，身為我國首

善之區的行政長官的馬前市長英九先生乃在其教育政策白皮書中宣示建立教學輔導教師制度。為了執行馬前市長的教育政策，臺北市政府教育局自 1999 年便著手規劃。本文作者所服務之臺北市立教育大學受委託於 2000 年完成規劃研究報告，並擬定試辦要點草案。臺北市政府教育局依據試辦要點草案，於九十學年度擇定臺北市立教育大學附設實驗小學，進行第一年試辦工作。2002 年 6 月教育局核准通過國語實小、芳和國中、西松高中等九所中小學，連同原先的北市師實小，共十所中小學為九十一學年度試辦學校。九十二學年度至九十四學年度復依序核定二十五、三十五、四十二所中小學學校擴大試辦，作為日後正式推動教學輔導教師制度的參考。

　　本文作者有幸全程參與臺北市教學輔導教師制度的規劃、訪視輔導與評鑑工作，深覺得有必要將參與的經驗記錄下來，供後來者賡續努力的參酌。因此，本文擬先以文獻探討教學輔導教師制度的重要內涵；其次說明臺北市教學輔導教師制度在以往的規劃與修正過程；再者提出臺北市試辦該制度的實施現況與成效，最後再論述該制度在未來的實施展望。

## 貳、教學輔導教師制度的內涵

### 一、教學輔導教師的意義與目的

　　「教學輔導教師」（mentor teacher，簡稱為教學導師）係指能提供教師在教學上有系統、有計畫的協助、支持、輔導之教師而言。受輔導的教師係學校初任教師或教學有困難的教師，往往被稱為「被照顧教師」（proteges）或「夥伴教師」，以示受教學輔導教師照顧以及和教學輔導教師共同成長的夥伴關係。

　　「教學輔導教師」係源於希臘羅馬神話中 Mentor 和其徒弟 Telemachus 的故事，Mentor 被引申為有經驗並值得信賴的師傅，他和被輔導的徒弟之間具有親密、互相尊重、彼此成長的關係（江雪齡，1989；張德銳等人，2002；Lowney, 1986）。

許月玫（2002）指出教學輔導教師制度的設立具有多重目標，主要在藉同儕間的相互學習以改善教學效率，使教師的寶貴經驗得以傳承。除了協助初任與一般有需要協助的教師之外，亦提供資深的績優教師專業成長的機會，此外亦可促進教師專業成長與專業互動，並藉以改善教師文化，促進學校本位的管理與發展。

## 二、教學輔導教師的遴選標準與程序

Odell（1990）認為教學輔導教師為教學的示範者、教師的協助者以及策略的解說者，因此必須是有效能的教師。但是一個精通兒童和青少年教育的卓越教師，卻未必能成為卓越的教學輔導教師，因為教學輔導教師所協助的對象為成人，是以教學輔導教師必須擅長與成人互動（Wagner & Ownby, 1995）。

因此在遴選標準方面，張德銳等人（2000）指出教學輔導教師需有豐富的學科知識與課程規劃的能力、良好的教學能力（含班級經營）以及有效的教學示範與人際溝通技巧，並且必須有協助教師同儕的意願，如此才能勝任教學輔導教師的角色任務。

在遴選過程方面，張德銳（1998）指出教學輔導教師的選拔方式通常有三：第一種方式由師資培育機構遴選，第二種方式是由學校行政人員指派，第三種方式是由教師團體推選。一般做法多由有意願的教師提出申請或由學校同仁推薦，經過資格審核之後，由特定的遴選委員會經過正式合法的遴選過程產生之。

## 三、教學輔導教師的培訓

一般而言，教學輔導教師的培訓重點主要包含以下內容：有效教學、教學觀察、教室管理、課程計畫、舉行討論會議、如何與成年學習者共同工作、教學輔導以及協助技巧等（Wilder, 1992）。Blair 和 Bercik（1987）亦認為為使教學輔導教師勝任工作，教學輔導教師除需接受一般教師的在職訓練外，更需要加強教學演示、教學觀察、指導教學訓練，同時需研讀教師發展、新任教師的

需求、有效教學技巧、視導技巧、專業發展等方面資訊。

## 四、教學輔導教師的輔導對象與配對方式

Lowney（1986）指出：美國加州教學輔導教師的主要功能應該是提供初任教師協助和輔導，但是在自願的情況下，有經驗的教師也可以主動請求教學輔導教師的協助。至於教學表現欠佳的教師，亦可加以強制輔導，庶可重建其信心，並早日重回教學的正軌。

Huffman 和 Leak（1986）在其教學輔導教師研究中，發現兩個重要研究發現：第一，教學輔導教師與受輔導教師所任教的學科與年級務必相同或相近，這樣才能方便教學輔導教師對輔導對象所任教學科內容、知識、教學方法、班級經營等實施全方位的協助。第二，教學輔導教師與受輔導教師之間應有足夠的時間從事正式與非正式的計畫、觀察與會談。

## 五、教學輔導教師的角色職責與工作條件

張德銳等人（2001）綜合學者（廖純英，1993；Lowney, 1986; Sandra, 1999）的看法，界定教學導師的角色職責如下：

1. 資訊提供者：提供教學資源與資訊。
2. 溫馨支持者：協助新進教師建立良好人際關係；以及觀摩其他教師教學的機會。
3. 問題解決者：協助新進教師解決課程與教學上的問題。
4. 共同參與者：和教師共同發展並試驗新課程及發展班級經營技巧。
5. 指導示範者：提供新進教師教學理念，示範各種教學技巧。
6. 諮詢輔導者：對於新進教師教學進行觀察與回饋，並於事後給予輔導。

至於教學輔導教師的工作條件可分為內在與外在兩方面：內在激勵主要在強調要給予教學輔導教師充分的進修、研究的機會以及工作本身的尊榮感與成就感。外在獎勵方式可包括調整教學輔導教師的職務、減輕其工作負擔、表彰與差假、薪津補助等等。

## 六、教學輔導教師制度的績效評鑑

歐美先進國家教學導師的實施經驗，發現教學導師制度除了可以肯定資深優良教師外，更有助於資深教師的自我更新。諸多研究（American Federation of Teachers, 1998; Ganser, 1996; Mei, 1994; Stevens, 1995）指出，教學導師常會在教學輔導過程中反思、重新檢視自己的教學行為，並與初任教師共同學習新穎的教學方法與資訊。對於初任教師而言，初任教師可以獲得心理與情緒上的支持（Jorissen, 2002; Odell & Ferraro, 1992）、教學專業能力的提升（Certo, 2002; Huling-Austin & Murphy, 1987），以及藉由增強初任教師的工作滿意度，以提升初任教師的留職率（Stansbury & Zimmerman, 2002; Yosha, 1991）。

## 參、臺北市教學輔導教師制度的規劃與修正

在世界各國普遍實施初任教師導入輔導之際，臺北市具有國際性的遠見，並以本土性的需求，開始研擬設立教學輔導教師制度。1999 年 4 月 2 日，臺北市政府教育局召集臺北市中小學教師代表、行政人員代表、學者專家舉行「研商設置教學導師制度事宜會議」，會中決議：「為期加速進行及完成設置事宜，本案原則上將委託臺北市立師範學院進行規劃研究，請臺北市教師會協助辦理。」

臺北市立師範學院（臺北市立教育大學之前身）依上述會議紀錄，協同臺北市教師會組成規劃研究小組。小組成員包括臺北市教師會所指定之代表三名，以及臺北市立師範學院所聘請的學者專家三名和校長兩名，共八位成員。小組先以文獻分析教學輔導教師的歷史沿革、角色職責、遴選程序、訓練、工作條件、輔導方式、績效評鑑等，再依據文獻探討及專家審查意見，研擬問卷初稿，其次進行問卷調查，結果發現在 2,395 位受試的校長、學校行政人員、教師、教師會代表、家長會代表以及學者專家之中，近八成的受試者非常贊成或是贊成學校設置教學導師制度；表示反對意見的受試者，包括不贊成及非常不贊成

者僅有一成左右的比例（結果如表 14-1）。由此可知，大部分教育人員在瞭解
教學導師制度的內涵後，贊成臺北市中小學設立此一制度。

表 14-1　中小學設立教學導師的贊成程度

| 同意度 | 百分比 |
|---|---|
| 非常贊成 | 17.2% |
| 贊成 | 60.0% |
| 無意見 | 11.9% |
| 不贊成 | 8.8% |
| 非常不贊成 | 2.1% |

資料來源：張德銳等人，2001，頁 45。

在擔任教學導師的意願方面，表 14-2 顯示約有一成教師很願意擔任教學導
師，有四成的教師願意擔任教學導師，近三成五的教師可能由於自覺能力不足
或其他因素而不願擔任教學導師，另一成五的教師則表示沒意見。

表 14-2　擔任教學導師的意願程度

| 意願度 | 百分比 |
|---|---|
| 非常願意 | 9.9% |
| 願意 | 41.7% |
| 無意見 | 14.8% |
| 不願意 | 29.6% |
| 非常不願意 | 3.9% |

資料來源：張德銳等人，2001，頁 45。

研究規劃小組在調查問卷受試樣本在各項教學輔導教師制度內涵的意見之
後，開始進行分批座談，以廣收臺北市教育人員對於實施教學輔導教師之各項
規劃細節之看法與具體意見，據以研擬出「臺北市高級中等以下學校設立教學

導師制度的試辦要點草案」，其重要內涵如下（張德銳等人，2000）：

1. 制度目的：促進教師專業成長，鼓勵教師進行行動研究，提升學校教育品質。

2. 採申請制：各校申請設置教學導師者，應提出詳細之實施計畫，經校務會議通過後，報請教育局核定後實施。必要時，教育局得委託教育專業機構對各校所提出之實施計畫進行審查。

3. 教學導師定義：係指能夠提供同事在教學方面有系統、有計畫及有效能的協助、支持、輔導，或能引導同事從事行動研究之教師而言。

4. 教學導師的甄選：教學導師儲訓人選之甄選程序，係由學校教師自我推薦或學校教師、家長、行政人員提名，經學校教師評審委員會公開審議通過後，送請校長推薦給教育局核備。甄選審議方式以邀請被提名教師實地教學演示及進行著作、發明或教學檔案審查為原則，必要時得進行口試。受提名教學導師儲訓人選應符合下列條件為原則：(1)八年以上教學年資；(2)兩年以上導師或與教學相關之行政職務經驗；(3)具學科或學習領域教學知能，並有兩年以上相關教學經驗；(4)能示範並輔導其他教師教學，提供相關教育諮詢服務，協助教師解決問題；(5)具教育研究基本知能與素養。而推薦參加教學導師儲訓之教師人數，每校每次以該校專任教師員額總編制 5%為上限。如編制教師未達二十人，得推薦一人。

5. 教學導師的培訓：各校推薦之教學導師儲訓人員，應參加臺北市政府教育局委託臺北市教師研習中心四週之職前教育課程。經儲訓合格者，為候聘教學導師。經聘任後之教學導師，在任期內，應參加臺北市教師研習中心所舉辦之在職教育課程。

6. 教學導師的工作任務：各校教學導師之聘期一任為兩年，連聘則連任，任職期間以執行下列任務為原則，各校教學導師如超過兩人以上時，得進行任務分工：(1)輔導新進教師，並協助其適應；(2)協助經一定程序認定必須接受輔導成長之教師；(3)提供學校教師諮詢服務，並協助其自我評鑑；(4)擔任教學演示及教學視導工作；(5)提供學校辦理教師研習進修

諮詢；(6)推動並參與學校教師行動研究。

7. 教學導師的工作條件：各校應視情況減授教學導師應授課時數之三分之一至二分之一，減授鐘點後所需增加之員額或經費，由臺北市政府教育局全額提供。此外，各校教學導師之職務加給比照中小學兼任行政職務加給辦理。前項職務加給，已兼任行政人員之教師不得兼領。

8. 訪視輔導與評鑑：臺北市政府教育局應將各校教學導師實施情形，列為重點視導工作，必要時得專案訪視。另為瞭解制度成效，本要點經發布後試行兩年，試辦期間應辦理本制度之相關評鑑。

9. 成果發表與分享：各校教學導師工作績優者，得報請臺北市政府教育局辦理敘獎。實施成果有推廣價值者，得舉行公開發表會。前項發表所需經費，由教育局全額補助。

根據「臺北市高級中等以下學校設立教學導師制度的試辦要點草案」，臺北市政府教育局第一科於民國九十學年度選定臺北市立師範學院附設實驗小學（以下簡稱實小）開始第一年的試辦工作，並委請本文作者組成一訪視評鑑小組，同步進行制度的修正和改善工作。經過一年的試辦過程，發現原試辦要點仍有下列三點需加以修正：

1. 教學導師的工作任務過於廣泛沉重：原試辦要點草案規定教學導師負有領導從事行動研究之規定。試辦過程中發現教學導師任務過多，並不利於制度之推動。因此，為了使教學導師制度在初期能推展順利，乃將教學導師職責單純化，強化其「教學輔導」功能，從而刪除「行動研究」職掌。待日後此一制度實施成熟後，再考量教師對行動研究之需求程度，決定是否回復「行動研究」職掌，或另外專設「研究輔導教師」，與「教學輔導教師」共同協助同儕成長。

2. 教學導師的工作條件不如預期：原試辦要點草案規定教學導師得領職務加給並減授應授課時數之三分之一至二分之一。惟受限於臺北市財政拮据以及人事及主計單位意見，無法依要點草案之想法發給。是故目前已更改規定為：各校編制內專任合格教師擔任教學輔導教師，每位以輔導

一至兩名服務對象為原則。每輔導一名服務對象,得酌減教學輔導教師原授課時數兩節課,但最多以減授原授課時數四節課為上限。前項減授鐘點,確因教學輔導教師教學需要而無法減授時數時,得改領超鐘點費。

3. 教學導師的儲訓人數可再增加:原試辦要點草案規定各校推薦參加教學導師儲訓之教師人數,每校每次以該校專任教師員額總編制 5%為上限。如編制教師未達二十人,得推薦一人。經試辦學校反映教學導師儲訓人選可增加至專任教師員額總編制 10%為上限,以利各年級、各學科領域皆能有教學導師候用人選。

經過半年多的非正式試辦,臺北市教育局第一科認為教學輔導教師制度有正式試辦的必要與價值,仍於 2002 年 3 月 20 日教育局第 911 次局務會議討論通過「臺北市立高級中等以下學校教學輔導教師設置試辦方案」。復經試辦制度的宣導之後,有西松高中等十一所臺北市中小學經校務會議通過後自願申請試辦工作,這十一所學校經過教育局專案會議審核通過十所學校,於九十一學年度參與試辦工作。再經一學年的試辦之後,發現原試辦方案仍有下列數點需要修正:

1. 教學輔導教師的培訓期程過長:2002 年 3 月 20 日所通過的試辦方案規定各校推薦之教學輔導教師儲訓人員,應參加教育局委託臺北市教師研習中心四週之儲訓課程,經儲訓合格者,為候聘教學輔導教師。但因教學輔導教師儲訓人數隨著試辦學校規擴的逐年擴大,教師研習中心難以充分負荷,再加上四週的暑期儲訓占用教師假期太長,將影響優秀教師自願申請擔任教學輔導教師的意願,因此目前已將教學輔導教師的培訓期程改為暑期三週的集訓課程。培訓課程內容為:人際關係與溝通、課程與教學創新、教學觀察與回饋、教學檔案與省思、領導哲學。

2. 教學輔導教師服務對象可適度擴大:九十一學年十所試辦學校反映原試辦方案所規定的兩類服務對象:初任教學兩年內之教師以及教評會認定教學有困難之教師,範圍太窄,可適度擴大至新進至學校服務之教師,

以及自願成長有意願接受輔導之教師。經擴大後之服務對象當可使更多的教師在制度中受益。

根據上述兩點修正意見，臺北市政府教育局仍於第 9204 次局務會議修正通過「臺北市立高級中等以下學校教學輔導教師設置試辦方案」，並經教育局的再次宣導之後，有大直高中等四十二所臺北市中小學經校務會議通過後自願申請試辦工作。教育局則專案會議審核通過其中二十五所學校，於九十二學年度參與第三年的試辦工作。

依「臺北市立高級中等以下學校教學輔導教師設置試辦方案」之規定，教學輔導教師試辦期程應於九十二學年度試辦結束。此時，臺北市政府教育局應結束方案或者將方案正式制度化。因教育局主事人員考慮到試辦成效固然相當良好，但方案正式制度化的時機仍未成熟，故於 2003 年 10 月 21 日，臺北市政府教育局召開「臺北市九十二學年度試辦教學輔導教師制度工作協調會」，會中決議：「九十三學年度賡續推動本試辦方案，另由本局第一科依行政程序簽請延長試辦一年，並於延長期間規劃將試辦方案正式制度化。」

臺北市政府教育局於九十三學年度核定通過試辦教學輔導教師制度的試辦學校為三十五所市屬中小學。在延長試辦期間，教育局主事人員復考慮到教學輔導教師制度的財政負荷，決定將教學輔導教師制度再延長試辦兩年至九十五學年度為止，另將教學輔導教師制度的試辦規劃縮小至市屬國小及國中（含完全高中國中部），以及將各校教學導師每年儲訓人選縮減至專任教師員額總編制 5%為上限。據此，臺北市政府教育局於 2005 年 3 月 29 日局務會議修正通過「臺北市立國民中小學教學輔導教師設置試辦方案」，作為推動相關工作的法令依據。對臺北市中小學教學輔導教師制度有興趣的讀者可逕洽臺北市政府教育局職教科或臺北市國語實驗小學研究發展事務處，另外亦可參考臺北市國語實驗小學網站提供教學輔導的資訊，網址：http://mail.meps.tp.edu.tw/~unit13/mentor.htm；以及臺北市大橋國小網站所提供的「發展性教學輔導系統」，網址：http://163.21.34.132/main.htm。

# 肆、臺北市教學輔導教師制度的現況與試辦成效

臺北市政府教育局於九十四學年度核準通過四十二所試辦學校,現行制度推動所依據的行政命令即為「臺北市立國民中小學教學輔導教師設置試辦方案」,該方案的主要內涵如下:

1. 臺北市立國民中小學,得提出實施計畫,經校務會議通過後,報請臺北市政府教育局核定後實施教學導師制度。臺北市政府教育局得委託教育專業機構對各申請學校所提出之實施計畫進行審查。

2. 經核定設置教學導師之學校,其教學導師之遴聘,應經甄選、儲訓等程序,合格人員由教育局造冊候聘,並頒予教學導師證書後再由學校依規定聘兼之。

3. 各校教學導師儲訓人選之甄選,由學校專任教師及行政人員組甄選小組負責提名,經學校教師評審委員會公開審議通過,送請校長推薦後,送臺北市政府教育局核備。參加教學導師儲訓人選之教師應符合下列各項條件:(1)八年以上合格教師之教學年資;(2)具學科或學習領域教學知能,並有兩年以上教學經驗;(3)有擔任教學輔導教師之意願;(4)能示範並輔導其他教師教學,提供相關教育諮詢服務,協助教師解決問題。

4. 各校所推薦之教學導師儲訓人選,應參加臺北市政府教育局委託臺北市教師研習中心舉辦之三週儲訓課程。經儲訓合格者,為候聘教學導師。經聘任後之教學導師,每年應參加臺北市教師研習中心所舉辦之兩天在職成長課程。

5. 各校聘任教學導師時,應考量學校設置教學導師之任務需求,由校長就校內具教學導師資格者,聘請兼任之。各校教學導師之聘期一任為一年,連聘則連任,任職期間,輔導與協助下列服務對象:(1)初任教學兩年內之教師(不含實習教師);(2)新進至學校服務之教師;(3)自願成長,有意願接受輔導之教師;(4)經學校教師評審委員會認定教學有困難

之教師。

6. 各校教學輔導教師之職責如下：⑴協助服務對象了解與適應班級（群）、學校、社區及教職之環境；⑵觀察服務對象之教學，提供回饋與建議；⑶與服務對象共同反省教學，協助服務對象建立教學檔案；⑷在其他教學性之事務上提供建議與協助，例如分享教學資源與材料、協助設計課程、示範教學、協助改善班級經營與親師溝通、協助進行學習評量等。

7. 各校編制內專任合格教師擔任教學導師，每位以輔導一至二名服務對象為原則。每輔導一名服務對象，得酌減原授課時數兩節課，但最多以減授原授課時數四節課為上限。前項減授鐘點，確因教學需要而無法減授時數時，得改領鐘點費。

8. 各校每學期至少應舉辦一次工作檢討會，並於每一學年度及實施計畫結束時，提出實施報告報請臺北市政府教育局核備。為了有效協助試辦學校進行教學輔導工作，除了臺北市政府教育局將之列為重點視導工作之外，另委請臺北市立教育大學進行專案訪視輔導工作。

在臺北市政府教育局推動教學輔導教師制度的同時，教育局同步委託臺北市立教育大學組成一個訪視輔導評鑑小組，進行試辦學校的訪視輔導以及制度實施成效的評鑑工作。目前該訪視評鑑小組業已完成四個試辦學年度的評鑑研究成果報告。

依第一年試辦（九十學年度）的評鑑報告，研究發現實施教學導師制度有助於試辦學校在下列方面的正向發展（張德銳等人，2002）：⑴能協助解決夥伴教師的學校生活適應問題；⑵能增強夥伴教師的教學能力；⑶能協助解決夥伴教師教學問題；⑷能協助夥伴教師專業成長；⑸能協助建立學校專業互動文化。

從第二至四年的評鑑報告（張德銳等人，2003a，2003b，2004，2005a，2005b）亦可發現參與試辦的教學導師、夥伴教師以及行政人員亦肯定教學導師制度所發揮的功能。表 14-3 係九十一學年度至九十三學年度教學導師制度功能

表 14-3　九十一至九十三學年度「教學導師制度所發揮的功能」
看法之變異數分析

| 項目 | 學年度 | 人數 | 平均數 | 標準差 | F 值 | 事後比較 |
|---|---|---|---|---|---|---|
| 協助教師解決教職生活適應問題 | 91 | 169 | 3.07 | 0.75 | 12.17*** | 93>91 |
|  | 92 | 300 | 2.99 | 0.63 |  | 93>92 |
|  | 93 | 502 | 3.21 | 0.61 |  |  |
| 協助教師進行親師溝通 | 91 | 166 | 2.99 | 0.78 | 7.28*** | 93>91 |
|  | 92 | 301 | 2.97 | 0.66 |  | 93>92 |
|  | 93 | 499 | 3.14 | 0.67 |  |  |
| 協助教師進行班級經營 | 91 | 170 | 3.23 | 0.67 | 5.36** | 93>92 |
|  | 92 | 312 | 3.11 | 0.66 |  |  |
|  | 93 | 507 | 3.26 | 0.65 |  |  |
| 協助教師進行學生輔導 | 91 | 166 | 3.04 | 0.74 | 3.42* |  |
|  | 92 | 303 | 3.08 | 0.65 |  |  |
|  | 93 | 506 | 3.17 | 0.67 |  |  |
| 協助教師解決教學問題 | 91 | 168 | 3.27 | 0.67 | 2.92 |  |
|  | 92 | 311 | 3.12 | 0.61 |  |  |
|  | 93 | 508 | 3.19 | 0.64 |  |  |
| 協助教師增強教學能力 | 91 | 168 | 3.17 | 0.67 | 1.82 |  |
|  | 92 | 311 | 3.05 | 0.65 |  |  |
|  | 93 | 508 | 3.09 | 0.67 |  |  |
| 協助教師進行教學省思 | 91 | 170 | 3.19 | 0.68 | 1.28 |  |
|  | 92 | 312 | 3.10 | 0.59 |  |  |
|  | 93 | 513 | 3.13 | 0.62 |  |  |
| 協助教師持續專業成長 | 91 | 169 | 3.09 | 0.62 | 2.36 |  |
|  | 92 | 310 | 3.04 | 0.61 |  |  |
|  | 93 | 504 | 3.14 | 0.66 |  |  |
| 協助建立學校同僑互動文化 | 91 | 167 | 3.25 | 0.63 | 7.09*** | 93>92 |
|  | 92 | 314 | 3.11 | 0.60 |  |  |
|  | 93 | 515 | 3.28 | 0.60 |  |  |

*p<.05　　**p<.01　　*** p<.001

的問卷調查結果。問卷採四點量尺，各項教學導師所發揮的功能項目，大多平均得分接近 3 分或 3 分以上，表示受試者同意教學導師制度是有發揮各項功能。另外，在「協助教師解決教職生活適應問題」以及「協助教師進行親師溝通」兩項功能，九十三學年度比起九十一學年度和九十二學年度有顯著的提升；在「協助教師進行班級經營」以及「協助建立學校同儕互動文化」兩項功能，九十三學年度比起九十二學年度亦有顯著的進步。

　　任何教育制度的推動會有成效，也會遭遇到一些困難。在教學導師已實施四個學年的過程中也發現了諸多實施上的困難，這些問題比較顯著者有六：(1)教學導師與夥伴教師未能在任教科目與年級上配合，以至於教學導師無法在學科專門知識或教材教法上提供給夥伴教師足夠的輔導；(2)教學導師與夥伴教師工作過於忙碌，缺乏共同討論的時間，以至於雙方雖然認同專業互動的必要，卻乏互動的有利條件；(3)夥伴教師沒有減少授課時數，缺乏與教學導師進行互動的時間；(4)夥伴教師未接受足夠的教學導師制度職前訓練；(5)夥伴教師在職成長課程不足；(6)限於人力，校方無法對教學導師與夥伴教師提供足夠的行政協助。表 14-4 係九十一學年度至九十三學年度教學導師制度實施困難的問卷調查結果。

表 14-4　九十一至九十三學年度「教學導師制度的實施困難」看法之變異數分析

| 項目 | 學年度 | 人數 | 平均數 | 標準差 | F 值 | 事後比較 |
|---|---|---|---|---|---|---|
| 教學導師與夥伴教師任教科目未能配合 | 91 | 168 | 2.67 | 0.99 | 5.81** | 92>93 |
| | 92 | 317 | 2.73 | 0.97 | | |
| | 93 | 517 | 2.50 | 1.01 | | |
| 教學導師與夥伴教師任教年級未能配合 | 91 | 167 | 2.48 | 0.99 | 2.94 | |
| | 92 | 316 | 2.66 | 0.97 | | |
| | 93 | 515 | 2.50 | 0.97 | | |

（續上表）

| 項目 | 學年度 | 人數 | 平均數 | 標準差 | F 值 | 事後比較 |
|---|---|---|---|---|---|---|
| 雙方配對的時間較晚，缺乏暖身的時間與機會 | 91 | 168 | 2.37 | 0.85 | 3.36* | 91>93 |
| | 92 | 315 | 2.29 | 0.80 | | |
| | 93 | 514 | 2.20 | 0.75 | | |
| 雙方缺乏共同討論的時間 | 91 | 167 | 2.45 | 0.88 | 1.05 | |
| | 92 | 320 | 2.54 | 0.79 | | |
| | 93 | 518 | 2.46 | 0.84 | | |
| 雙方缺乏合適的互動地點 | 91 | 167 | 2.25 | 0.83 | 1.65 | |
| | 92 | 315 | 2.24 | 0.73 | | |
| | 93 | 516 | 2.16 | 0.73 | | |
| 雙方的瞭解及互相信任程度不足 | 91 | 166 | 2.09 | 0.80 | 0.68 | |
| | 92 | 315 | 2.09 | 0.71 | | |
| | 93 | 516 | 2.03 | 0.74 | | |
| 教學導師的工作職責不明確 | 91 | 168 | 2.16 | 0.74 | 4.14* | 91>93 |
| | 92 | 316 | 2.10 | 0.67 | | |
| | 93 | 516 | 2.00 | 0.71 | | |
| 夥伴教師沒有接受輔導與成長的意願 | 91 | 168 | 2.21 | 0.72 | 4.36* | 92>93 |
| | 92 | 316 | 2.24 | 0.78 | | |
| | 93 | 513 | 2.08 | 0.79 | | |
| 教學導師及夥伴教師缺乏團體互動的機會 | 91 | 167 | 2.28 | 0.80 | 4.68** | 92>93 |
| | 92 | 316 | 2.36 | 0.68 | | |
| | 93 | 515 | 2.21 | 0.73 | | |
| 教學導師在職成長課程不足 | 91 | 167 | 2.13 | 0.79 | 3.96* | 92>93 |
| | 92 | 313 | 2.26 | 0.68 | | |
| | 93 | 512 | 2.12 | 0.67 | | |
| 夥伴教師未接受足夠的教學導師制度職前訓練 | 91 | 166 | 2.47 | 0.77 | 6.22** | 92>93 |
| | 92 | 314 | 2.55 | 0.72 | | |
| | 93 | 516 | 2.37 | 0.73 | | |

（續上表）

| 項目 | 學年度 | 人數 | 平均數 | 標準差 | F 值 | 事後比較 |
|---|---|---|---|---|---|---|
| 夥伴教師在職成長課程不足 | 91 | 167 | 2.49 | 0.72 | 3.42* | 92>93 |
| | 92 | 308 | 2.53 | 0.67 | | |
| | 93 | 514 | 2.40 | 0.70 | | |
| 限於人力，校方無法對教學導師與夥伴教師提供足夠的行政協助 | 91 | 163 | 2.47 | 0.85 | 5.18** | 91>93 |
| | 92 | 311 | 2.38 | 0.75 | | |
| | 93 | 514 | 2.27 | 0.75 | | |

*p<.05　**p<.01

　　從表 14-4 可知，由於制度推動的努力，部分困境有在紓緩或減少中。其中「雙方配對的時間較晚，缺乏暖身的時間與機會」、「教學導師的工作職責不明確」、「限於人力，校方無法對教學導師與夥伴教師提供足夠的行政協助」等三項，九十三學年度比起九十一學年度的困難程度有顯著減少。另外，在「教學導師與夥伴教師任教科目未能配合」、「夥伴教師沒有接受輔導與成長的意願」、「教學導師及夥伴教師缺乏團體互動的機會」、「教學導師在職成長課程不足」、「夥伴教師未接受足夠的教學導師制度職前訓練」、「夥伴教師在職成長課程不足」等六項，九十三學年度比起九十二學年度的困難程度亦有明顯降低。

## 伍、臺北市教學輔導教師制度的未來實施展望

　　臺北市教學輔導教師制度的推動係一漫長而艱辛的歷程。根據制度的評鑑研究結果報告，未來臺北市各校在推展教學輔導工作時宜特別加強下列事項：第一，在安排教學導師時，宜考量與夥伴教師在任教科目與年級上相近，如有可能最好在配對時宜同時徵求教學導師與夥伴教師的意願。第二，校方宜減輕教學導師及夥伴教師的工作負擔（例如落實教學導師的時數減授工作，以及避

免安排初任教師擔任沉重的行政工作，或最難教導的班級），並在排課時宜注意讓教學導師與夥伴教師雙方有彼此可以互動與討論的時間。第三，學校行政人員宜加強對教學導師與夥伴教師的行政支援，例如聘請專業成長活動所需的師資以及提供教學觀察與回饋活動的設備等。

在教師研習中心部分，本文作者建議宜加強夥伴教師的職前訓練以及在職成長課程。以往教師研習中心在教學導師制度有關課程的安排上較著重教學導師的需求，相對的就較忽略了夥伴教師的需求，今後宜在研習方向上加以調整，務使接受輔導的夥伴教師在課程與教學創新、班級經營、親師溝通、教學觀察與回饋、教學檔案的製作、教學行動研究的實施等專業成長領域有足夠的專業知能。

在教育行政機關部分，為增進初任教師與教學導師的互動時間，本文作者建議臺北市政府教育局在財政情況許可下，在試辦方案增列下列修文：「各試辦學校為方便初任教師進行教學觀察與回饋工作，得為其安排公假代課機會，但最多以每個月兩節課為上限。」這種為加速初任教師在教學上的專業成長而便利其與教學導師的互動之配套措施，比起英日等先進國家對初任教師所做的教育投資，仍屬較小而廉者。以英國為例，英國的初任教師在導入方案實施的三個學期過程中，地方教育董事會將提供這些初任教師減少其學校教學工作10%的負擔，至於遺留之教學工作，則由政府提供每學期至少一千英鎊的經費，以支付代課教師或其他相關活動的費用（DfES, 2003）。以日本為例，日本學校和教育當局為初任教師規劃一系列的校內外研修和輔導成長措施，而學校可獲得額外的兼任教師配置，以擔任初任教師參與校內外研修，及輔導教師進行輔導工作時，所遺留下的教學工作（楊思偉，1998）。

其次，臺北市政府教育局在九十五學年度試辦教學導師完後，將已屆六年。試辦期間長達六年應已足夠。展望未來，教育局應決定是否停辦教學導師制度，不然就應該將制度正式化。教育局如欲正式推動教學輔導教師制度，除了需善用既有的經驗外，需要更多的教育局內部、市政府內部以及與議會的行政協調，以及為教師、行政人員、家長、民意代表，舉行多場次的公聽會，以

再次凝聚實施新制的意見與共識。

　　由於教學導師制度有益於教師的專業化，吾人樂見教學導師制度在不久的未來能落實在臺北市的每一所中小學。但為保持制度推動的逐步漸進性以及財政預算的可行性，吾人建議在制度正式化的初期，還是維持申請制，由自願辦理的學校提出申請，再由教育局依財政狀況核准辦理學校，待再經數年的持續推廣後，讓辦理教學導師的學校數，達到臺北市中小學總數二分之一以上時，才開始分三年要求未辦理教學導師制度的學校，必須參與教學導師制度的工作。

　　除了教學導師制度在初任教師輔導功能的持續發揮外，隨著國內初任教師人數的銳減，本文作者認為教學輔導教師的工作對象，應逐漸轉向教學困難教師的輔導以及實習教師的輔導。先就教學有困難教師的輔導而言，國內中小學家長對於中小學教師教學品質的要求日益殷切，而中小學教學環境卻未有明顯的改善，因此在教學上遭遇困境的教師現象，將日益受到關注，所以教學輔導教師未來將無可迴避的被要求協助輔導教學遭遇困境的教師。而如何增進教學輔導教師在這一方面的知識和技能，以及提供系統性的協助工具和程序，亦是教學導師制度研發推動者，必須要加以注意的。

　　就教學導師制度與實習輔導制度的結合而言，國外的教學導師除了肩負初任教師的輔導外，有些教學導師則擔任實習輔導教師的工作，因此兩者的結合是很自然和必要的。就國內實習輔導教師制度而言，教學輔導機制長期未能落實，主要的問題在實習輔導教師遴選不夠嚴謹以及缺乏長期的職前訓練及在職教育，因此學校如能鼓勵教學導師擔任實習輔導工作，將可一方面發揮教學導師的專長，另方面協助改善國內的實習輔導工作。惟教學輔導教師擔任實習輔導工作，是否比照輔導初任教師或教學困難教師，而能減授授課節數，必須從長加以計議。

　　教學輔導教師制度與教師評鑑制度的結合亦是國內教育發展的一個趨勢。如果吾人同意「評鑑不在證明而在改進」（evaluation is to improve, not to prove），那麼教師評鑑的最主要目的應是在協助教師改進教學，而不是在證明教師的教學績效。是故學校在瞭解教師的教學情況後，除了肯定表現良好的教

師之外，重要的是，是否能對需要改善的教師提供實質上的協助、支持與輔導。有鑑於此，本文作者在參與教育部教師評鑑制度的規劃中，力言教學評鑑後輔導的重要性，因此在「教育部補助試辦教師專業發展評鑑實施計畫」中，第五條規定：「學校應根據評鑑結果對教師專業表現給予肯定和回饋；對於個別教師成長需求，提供適當協助；對於整體性教師成長需求，提供校內外在職進修機會。……學校對於初任教學兩年內之教師或教學有困難之教師，得安排教學輔導教師予以協助。教學輔導教師之資格、遴選、權利義務、輔導方式等規定，由主管教育行政機關定之。」隨著「教育部補助試辦教師專業發展評鑑實施計畫」在九十五學年度開始在各縣市中小學試辦教師評鑑制度，教學輔導教師有可能成為教師評鑑制度當中的一個重要配套措施。

除了教學輔導教師制度與教師評鑑制度的結合外，本文作者亦主張教學導師制度可以作為教師分級制度的替代構想。依照教育部「高級中等以下學校及幼稚園教師分級實施辦法（草案）」，為促進教師專業成長並提升教學品質，擬將中小學教師分成初階教師、中階教師、高階教師、研究教師四級。本文作者雖然支持教育部教師生涯晉升制度的立意與精神，但深覺教師分級制度目前仍有五個難以克服的問題：教師反對問題、教師評鑑問題、家長選擇高階教師的問題、經費預算配合問題、教師進修制度的問題（張德銳，2005）。

因此，本文作者覺得目前實施全面性、強制性教師分級制度的時機仍未成熟，如果貿然推動教師分級制度將難以避免教師彼此競爭而造成校園環境的不安，此非教育界之幸。比較可行之道係循序漸進的先行推動教學輔導教師制度。教學輔導教師制度雖然係強調教師的分工，並不強調教師的分級，所以會有比較高的可行性，但是制度實施下來，自然具有「教師、教學輔導教師」二級制的功能。

本文作者建議我國在穩健推動教學輔導教師制度之後，再行規劃鼓勵教學輔導教師任滿五年可申請晉級為「領導教師」。晉級為領導教師之審查，由各校依規定審查通過後，報請主管教育行政機關複審。領導教師除擔任教學輔導教師所任工作外，另需從事以教育革新相關議題的研究工作，並參與學校改革、

教育實驗、社區資源整合等校務發展事項。領導教師為配合學校規劃，擔任教育研究、輔導教師、學生輔導或提供校務與社區諮詢之服務等工作者，得減授三至四節課。

　　新增設的「領導教師」其主要職責並不是在輔導初任教師或是實習教師，而是領導教學輔導教師，從事更多校內的課程與教學的研究與創新工作。這種「教師領導者」（teacher leaders）觀念的實踐，一方面可以減輕學校行政人員在課程與教學領導方面的負擔，另方面亦可為資深優良教師開創了一個自我實現領導潛能的舞臺。這樣的機制，對於教師本身、學校行政以及學生的學習，都是有利的，可以產生三者皆蒙其利的三贏現象。

　　〔本文原載於：張德銳（2006）。臺北市教學輔導教師制度的回顧、現況與前瞻。教育行政與評鑑學刊，1，1-22。承蒙該學刊編輯委員會書面同意轉載，特此致謝。〕

# 參考文獻

江雪齡（1989）。由美國良師制度探討實習教師的問題與輔導途徑。**國教研究雙月刊**，**7**，49-52。

許月玫（2002）。**國民小學教學輔導教師制度之研究**。臺北市立師範學院國民教育研究所碩士論文，未出版，臺北市。

張德銳（1998）。**師資培育與教育革新研究**。臺北：五南。

張德銳（2004）。臺北市中小學教學輔導教師制度九十二學年度試辦成效問卷調查研究。**初等教育學刊**，**19**，1-34。

張德銳（2005）。中小學教師分級制度的實施問題與策略。**師友**，**455**，1-5。

張德銳、張芬芬、鄭玉卿、萬家春、楊益風、高永遠、張清楚、彭天建（2000）。**臺北市中小學教學導師制度規劃研究**。臺北：臺北市立師範學院國民教育研究所。（未出版）

張德銳、張芬芬、鄭玉卿、萬家春、賴佳敏、楊益風、張清楚、高永遠、彭天

建（2001）。臺北市中小學教學導師制度規劃研究。**初等教育學刊，9，**23-54。

張德銳、張芬芬、邱錦昌、張明輝、熊曣、萬家春、鄭玉卿、葉興華、張嘉育、高紅瑛、李俊達（2002）。**臺北市中小學教學輔導教師九十學年度實施成效評鑑報告。**臺北：臺北市立師範學院初等教育學系。（未出版）

張德銳、張芬芬、邱錦昌、張明輝、熊曣、萬家春、鄭玉卿、葉興華、張嘉育、王淑俐、丁一顧、許雅惠、高紅瑛、李俊達（2003a）。**臺北市國民小學教學輔導教師九十一學年度實施成效評鑑報告。**臺北：臺北市立師範學院初等教育學系。（未出版）

張德銳、張芬芬、邱錦昌、張明輝、熊曣、萬家春、鄭玉卿、葉興華、張嘉育、王淑俐、丁一顧、陳信夫、高紅瑛、李俊達（2003b）。**臺北市中等學校教學輔導教師九十一學年度實施成效評鑑報告。**臺北：臺北市立師範學院初等教育學系。（未出版）

張德銳、高紅瑛、丁一顧、李俊達、簡賢昌、張純、魏韶勤、吳紹歆、蔡雅玲、曾莉雯（2004）。**臺北市教學輔導教師制度九十二學年度實施成效評鑑報告。**臺北：臺北市立師範學院初等教育學系。（未出版）

張德銳、高紅瑛、丁一顧、李俊達、簡賢昌（2005a）。**臺北市教學輔導教師制度九十三學年度實施成效評鑑報告之一──國民小學問卷及訪談調查。**臺北：臺北市立教育大學教育學系。（未出版）

張德銳、丁一顧、高紅瑛、李俊達、簡賢昌（2005b）。**臺北市教學輔導教師制度九十三學年度實施成效評鑑報告之二──中等學校問卷及訪談調查。**臺北：臺北市立教育大學教育學系。（未出版）

楊思偉（1998）。日本實習輔導教師制度之研究。**教育研究集刊，41，**119-153。

廖純英（1993）。**國民中學新進教師輔導制度之研究。**國立臺灣師範大學教育研究所碩士論文，未出版，臺北市。

American Federation of Teachers. (1998). Mentor teacher programs in the states. *Edu-*

*cational Issues Policy Brief, 5,* 1-13. Retrieved October 31, 2002, from http://www.aft.org/edissues/downloads/Policy5.pdf.

Blair, S., & Bercik, J. (1987). *Teacher induction: A survey of experienced teachers.* (ERIC Document Reproduction Service No. ED303405)

Certo, J. L. (2002). *The support and challenge offered in mentoring to influence beginning teachers' thinking and professional development: A case study of beginning elementary teachers and their mentors.* Unpublished doctoral dissertation, Virginia Commonwealth University, Virginia. (UMI Dissertation Services Number: AAT 3042804)

Commission on Teacher Credentialing (1993). *Beginning teacher support and assessment program descriptions: Year one.* Sacramento: California Department of Education.

Department of Education and Skill (2003). *Induction of newly qualified teachers.* Retrieved February 16, 2003, from http://www.dfes.gov/a-z/induction_of_newly_qualified_teachers_ba.html.

Feiman-Nemser, S. (1992). *Helping novices learn to teach: Lessons from an experienced support teacher* (Report No. 91-6). East Lansing: Michigan State University, National Center for Research on Teacher Learning.

Ganser, T. (1996). What do mentors say about mentoring? *Journal of Staff Development, 17* (3), 36-39.

Huffman, G. & Leak, S. (1986). Beginning teachers' perceptions of mentors. *Journal of Teacher Education, 37* (1), 22-25.

Huling-Austin, L. (1990). Teacher induction programs and internships. In W. R. Houston, M. Haberman, & J. Sikula (Eds.), *Handbook of research on teacher education: A project of the Association of Teacher Education* (pp. 535-548). New York: Macmillan.

Huling-Austin, L., & Murphy, S. C. (1987). *Assessing the impact of teacher induction programs: Implications for program development*. Paper presented at the Annual Meeting of the American Educational Research Association, Washington, DC. (ERIC Document Reproduction Service No. ED 283779)

Jorissen, K. T. (2002). Retaining alternate route teachers: The power of professional integration in teacher preparation and induction. *The High School Journal, 86* (1), 45-56.

Lowney, R. G. (1986). *Mentor teacher: The California model*. (ERIC Document Reproduction Service No. ED 275646)

Mei, L. (1994). *Mentor teacher internship program, 1993-94. OERA report*. Brooklyn, NY: New York City Board of Education. (ERIC Document Reproduction Service No. ED 387481)

Odell, S. J. (1990). *Mentor teacher programs*. Eugene, Oregon: University of Oregon Library.

Odell, S. J., & Ferraro, D. P. (1992). Teacher mentoring and teacher retention. *Journal of Teacher Education, 43*(3), 200-204.

Sandra N. L. (1999). *Characteristics of a mentor: Science technology base programs*. Retrieved from http://education.lanl.gov/resources/mentors/character.html.

Stansbury, K., & Zimmerman, J. (2002). Smart induction programs become lifelines for the beginning teacher. *Journal of Staff Development, 23*(4), 10-17.

Stanford, R. L. et al. (1994). *Empowering cooperating teachers: The University of Alabama clinical master teacher (CMT) program*. (ERIC Document Reproduction Service No. ED 378157)

Stevens, N. H. (1995). R and r for mentors: Renewal and reaffirmation for mentors as benefits from the mentoring experience. *Educational Horizons, 73*, 130-137.

Wagner, L. A., & Ownby, L. (1995). The California mentor teacher program in 1980s and 1990s. *Education & Urban Society, 28*(1), 20-35.

Wilder (1992). *The role of the mentor teacher: A two-phase study of teacher mentor-*

*ing programs*. Teacher Programs Council Research Report Series. (ERIC Document Reproduction Service No. ED 384680)

Yosha, P. (1991). *The benefits of an induction program: What do mentors and novices say?* Paper presented at the Annual Meeting of the American Educational Research Association, Chicago, IL. (ERIC Document Reproduction Service No. ED 332994)

# 第 *15* 章

# 銜接師資培育之職前階段與導入階段之可能方案

---

作者：Stephen Ritchie

譯者：熊同鑫

審稿：張文華

摘　要

　　由於師資培育面向缺乏職前與導入階段之銜接規劃，作者嘗試以大學為主的師資培育者，和他們剛開始教師生涯的畢業生，透過對話維繫產生的潛存銜接效能。本篇報告中，作者將呈現他與三位先前教過的學生，在他們導入教學階段，透過建置分享類比教學為趣向的教學支持網絡研究。作者並討論初任教師參與支持系統，採用電子郵件與面對面對話兩種形式的故事分享的各自優點。依據這些研究成果，作者提出其他可用於導入階段之方式。

**關鍵字詞**　導入階段、支持系統

# 壹、緒論

　　基本上新任教師與他們大學時期的師培教師間的關係，在畢業後就切割斷。一如 Howey 和 Zimpher（Feiman-Nemser, 2001）所言毫無疑問的，在教師初任教學的幾年中最缺乏與師培教育的連接關係。同樣的，Feiman-Nemser（2001）觀察到在不同的學習教學階段中，都缺少聯結的組織將內在或是橫跨的事務緊密抓緊。初任教師亦覺察到需要維繫一個夥伴關係，在持續的專業學習情境中，將初任教師訓練，導入與持續階段專業發展聚匯之。在澳洲一項由六百九十六位初任教師回答的問卷調查中，61.6%的回應者「認為大學師資培育者對於其畢業生，仍應擔負專業培育的角色，一直至他們的導入階段」。

　　在此我探討的是潛存在大學師資培育者，和他們最近畢業剛開始教學的學生，透過對話的聯繫產生的能量。我將先歸納最近完成的一項我與三位先前教過的師資生的研究成果（見 Ritichie, Bellocchi, Poltl, & Wearmouth, 2006）。這是個投入於每位教師書寫他們使用類比於教科學的故事的研究。這些故事是他們在一個內部網路支持體系，透過電子郵件分享與討論的成果。接續我將論述延伸現有支持服務系統的可能性，包括更寬廣的使用網路資源和面對面的討論型態。

# 貳、於導入階段營造一個支持網絡：聚焦於類比式教學法

　　在我任教的一門職前教師科學教育導論課程中，隱喻和類比是其中一個主題。我的學生很快理解到類比會是一個有效的工具，用以協助學生理解重要的概念，特別是那些抽象或很難由經驗感受的概念（譬如：Aubusson, Harrison, & Ritchie, 2006）。我強調類比是可提供既存知識和目標知識之間的概念聯結（Glynn, 1994）；引出情緒、興趣和有創意的洞見（Duit, 1991; Gilbert,

1989）；以及當老師未能介入時，不恰當應用類比可能造成另有概念形成（Duit, 1991; Glynn, 1994）。

　　幾位具很強（科學）內容背景的學生（例：生涯轉變科學家）發現對類比主題具吸引力，可能是因為它能與他們的科學的學科緊密聯結。因為在我課室內培養出對類比教學的興趣，類比成為我的學生在他們畢業後和教師生涯形成的階段中，與我持續對話的主題。並非是與這些老師進行個別式的對話，我是邀請三位教師形成一個試驗性的支持網絡，是一個他們每一個人都可以書寫類比教學故事、分享故事，和後續討論故事的園地。

## 一、敘說故事

　　Connelly 和 Clandinin（1994）論述故事是師資教育的中心，因為敘說與書寫、重說與重寫故事，可引導教師故事述說者察覺與轉移於實踐中。三位參與的教師敘說他們以類比教學達成教學目標的故事。經由他們彼此之間和我，在敘說的互動中，我們意圖建構出在執行、信念、覺知，和評估教室內行動的精緻方式。一如 Connelly 和 Clandinin（1994）所論述，維持著包含理論、研究，不同課室條件和情境的對話，有可能創造出更多感動人心的故事。此類對話是融合了相似於 Fenstermacher 和 Richardson（1993）所宣稱的反思歷程：

　　　　透過協助教師的視框增加更豐富和好的基礎實踐論述，提升其實
　　務推理……因此能強化老師思考更深層和更強而有力的行動。（p.
　　104）

　　為達成我與之前學生之間專業對話的維繫，我發展了一個小型的學習社群，透過聚焦於他們類比教學的故事，提供了職前與導入階段教師學習的連接。這種實踐顯然受到 Feiman-Nemser（2001）的支持，他們論述著：

　　　　生手教師需要有機會與他人談他們的教學，分析他們的學生成

果、檢視問題,和考量替代的解釋與行動。如果生手教師學會在特別的情況下談特定的實踐,如果他們要求澄清,分享不確定,和要求協助,他們所培養的技術和意向是持續提升教學的關鍵。

支持網絡成員中有三位具兩年年資的教師(Alberto、Heidi 和 Marianne)。在歸納 Heidi 和 Marianne 故事的基本樣貌前,先簡略陳述 Alberto 的故事。

## 二、Alberto 的故事

當我是實習教師,一開始觀察一位教師在教化學時用類比法,徒留我無法信服類比教學的價值。記得在觀察我那似乎喜好使用類比法教學的督導(輔導)教師教授的系列化學課時,我想:「好糟啊!」她的學生將類似的拉扯開。我告訴自己無論付出多少代價我都不要用「類比」教學,因為我擔心會淪落一樣的慘狀。

在我第一年教學,我被分派兩門化學課,關切學生無法適切的瞭解概念,我在挫折中改用「類比」法。我先參考的一本普通教科書的類比法獲致成功,這鼓動我更進一步的用類比法。

我依據「拉塞福(Rutherford,英國化學家)金箔實驗(gold leaf experiment)」探討類比模式可如何用於解釋原子的結構。我一開始先問學生是否記得原子的結構。透過這些互動,乞求獲得答案的「我們如何能知道這些?」的問題浮現,我繼續說道:

> 假想我們用一張紙覆蓋住投影機,現在假設我們站在教室後方的位置發射子彈。如果空氣槍子彈貫穿紙進入無阻礙空間,它會直接貫穿到另一端並在牆壁上留下彈孔。如果子彈通過紙時撞到投影機的固體部分,會彈回而不會擊中牆壁。我們在紙上射擊很多子彈。最後我們會獲得一系列孔是由未受阻力子彈穿透形成和子彈未穿透而在牆壁上形成的投影機形狀。

此時學生相當安靜。我很在意我是否造成他們的困惑，我問：「當射擊結束後我們在牆壁上看到什麼？」有些人回答：「是投影機的形狀，它的外輪廓。」我問：「這個形狀與投影機一樣嗎？」「不」，他們回應。「有什麼不一樣？」我反問。「它只有外輪廓，不是 3D」，他們回應著，更多的問題和回答如下：

> 「什麼樣關於投影機的訊息未提供給我們？」
> 「顏色，是由什麼構成？」
> 「這樣的訊息有何用？」
> 「給我們的想法是它像什麼樣子。」

此時我深信這一個班級發現了這模式的限制，我更詳細討論拉塞福實驗。

我開始增加使用類比。當面對無法用具體的方式描述一個異常或抽象的概念時，我就會使用類比。有時候當學生們瞭解概念時，會歡呼、拍手或微笑。我理解到這些類比提供了一個後設語言，讓我們在認識化學概念前能有談論化學的機會。對我而言類比是一種有效協助學生理解的工具。

## 三、Heidi 和 Marianne 所述故事之摘述

Heidi 的故事中心是學生以卡通方式創造類比的說明，呈現他們的概念理解，而 Marianne 是放置在她透過敘說她過去的故事，讓學生產生類比，以提升學業成就。Heidi 訴說她開始於生物課嘗試詼諧方式，她說道：

> 分配的單元是關心生物之間的關係。沒有準備投影片說明重要的定義，我從我的 Gary Larson 卡通書中找到一本描述掠食、共棲關係，和生物互利共生等的圖。我組合了六張卡通投影片和教學，我覺得是個很獨特的課程。我將投影片擺上，請學生由看到的卡通中說出他們的想法。從這個導入，我請學生以分組方式，透過卡通的方式描述我

事先準備的套裝題目中生物之間的關係。每一個套裝，包括了生物體之間的關係的描述、投影筆和投影片，學生接受挑戰並發展出一些有趣的卡通。幾週之後，我們有一個小考，學生們知道這些單字，甚至會用卡通來輔助回答問題，我覺得這一門課很成功。

在 Marianne 的教室，學生們在蒐集到自己的類比型態後，被鼓勵使用圖繪來表示他們類比物與目標物間的關聯性。一如 Marianne 的回述：

在我整個課程討論完神經元的功能後，一位學生產出一個很成功的類比。這個學生一開始並未依照我的要求以圖解方式繪圖，提醒他時，他解釋他正在想神經元像一個電纜繩。他指出軸突像是電纜內的電線，而髓鞘質像是隔絕體。同學聆聽並表同意，並開始延展類比，包括樹突、突觸。班上發展出對類比的深入討論。學生們採用了電纜的想法並應用之，同時也論述其限制，比如說：在電纜線中沒有可對應的身體細胞，因此他們開始討論電腦網路和電纜。這樣的討論，我必須在議題開始陷入困惑和謬論時，將他們帶回正題，同時一些現場問題；包括：假如「髓鞘質」斷裂產生的危險是否和電纜線絕緣受損時一樣？導引到疾病面向的討論。在課程結束後，對於神經元部分和功能有很好的理解，並展現在於他們的單元測驗上。

## 四、參與支持網絡的益處

像 Alberto 撰寫的故事，會傳送給所有網絡支持團體成員，透過電子郵件獲悉評註和後續的討論。新任教師之間的故事分享，形成可以幫助教師反思的機制，用以強化或修正他們的教學實務。伴隨著討論（從 Alberto 的故事），Marianne 受到鼓舞繼續用類比於教授科學，而 Alberto 隨後提到用前測和後測以評估類比教學對學生理解科學的效果。此外，Alberto 聲明，讓學生書寫自己

類比的想法之前就存在，但一直要到閱讀 Heidi 的故事後，我才被觸動去使用它，部分原因是她讓學生製作卡通所產生出的學習效益。

## 五、與學生產生聯結

三位老師的故事有著共同的思維，那就是教師認知類比教學營造教師與學生一個共通平臺，尤其是在連接類比物和目標物概念時的相關語言（或意象）分享。Alberto 歸因他最近用類比法教化學計量法的經驗，是受到他與我們的學習型組織中的互動的鼓舞。

閱讀 Heidi 和 Marianne 的故事，提醒我什麼是好的教學而該融入的。譬如：我發現類比法的用處在於協助我營造第三空間，讓我和學生可以透過字彙的分享，討論化學慨念。Heidi 發現的空間是應用卡通，我的引證是「……學生知道這些字彙……」。閱讀 Heidi 故事，我獲得的提示還有可以由評估學生對某一概念的理解當作後續教學的指標。更具體地說，在一門化學課中，我選擇以類比開啟教學（亦即，火腿三明治；-B2H 用以表示 1 片火腿（Ham）和二片麵包（Bread）而不是用化學概念，而一旦學生由類比學習獲得自信，再帶領進入化學。

在我第一次使用類比教學後的兩週，我請學生提供他們自己類比的範例。在閱讀他們書寫給我的類比例子，我發現有兩位學生還未瞭解化學方程式中的基本概念。用他們的類比，我能夠和他們個別化的討論問題。這意謂著，當我一旦指出學生的問題時，他們可以各自進行修正。使用類比讓我們師生之間共用相通的語言，我有自信學生能瞭解我，而他們能展現他們的理解。其中的一個學生能自我修訂，並提出為什麼他之前寫的是錯的說明。

# 六、監控類比

Alberto 的歸因引起老師們關心另一個重要的經驗分享，亦即，必須監控學生們使用的類比語彙。三位老師都巧妙的在班級進行討論前，先檢視學生們形成的類比或延伸詞彙，以避免另有概念的產生。他們在學生概念發展上所扮演的支持角色是 Yerrick 等（2003）所強調的，他們斷定：

> 我們的研究提醒了教師在課室內扮演的重要角色，在知識上的引導與搭鷹架的方式，尤其是在類比，由成形、反駁和提示。單有示範課程，不能取代教師的角色，像是在合作（學習）的環境下，對話規範的主導者角色。這類型的班級互動比在傳統班級經營中所見的科學談話類型更為醒目。

# 七、共同學習

Heidi 和 Marianne 相當幸運的是能在同一間學校開始他們的教職生涯。一起工作、分享著彼此成功與失敗的故事，意味著他們可以一同學習。一如 Marianne 寫道：「在我們第一年的教學過程中，我從與 Heidi 接觸中獲益甚多。見習到 Heidi 的熱情投入與成功的應用詼諧與卡通圖片，鼓舞我將它放在我的『教學工具箱』中成為多一項的教學策略。卡通是一個簡易的方式將類比帶入教室教學；而且它確實增加了動機因子。」Heidi 亦認同與 Marianne 和 Alberto 的形成網絡的價值。

> Marianne 和我持續的互相提出想法，並討論在我們的教室中哪一個可行，哪一個不可行。這本身就是相當有幫助的，不僅是對教學與學習很好，亦是個人的成長。Alberto 和我曾討論他的試驗教學和課室內使用類比的成功經驗，我記得他是多麼的滿意於他使用「火腿三明

治」類比所產生的學習成果。

　　最後，儘管對初任教師是明顯的挑戰和限制的經驗，在我們的討論會中，每一位老師都是很主動的參與。Marianne 指出幾項阻礙她在第一年教學中實現理想教學意象的因子。Alberto 的故事出現得恰是時機，因為它激勵了 Marianne 去反思她的教學實務、修訂她的教學隱喻。如她所提「整體而言我的個人隱喻產生改變和精緻化，以符合我經驗的成長和教學環境」。此外，在仍朝向理想教師隱喻目標前進下，我更自信自己有能力慢慢改變我的教學和學校文化。Alberto、Heidi 和 Marianne 的貢獻不僅顯示出我們維繫這個社群的價值，同時書寫和分享故事的歷程，提供了一個激勵的動機，對彼此的學習貢獻出有價值的故事。

## 八、結論

　　師資培育者透過研究得知教師教學的提升很難靠單打獨鬥達成（Feiman-Nemser, 2001）。在本研究中，三位曾經是同班同學的初任教師，透過彼此教學故事的分享，彼此互動及協助彼此能更具反思力，及運用新的類比想法於他們的科學教室中。身為他們的教師，在這個案例中成為他們專業發展的經理人。我營造了一個學習型組織，並邀請他們參與這個計畫，激勵的條件是：他們書寫經驗的目的是要成為新書中的一章（亦即 Aubusson ct al., 2006）。雖然每一位老師都很忙碌，他們寫下自己的故事，並對彼此的故事提出回應，展現出的是重要學習成果的分享，一如 Alberto 在結論的評述所撰：

　　　　我相信為改變我的教學以提升學生成果表現，我必須保有一種彈性，像是柔軟的、良好伸展性的肌肉。閱讀其他教師的個人說明，像是展開運動前的暖身，幫助我反思與修正我的實務工作。個人的敘說，對我在發覺好的實踐方式上是特別有幫助的。與其他老師分享教學經驗，讓我無需在他們的處境下就已有體驗。我認為這是一種方

法，縮短了我的專業發展時程，讓我能達成教學目標。

我的觀點（或許也是其他師資培育者），就是與先前教過的學生維持一個對話關係，不僅讓我能夠感謝並鑑賞新手教師面對的壓力，也提供我再次思考我的職前師資規劃的方向。它的重要意義不是只從一堆既存的文獻中討論在科學教學上，隱喻和類比的角色，同時是在分享新手老師真實教學故事中，提出讓學生有好的學習表現的承諾。類比這一策略，現在被放入我後續的課程。希望這些故事能讓職前教師產生共鳴，同時能激發他們堅定意志——有時能抵抗怪異現象——同時能為他們未來的學生發展驚人的新的學習契機。

## 參、延伸的可能性——電子化和面對面網絡

前面所述的支持網絡的內部對話是以電子化方式進行，Marianne 和 Heidi 是在同一個學校教書，形成了另一種可面對面對話的機會。類似的，因為 Alberto 與我住在同一個城市，他經常會到我辦公室與我面對面討論他的教學實踐。從文獻與後續的閱讀的試驗中，本研究的支持網絡可分為兩種形式；亦即電腦中介的溝通（Computer-Mediate Communication, CMC）和面對面互動，兩者均需仰賴參與者分享的教學經驗故事。在開始討論這兩者之前，我先回顧之前的報告（Ritchie, 2006），提出可用於新手教師判斷策略適切性的三原則。這三原則是：平衡文化再製與形成，確認平等的權勢分配，和規劃正向情意能量產出。我現在要由這三個原則，來審視 CMC 和面對面支持網絡這兩種方式。

### 一、電腦中介溝通（Computer-mediated communication, CMC）

在職前教育中，有豐富的文獻在論述 CMC，特別是在電腦與科技教育之中。譬如：Russell 和 Hyrcenko（2006）詳細的描述了在實習教師的教育實習中，教授和學生間，透過電子郵件的聯絡，提供了學生重要專業發展機制。在臺灣，Wu 和 Lee（2004）研究了資訊科學實習教師在職前培訓課程中，CMC

可以提升與改善學生的實務經驗或實習內容。在這個研究中，以分組的方式，每六位或七位職前教師由一位有經驗的資訊教師負責彼此的互動，並擔任學生的輔導教師。團體分享彼此故事和教學錄影帶，並獲得他人評註。學校可使用的多媒體資源亦被導入。毫無意外的，此研究指出實習教師在這過程中所獲得的實習經驗品質，端賴實習輔導教師的輔導品質。然而指派一位有經驗的教師擔任輔導教師，就能提供實習教師實務建言的想法，對此仍存有相當歧異的觀點。

　　將這實務擴展至師資培育的導入階段時，我們可能會面臨相同的困境，在缺少輔導教師與其他成員間的人脈聯繫時，這些畢業的教師未必有動機願意參與討論。況且在新手教師間，新手教師與輔導教師之間的互動上，是要在一個權力平等的狀態下，如此各類的建言才能被參與網絡者提出，一如我和Alberto、Heidi 及 Marianne 之間所呈現的互動現象。這些互動提供了接續精緻討論，反思和適切或創造另類解決方法的資訊參考。當老師們與我在網絡中互動時，教師們從互動過程中產生動機，在對話中的細緻討論會促使他們試行各類的建議，而面對面的肢體語言和動作中，提供了更好的討論成效。

## 二、面對面式的討論型態

　　Heidi 和 Marianne 兩人都表示分享想法和經驗的互動中，能激發他們去嘗試新的想法。我想這是因為在立即、個人化，且面對面的互動中，整個支持網絡互動因增添了情意價值而成功。

　　在我另一篇報告（Ritchie, 2006），論述了與科學家職業轉變的對話形式。一如本篇所提醒的支持網絡，新手老師以故事分享和討論他們置身的學校文化。當職業改變的科學家被問及分享過程中、書寫和言談之間所含成分差異的情形時，他們有一致性的回憶是面對面的言談內容，對他們的專業學習有最大的衝擊，產生正向情意能量，而有如下的回應建議。

　　　　參與這種未結構的對話，給予我一個好的覺知和機會，比起只是

單方向閱讀故事，我能將故事中所提之議題和經驗分享相連接。這種
自發式、自由的無結構對話，帶領我進入較深層有關於故事敘說者的
感覺、反應、擔憂、渴望等等訊息。（James）

口說故事中增加了故事本身的豐富內容和揭露潛存的事。我覺得
能更誠實的敘說故事，因為我從群體中能穩穩的獲得大家的反應和回
饋意見。（Tanya）

對話讓它變得容易去體會和勾繪出相似和覺知的連結。自發讓在
書寫形式中可能失去的想法，仍更容易的被表達。（Ross）

從上述的觀點，對於初任教師而言，面對面的討論形式能強化他們於導入
科學教學的品質。

## 三、其他的可能方式

在這個研討會中，你聽到其他專題演講者提及合作教學（co-teaching）和
共生對話（cogenerative dialogue）的益處。共生性的對話顯然能滿足所有已建
立的標準，和在過程中能強化融入其中的學生們，能發展一個大家同意的架構，
讓大家都能應用，同時也有共同責任去確定大家都掌控可應用的結構。這有可
能是讓先前擔任過師資培育者，受邀進入教室，和他們先前教過的學生進行共
生性對話。亦有可能讓師資培育工作者，排定至他們之前教過的學生的教室中
進行合作教學。從不同的研究發現，合作教學可能可以滿足這三項標準。

## 肆、結論

世界各地政府都希望提供初任教師更好的導入培訓計畫（例如，DEST,
2002），從我與之前教過的學生在他們導入階段所維繫關係的經驗觀之，促成
有效導入的第四理論突顯出來〔亦即，在前述三項標準之外，權力、文化（再）
產生和正向情意能量〕。導入計畫應該是基於個體需求和目標發展之，而非標

準化內容，同時應注意到教師的需求常在改變（DEST, 2002: 114）。亦即，我的第四項原則建議是在設計教師導入策略時，可以和政策決定者協商（或再協商）所關切形塑的計畫的焦點內容和結構。因為我和 Alberto、Heidi 及 Marianne 是延伸我們先前在大學一起共事時的討論機制，我們的議題是協商個人的基本需求和大家教學的共同需求和目標。我們都對隱喻和類比有興趣，及藉此維繫了我們後續的對話，談論關於我們第一年擔任科學教師時，運用隱喻思考的教學經驗。

　　另一個挑戰是支持網絡的組成方式。Alberto、Heidi 和 Marianne 彼此在之前的專案中就認識且彼此尊重。這個計畫能如此的成功，或許與他們建立起的一個正向工作關係且能信任分享有關。在發展類似群體時，我們應該考量如何達成最成功互動關係的方式。我們知道這方式的特質嗎？我們知道如何去覺察可能適合的專業群體嗎？我們知道如何去改善不適合的群體嗎？這些都是未來設計師資教育研究計畫和科學教師的導入計畫時，應考量的問題。

# 參考文獻

Aubusson, P. J., Harrison, A. G., & Ritchie, S. M. (Eds.) (2006). *Metaphor and analogy in science education*. Dordrecht, The Netherlands: Springer.

Connelly, F. M., & Clandinin, D. J. (1994). Telling teaching stories. *Teacher Education Quarterly, 21*(1), 145-158.

Department of Education, Science and Training (2002). *An ethic of care: Effective programmes for beginning teachers*. Canberra: Commonwealth of Australia.

Duit, R. (1991). On the role of analogies and metaphors in learning science. *Science Education, 75*(6), 649-672.

Feiman-Nemser, S. (2001). From preparation to practice: Designing a continuum to strengthen and sustain teaching. *Teachers College Record, 103*(6), 1013-1055.

Fenstermacher, G. D., & Richardson, V. (1993). The elicitation and reconstruction of practical arguments in teaching. *Journal of Curriculum Studies, 25*(2), 101-114.

Gilbert, S. W. (1989). An evaluation of the use of analogies and metaphors in learning science. *Journal of Research in Science Teaching, 26*(4), 315-327.

Glynn, S. M. (1994). *Teaching science with analogies a strategy for teachers and textbook authors*. College Park, MD: National Reading Research Center.

Rex, L., Murnen, T. J., Hobbs, J., & McEachen, D. (2002). Teachers' pedagogical stories and the shaping of classroom participation: "The Dancer" and "Graveyard Shift at the 7-11". *American Educational Research Journal, 39*(3), 765-796.

Ritchie. S. M. (2006, February). Transitional encounters for pre-service science teachers. Keynote speech at the International Conference of Science Teachers Professional Development－Perspectives of Supervision and Mentoring, Taipei, Taiwan.

Ritchie, S. M., Bellocchi, A., Poltl, H., & Wearmouth, M. (2006). Metaphors and analogies in transition: Beginning teachers' lived experience. In P. J. Aubusson, A. G. Harrison, and S. M. Ritchie (Eds.), *Metaphor and analogy in science education* (pp. 143-154). Dordrecht, The Netherlands: Springer.

Russell, T., & Hyrcenko, M. (2006). The role of metaphor in a new science teacher's learning from experience. In P. J. Aubusson, A. G. Harrison, and S. M. Ritchie (Eds.), *Metaphor and analogy in science education* (pp. 131-142). Dordrecht, The Netherlands: Springer.

Wu, C-C., & Lee, G. C. (2004). Use of computer-mediated communication in a teaching practicum course. *International Journal of Science and Mathematics Education*, 2, 511-528.

Yerrick, R. K., Doster, E., Nugent, J. S., Parke, H. M., & Crawley, F. E. (2003). Social interaction and the use of analogy: An analysis of preservice teachers' talk during physics inquiry lessons. *Journal of Research in Science Teaching, 40*(5), 443-463.

# 結 語

# 科學師資培育的省思與前瞻

作者：郭重吉

# 壹、 前言

　　職前教師的培養和在職教師的專業成長，是推動教育革新非常重要的一環。最近兩年來，各縣市教師甄試的缺額銳減，而師資培育機構中修習教育學程的學生人數也急速下降，師院亦紛紛轉型或改制，國內有關師資培育的問題正面臨著重大危機與轉機。此一時刻，正是好好地檢討有關師資培育的問題，思考可以採行的改進措施之時機，本書的編印應可適時地提供國內學界參考[1]。

　　當然，以國內而言，我們最為關心的是，在近年來整個推動教育改革的過程中，面對著科學教育目標、科學課程的改變，以及學校、家長、社會對於學校科學教育的期望，到底針對中小學的自然科學教師師資培育方面，哪些是我們該做的？做了沒有？怎麼做？成效如何？許多實習教師反應，職前師資培育階段所學與中小學校教學實務需求未能互相配合，而在職教師和學校行政主管也常反應，科學教育政策與研究，未能提供在職教師合適的鼓勵與協助。當然，這些問題很複雜，主要的原因如下：

## 一、師資培育包含不同的階段，由職前教師的招收、培育，到初任教師的入門、輔導，乃至於在職教師的專業成長與終生學習

　　要培養好的老師，首先是要怎麼努力去吸引優秀的高中畢業生來報考設有師資培育學程的大學校院。透過合適的甄選，我們希望能找到好的、有潛力的、有意願的學生，進入我們師資培育的體制。當他們進來大學之後，在學校四年之間怎麼樣去好好加以培育。通常，我們會安排一系列的課程，當中有些是偏重於學科的內容，有些是教育心理學、教育哲學等教育的專業科目，另外，還有一些教材教法、教材實習的課程。透過這些課程和其他四年在校學習經驗，

我們希望這些職前教師在通過甄試後,能有機會被國中國小聘用,並成為適任的老師。

對於在職教師的成長,其實我們可以注意到的就是,前面初任的一兩年、兩三年,這個所謂入門的階段——我們常常講是新手,或稱之為新任的教師——其實很重要。因為他們剛從大學畢業生的身分,轉為在中小學裡面任教,一下子要面臨新的環境,承受新的工作壓力與挑戰。在日本、美國、英國等,對於新任的教師,常常會有一些特殊的措施,比方說,授課時數比較少、安排有經驗的教師來輔導他們等等。初任教師經過這個階段之後,事實上,也不見得就馬上能夠成為一個好的教師,因為,畢竟對教學的工作、對學生的了解,在面臨各種的情況之下,到底應該怎麼教最好,其實是一件蠻不容易的事情,在大學所學的一些理論未必能派得上用場。所以,就算是在職的教師,還是有一段很長的時間需要學習、需要成長,這常常是一生的事情。尤其是新的科學知識在成長,新的科技不斷地被引進,更不用說,學生的素質在改變,整個社會在改變。

## 二、師資培育制度會受到許多因素的影響,諸如:意識型態、政策考量、人力供需和教育理論等

師資培育制度會受到許多因素的影響,到底教育和國防、政治、經濟、社會的關係如何?科學教育的目標是要提升國家科技競爭力,還是培養國民具有適應二十一世紀知識經濟社會的需求?在師資培育上面,政府的措施、經費的分配、制度的建立、投入的資源、投入的人力等等,要從政策上去做一個規劃,我們做一些整體的考量,而這會深深地影響師資培育的走向。當然整個社會,人力的供需,以目前而言,在師資培育多元化之後,我們有太多修過教育學程的大學生,但是,在中小學實際有的缺額卻很少。當然,師資培育的走向也會隨著一些教育的理論、教育思潮而變。

除了上述原因之外,科學教師需要具備不同的知能,包括:自然學科方面的知識和能力、教育學科方面的知識與能力、對學生學習的了解,以及學科教

學知識（pedagogical content knowledge, PCK）等；還有，自然科的教學涉及複雜的變因，包括：教室和學校所處的物質、文化、社會、地理等各方面的情境；學生在生理、心理和才智方面的特質、教師的素質與特質、課程與教材的品質與特色；教學過程中師生的互動；以及學生在知識、能力和態度等各方面的學習成果。

　　上述有關科學師資的培育與成長的問題，在本書各章之中均有詳細的討論。本文的主要目的，即在從國內外的相關文獻和個人在科學師資培育方面的教學及研究經驗，從有關科學師資培育的理念、目標和方法，對於本書所涉及的問題做個總結。

## 貳、科學師資培育的理念

　　師資培育是教育體系的重要一環，良好的科學師資是實現科學教育革新的重要因素。從許多國內外有關師資培育的研究，顯示職前師資培養和在職教師專業成長是科學教師終生學習及全人成長密不可分的發展歷程。而近年來，許多有關學生和教師學習方面的研究也顯示，教師學習的原理和學生學習的原理是相通的（National Research Council, 2000）。對於科學教師師資培育的研究，以往的研究比較注重良好的科學師資，要反映在良好的教學知能、教學表現和專業成長上（Houston, 1996）；而晚近些，一些學者則進一步強調要根據學生的學習成果，來判斷一位科學教師的教學是否具有成效（Loucks-Horsley, 1996; Loucks-Horsley et al., 1997; National Academy of Science, 1996; National Research Council, 2001）。

　　針對美國近年來的科學教育改革，有學者指出，良好的師資培育要奠基在對於有效的課室教／學的一個明確的心像（image），而其所強調的重點包括：

1. 數理是所有學生都可以，而且應該學習的學科。
2. 要顧及個別學生和不同文化、語言、種族、性別等族群學生在多方面各不相同的學習需求。

3. 強調植基於探究活動的學習、問題解決、由學生進行探討與發現，以及知識的應用。

4. 對於數學和科學知識與技能的理解所持的取向，要有助於幫助學生經由經驗而建構新的理解，這些經驗是延伸與挑戰他們所已知的知識。

5. 強調對核心概念的深入了解、共同合作（collaborative work）、明確的預期學習成果與評量。

如上所述，比較早期很多跟師資培育和科學教學相關的研究，強調一個好的老師，要有好的訓練、好的知識背景；不過，這還不足，還要看他在教學情境中能不能表現出來，因此，後續有些研究是針對老師的教學行為、教學表現，乃至於到後來慢慢地重視老師的信念，在教師的專業成長過程中探討教師在知識、能力、態度和信念等各方面的改變。然而，目前有很多科教學者強調，好的教學最後畢竟還是要在學生身上，反映出來到底有沒有好的學習成果。如果我們只是關心學生的自然學科考試成績，則學生的學習成效如何？從學生個人和全班的考試成績可以一目了然。但是，如果我們要兼顧到上述有效課室教／學的一個明確的心像，要顧及個別學生和不同文化、語言、種族、性別等族群學生在多方面各不相同的學習需求，學生到底有沒有學好自然與生活科技領域，就變成了一個很複雜的問題。

學生來自於不同的家庭、不同的文化背景，他們有不同的生活經驗和知識背景，對學習、對教育、對老師、對自然科學等，有各式各樣不同的看法和期待，在閱讀能力和讀書習慣上，也有很大的差異，對於這些各式各樣的學生，如果我們認真地去思考，什麼樣的學習成果是我們所希望的、是我們認為好的、什麼是好的教學、什麼是好的科學老師，這些問題的答案恐怕就不僅止於看看學生的考試成績那麼簡單。總之，老師的教和學生的學，有密不可分的關聯，在談論有關師資培育的問題時，不能只考慮教師的特質和教學表現，更要兼顧到不同學生在各方面的學習成果。

## 參、 科學師資培育的目標

　　在整個科學教育改革的潮流下，科學師資培育的目標自然而然會隨著科學教育目標的轉移而有所改變。由於國內近年來實施九年一貫課程，強調要把所有學生帶上來、要培養中小學生能夠帶著走的基本能力、要提升教學品質、強調科技整合、注重多元評量等，尤其在九年一貫課程總綱中列出了許多預期學生能夠達成的能力指標和內容細目，這些對於科學師資培育的目標皆產生了極大的衝擊。

　　為了參考起見，晚近美國科學教育學者和學術團體（National Academy of Science, 1996），對於科學師資培育的目標，可以歸納為：科學師資機構應提供教師發展知識、技能與教學方略（teaching approaches）的機會，使其能夠為學生創造更佳的學習機會。這方面的重點包括：提供教師深入了解數理概念和教學法的學習機會；加強教師的PCK——了解學生的學習歷程和困難，並且具有能夠在教材和教法上面加以因應的知識；以及增進教師在選取教材內容、設計與實施課程、營造教室學習氛圍方面的能力。

## 肆、科學師資培育的方法

　　有關科學師資培育的方法，在不同的時期、不同的國家、不同的地方和不同的大學，可以有不同的制度、有不同的做法。以下從相關的一些文獻，整理出一些科教學者的主張，供做參考（Loucks-Horsley et al., 1997; National Research Council, 2001）。

### 一、師資培育機構所使用的教學方法，應該要和教師們以後在教學上將要使用的相符

　　比方說，如果我們期望老師們在九年一貫課程實施之後，強調老師們的教

學會要著重在培養中小學生的基本能力，則當他們在大學四年的過程當中，大學教授在教導這些職前教師時，就不能夠只管科學知識的講授，對於科學過程技能的部分同樣也需要予以強調。同樣地，如果我們要強調中小學生的合作學習，或者是說強調要學生學會上網、查資料、解決問題，那麼當這些職前教師在大學的時候，大學教授、師資培育機構就要提供給這些職前教師類似的學習經驗。

科教學者們認為，給職前或在職教師們的這些學習經驗宜注意下列重點：

1. 奠基在教師現有的數理知識、技能和態度。
2. 與數理教育在學校的教學情境結合。
3. 經由沉浸在學習數理的情境和過程，讓教師建構他們自己的知識，而非只是背誦已知的知識。
4. 提供教師小組合作學習、共同討論數理和教／學，以及觀摩相關而有效教學策略的機會。
5. 讓數理教師有足夠且持續的機會來發展、練習和反省新知識、新策略。
6. 要有良好的支持、追蹤、輔導計畫。
7. 有效的師資培育方案要詳加規劃，使整個一系列的學習經驗，能和目標與策略相符，並且擁有持續、長期的支持。

## 二、數理教師學習社群的建立或加強，是科學師資培育的重要一環

數理教師的學習社群可以有許多不同的形式，例如：讀書會、研究小組、網路上的討論群組等等，而其成員可以包含職前、實習與在職老師，甚至也可邀請學者教授共同參與。透過這些學習社群，可以提供職前和在職教師相互討論、共同學習的機會，尤其是在職老師工作負擔很重，要備課、照顧學生課業，又要兼顧來自學校和家長們的壓力，真的很辛苦，透過學習社群可以提供他們在教學上和心理上的支持與協助。因此，在政策上和制度上要鼓勵數理老師成立學習社群。

## 三、培養有意願的數理教師扮演領導者的角色

在國內，各縣市設有輔導老師，而在各個學校裡面，也有一些熱心的老師來主持教學研究會，他們在改進教學和推動新課程上面常扮演著領導者的角色。在國外，相關的研究顯示，科學教育的改革、科學教育的落實等，在學校、在這個整個學區那樣的層次，有些學校表現得轟轟烈烈、有聲有色，有的學校卻一塌糊塗，為什麼會有這種差別，很重要的影響因素是這個學校、學區有少數一兩位非常積極、熱心且具領導能力的數理老師，以他們為核心來帶動和推展。

## 四、有效的師資培育方案要包括持續的評量、檢討與改進

有效的師資培育方案，除了各種培育教師的措施之外，還要包括持續的評量，透過這樣的回饋機制，期能對各項措施加以檢討與改進。當然，在國內這也是大學教育評鑑的一環，不管是師資培育中心的評鑑或是設有教育類科的大學的評鑑，都會牽涉到有效的師資培育方案的評鑑。

## 五、中小學、大學與科學家在數理教學上的密切合作，建立所謂專業發展學校，是一個提升數理教學成效頗具潛力的模式

近年，國外在師資培育方案和有關師資培育的研究，越來越多的學者主張中小學跟大學，甚至於科學家、數學家等，應在數理教學方面密切合作，建立一個學習的社群，形成所謂的專業發展學校（professional development school）；在這方面有許多不同的稱呼、不同的做法，但無論如何，重要的是中小學跟大學，甚至於科學家、數學家等，大家形成一個學習的社群，把職前老師、在職老師、碩博士班研究生，還有大學教授等，形成一個團隊。簡而言之，專業發展學校可以想像成和國內師資培育機構在實習的階段所做的事情，大同小異，不過，我把它變成更為制度化、更為注重參與教師在實際教學情境中的學習與成長。在美國，現在大概有一千多個這種專業發展學校。

當我們想要培養一個好的老師，以傳統的培養方式，至少要等四年之後，

才能看出他在中小學校教室內的具體教學成效,這樣子的話,職前教師在大學的學習經驗和他成為教師後現場教學的成效之間的關係,事實上是蠻間接、蠻不容易加以探究和確立的。反之,在專業發展學校的模式中,職前老師可在教授的指導下,參與在職老師在準備教案、進行教學、評量、課後反省等各階段的教學工作,在職老師在上課的時候,這些職前老師會幫他做小老師,跟學生討論,做一些錄影等的工作。然後上完課以後,他們再一起檢討整個上課的過程當中,優點在哪裡?缺點在哪裡?什麼地方要改進?怎麼改進?專業發展學校的優點,顯而易見地,就是在實際教學情境中發現教學的問題、教學的盲點、教學的困難,然後設法去研擬改進或解決方法,有機會就進一步再予以試驗。在這個過程當中,有研究者、教授、在職的老師、職前老師等參與,對各個不同的參與者而言,可以有不同層面的學習和成長。作為一個培養師資的做法而言,這裡所提到的專業發展學校,自有他吸引人之處!當然做起來是很複雜,會牽涉到大學與中小學的互動,要把整個師資培育的制度,做比較大幅度的改變,而在本書相關的章節中我們也已經看到在國外實際施行的一些案例。

## 伍、 結語:對科學教育研究的啟示

實務、理論和研究三者彼此之間是相輔相成的。就科學教育的實務來講,其內容包含學生的學習、老師的教、老師使用的教材與教法、教學媒體、資訊科技、評量和師資培育。有一些人或許會主張說:學生的學習在理論和研究方面是居於比較基礎的地位,而其他有關教材教法、教學媒體、資訊科技、評量和師資培育等則都奠基在學生的學習之上。不過,我們可以試著問,針對科學師資培育而言,是否同樣也可以進行研究?是否同樣也有科學師資培育的理論?是不是經由師資培育的研究可以發展出相關的理論?而這些理論可以作為改進科學師資培育在實務和研究的參考嗎?本書所舉國內外的一些有關案例,在這方面亦已提供許多可供參考的結果。

有關科學師資培育方面的研究,有一些比較特別的地方,使它變得很複

雜、很困難。第一，科學師資培育研究牽涉的問題多元，牽涉到學生、教材、老師和教學情景等，而且這些因素相互的關係很複雜，所以，這一方面的研究真的是千頭萬緒，要怎麼去釐清，要怎麼去抽絲剝繭，確實是一個蠻大的挑戰。再者，傳統的師資培育措施跨越比較長的時間，對於職前教育的四年，以及後面的專業成長期間，各種師資培育措施的成效，到頭來要從師生在實際教學情境的表現和成效來加以評估。師資培育的措施，對教師教學表現和學生學習成果的影響，很難確立。以傳統的實驗設計或相關研究等方式，來進行師資培育的研究，真的是有其困難之處。更何況，學生有其不同的生活經驗和知識背景，而學習成果包含認知、技能情意多方面的成果。在老師方面，也有許多相關的因素會影響教學的成效，除了師資培育過程中的學習機會、學習過程和學習經驗之外，教師特質（信念、期望、知識、技能、教學風格等）也是重要的因素。在這樣錯綜複雜的情況下，我們不難想像相同的老師、相同的教材與教學方式，對於不同的學生，在不同的學習成果上面很可能產生不同的結果。如果研究情景是在前述專業發展學校那種情境之下進行，而對學生學習成果的評量，能合適加以改進的話，或許可以避免前面所講的一些困難。

〔本文原載於：郭重吉（2006）。科學師資的培育。教育研究，152，5-11。經作者與高等教育出版公司同意後轉載，謹此謝忱。〕

# 參考文獻

Houston, W. R. (Ed.). (1996). *Handbook of research on teacher education*. Indianapolis: Macillan Publishing.

Loucks-Horsley, S. (1996). Principles of effective professional development for mathematics and science education: A synthesis of standards. University of Wisconsin-Madison, Madison, WI: *National Institute for Science Education, NISE Brief, 1*(1). (ERIC Document Reproduction Service No. ED 409201)

Loucks-Horsley, S., Hewson, P., Love, N., & Stiles, K. (1997). *Designing professional development for teachers of science and mathematics*. Thousand Oaks, CA: Corwin Press.

National Academy of Science. (1996). Standards for professional development for teachers of science. In *National Science Education Standards*, Chapter 4. (pp. 55-73). National Academy Press.

National Research Council. (2000). How people learn: Brain, mind, experience, and school. In J. D. Bransford, A. L. Brown & R. R. Cocking (Eds.), *Committee on-developments in the science of learning*. Washington, DC: National Academy Press.

National Research Council (2001). *Educating teachers of science, mathematics, and technology: New practices for the new millennium*. Washington, DC: National Academy Press.

國家圖書館出版品預行編目資料

科學教師之路──由實習輔導到專業成長／郭重吉主編.
--初版.--臺北市：心理，2007（民 96）
面； 公分.--（自然科學教育：12）
參考書目：面

ISBN 978-986-191-024-6（平裝）

1. 科學─教學法　2. 小學教育─教學法

523.36　　　　　　　　　　　　　　　　96008301

自然科學教育 12　科學教師之路
　　　　　　　　　　──由實習輔導到專業成長

主　　編：郭重吉
執行編輯：高碧嵾
總 編 輯：林敬堯
發 行 人：洪有義
出 版 者：心理出版社股份有限公司
社　　址：台北市和平東路一段 180 號 7 樓
總　　機：(02) 23671490　傳　真：(02) 23671457
郵　　撥：19293172　心理出版社股份有限公司
電子信箱：psychoco@ms15.hinet.net
網　　址：www.psy.com.tw
駐美代表：Lisa Wu　tel: 973 546-5845　fax: 973 546-7651
登 記 證：局版北市業字第 1372 號
電腦排版：龍虎電腦排版股份有限公司
印 刷 者：博創印藝文化事業有限公司
初版一刷：2007 年 5 月

定價：新台幣 420 元　　■有著作權·侵害必究■
ISBN　978-986-191-024-6

# 讀者意見回函卡

No._____　　　　　　　　　　　　　　填寫日期：　年　月　日

感謝您購買本公司出版品。為提升我們的服務品質，請惠填以下資料寄回本社【或傳真(02)2367-1457】提供我們出書、修訂及辦活動之參考。您將不定期收到本公司最新出版及活動訊息。謝謝您！

姓名：_____　　性別：1□男　2□女

職業：1□教師 2□學生 3□上班族 4□家庭主婦 5□自由業 6□其他____

學歷：1□博士 2□碩士 3□大學 4□專科 5□高中 6□國中 7□國中以下

服務單位：_____　部門：_____　職稱：_____

服務地址：_____　電話：_____　傳真：_____

住家地址：_____　電話：_____　傳真：_____

電子郵件地址：_____

書名：_____

一、您認為本書的優點：（可複選）

　❶□內容 ❷□文筆 ❸□校對 ❹□編排 ❺□封面 ❻□其他____

二、您認為本書需再加強的地方：（可複選）

　❶□內容 ❷□文筆 ❸□校對 ❹□編排 ❺□封面 ❻□其他____

三、您購買本書的消息來源：（請單選）

　❶□本公司 ❷□逛書局⇒_____書局 ❸□老師或親友介紹

　❹□書展⇒____書展 ❺□心理心雜誌 ❻□書評 ❼其他_____

四、您希望我們舉辦何種活動：（可複選）

　❶□作者演講 ❷□研習會 ❸□研討會 ❹□書展 ❺□其他____

五、您購買本書的原因：（可複選）

　❶□對主題感興趣 ❷□上課教材⇒課程名稱_____

　❸□舉辦活動　❹□其他_____　　　　（請翻頁繼續）

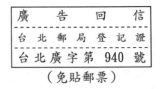

廣 告 回 信

台 北 郵 局 登 記 證

台 北 廣 字 第 940 號

（免貼郵票）

 **心理出版社** 股份有限公司

台北市 106 和平東路一段 180 號 7 樓


**TEL:** (02) 2367-1490

**FAX:** (02) 2367-1457

**EMAIL:psychoco@ms15.hinet.net**

沿線對折訂好後寄回

六、您希望我們多出版何種類型的書籍

❶□心理 ❷□輔導 ❸□教育 ❹□社工 ❺□測驗 ❻□其他

七、如果您是老師，是否有撰寫教科書的計劃：□有□無

書名／課程：＿＿＿＿＿＿＿＿＿＿＿＿＿＿＿＿＿＿＿

八、您教授／修習的課程：

上學期：＿＿＿＿＿＿＿＿＿＿＿＿＿＿＿＿＿＿＿＿＿

下學期：＿＿＿＿＿＿＿＿＿＿＿＿＿＿＿＿＿＿＿＿＿

進修班：＿＿＿＿＿＿＿＿＿＿＿＿＿＿＿＿＿＿＿＿＿

暑　假：＿＿＿＿＿＿＿＿＿＿＿＿＿＿＿＿＿＿＿＿＿

寒　假：＿＿＿＿＿＿＿＿＿＿＿＿＿＿＿＿＿＿＿＿＿

學分班：＿＿＿＿＿＿＿＿＿＿＿＿＿＿＿＿＿＿＿＿＿

九、您的其他意見

＿＿＿＿＿＿＿＿＿＿＿＿＿＿＿＿＿＿＿＿＿＿＿＿＿

謝謝您的指教！　　　　　　　　　　　　　　43012